阜阳师范大学学术著作出版资助项目结项成果
阜阳师范大学青年人才项目「乡村振兴战略下皖北农村留守幼儿关爱体系构建研究」(编号rcxm201915)阶段性成果
阜阳师范大学「国培计划」2019年度校本研修项目：提升「国培计划」乡村学前教育教师培训效果的研究与实践的阶段性成果

# 伍子胥文化研究

姚树颍 著

武汉大学出版社
WUHAN UNIVERSITY PRESS

**图书在版编目(CIP)数据**

伍子胥文化研究/姚树颖著．—武汉：武汉大学出版社，2021.10
ISBN 978-7-307-21822-2

Ⅰ.伍…　Ⅱ.姚…　Ⅲ.伍子胥(？ -前484)—人物研究　Ⅳ.K827＝25

中国版本图书馆CIP数据核字(2020)第193681号

责任编辑:李　琼　　　责任校对:汪欣怡　　　版式设计:马　佳

---

出版发行：**武汉大学出版社**　(430072　武昌　珞珈山)
(电子邮箱：cbs22@ whu.edu.cn　网址：www.wdp.whu.edu.cn)
印刷：武汉邮科印务有限公司
开本:720×1000　1/16　印张:13.75　字数:191千字　插页:1
版次:2021年10月第1版　2021年10月第1次印刷
ISBN 978-7-307-21822-2　定价:42.00元

---

# 序

伍子胥既是一个历史人物，也是一个文学形象。在长期的流传过程中，史传、诸子、诗文、小说戏曲等文本和民间传说共构了丰富复杂的伍子胥故事系统，形成了以复仇、忠孝等为核心元素的伍子胥文化。研究者也从不同层面展开对伍子胥故事文本的考察与阐论，或从《左传》《史记》等文献入手探讨伍子胥故事的原生样貌；或以史书为参照，探讨《越绝书》《吴越春秋》等传说意味浓郁的文本与历史书写的趋同与变异；或考察元明诸多子胥戏中的伍子胥艺术形象与审美特征的异同；或探究《伍子胥变文》韵散结合的形式之于伍子胥故事的艺术增胜效果，或是《东周列国志》等小说对伍子胥故事的敷演及神化；也有人探讨伍子胥与端午节的关系，这就在伍子胥研究中拓宽了民俗学的视野；著名诗人冯至的短篇小说《伍子胥》也成为现代文学研究界关注的热点，复仇的传统主题遂衍生并凸显了对生命价值的思考与追求。

伍子胥以其不凡的政治远见与军事才能而受到史家关注，又因其去国流亡、渔夫渡江、白首过关、吹箫乞食、掘墓鞭尸等富有传奇色彩的传说故事，而引发杂传作者的书写兴趣，小说家与戏曲家也着力于描绘其间的戏剧性因素，突出表现其血亲复仇的浓厚情绪，或借以宣泄英雄失路的悲凉心态。诸般均是进入研究者视野的主体性内容。倘或将伍子胥故事作为一种历史文化现象来作全面考察，则可以发现今人可能忽略的更多事实。《荀子》之“宥坐”篇记孔子答子路问，以为智者、忠者、谏者并不一定是君主“必用”之人，比干、关龙逄、伍子胥即是典型案例；《说苑》《史记》等亦叙及子路、子石观点，以为伍子胥忠贤而以谏死，系因残国之治。《荀子》之“臣道”“成相”“大略”“君子”诸篇，均不同程度论及伍子胥，以之为忠谏直死的典型，而夫差则因背道失贤而致亡国。庄子认为，忠谏不听则勿争，争之易残其形，然不争则不名成，这就构成了伍子胥人生的内在矛盾。与诸子侧重对伍子胥忠谏作价值评判有异，诗人较多歌叹伍子胥的忠孝贤能，自先秦两汉骚赋发端，经唐宋诗家诗赞图咏，至元明清时已由忠谏而死之凭吊渐而演为神化人格之景仰，就连钱塘江怒涛也成了伍子胥忠烈恚恨的象征，从而衍生出“胥涛”“灵涛”等指向性十分明确的诗歌意象，而“鞭尸楚墓”“悬目吴门”“素车白马”等词语也都成了与伍子胥生命内涵密相关涉的固定词组，频频出现在诗人的笔端。另一方面，若是考察普通民众对伍子胥的态度，则可发现伍子胥现象中蕴藏的诸多民俗学价值。伍子胥死后不久，吴地民众就已立祠祭祀，汉高帝封伍子胥忠靖君，民间即以立伍庙相呼应，东汉之际钱塘江流域多地建有伍庙，六朝时伍庙已遍布豫、鲁、湘、皖、江等区域，隋唐时伍员已与夏禹、吴太伯、季札处于等祀的位置。宋代是官方大肆封祀伍子胥的时代，宋真宗、宋徽宗、宋理宗累封伍员，从英烈王到威显王到忠壮王，再到忠武英烈威德显圣王、忠武英烈显圣安福王，理宗嘉熙三年又封王妃协清夫人，父伍奢、兄伍尚俱得封。民间在伍庙、伍墓之外，胥门、胥山、胥水、胥岭、胥塘、伍子塘、胥口江、伍村、无胥村、伍堰、濑渚、溧水等与伍子胥名字或行迹相关的地名随处而有，江浙皖三地的民间祭祀至明清时也愈演愈烈。普通民众对伍子胥忠孝精神的追崇与奉祀，与封建帝王对民众忠君信仰的要求和培植取得了高度的一致，这是伍庙能够遍布民间的重要文化基础。子史诗文、小说戏曲、方志文献与民间物遗等，纵贯先秦至明清，共构了具有多元内涵的历时性的伍子胥文化现象。唯有对诸般现象作一圆览，方可全面把握伍子胥形象的特殊内涵。

这也正是姚树颖选择伍子胥文化现象作为研究的主体内容的一个重要原因。她没有单从文学作品入手切入研究，而是对有关伍子胥的文献材料进行较为全面的搜集整理，并从子史、诗词、散文、小说戏曲、民间文化等五个层面来构架研究视域，在获得翔实可靠的资料的基础上对伍子胥故事演变作了系统的梳理，对伍子胥文化作了较为深入的思考和阐释，有很多观点超出了一般的泛泛之论，从而翻出了新意。全书主题鲜明，结构谨严，引用文献密实可靠，阐述理据充分允当。从章节标题的安排上看，树颖将历时性的文化演变与共时性的异体文献作了巧妙的镕裁，形成了伍子胥文化的异体共构局况；“子史观照”“连翩歌咏”“二元评说”“立体造型”等文字表述，也显示了作者独到的匠心。

乙酉年秋，树颖来江城从我就学，三年中勤勉刻苦，嗜读善思。丁亥春夏之际，她以《伍子胥文化研究》为题撰成的学位论文，得到了答辩委员会的一致认可，获评优秀成绩。毕业后，树颖任职于阜阳师范大学，成长为一名专任教师，同时也更勤读勤写。近年来她对有关伍子胥研究的新成果作了新的研读和述评，对伍子胥思想和历史贡献、艺术形象及其审美、民间信仰文化等层面的研究尤为关注，对历代相关文献文本内蕴诸如先秦诸子评价、史迁的创造性书写、唐时咏史诗倾向、汉唐文士的褒贬态度等，重新作了思考辨析，以研究所得丰富了原稿的内容，最终成就这样一部颇有意义的专书。现在这部书稿获得了正式出版的机会，树颖嘱我作序，我乐见其成，遂为序。

**俞晓红**

庚子仲秋于江城芜湖

# 目　　录

# 绪 论

伍子胥是历史上真实的人物，伍子胥的事迹，历史上有真实的记载。伍子胥(？—前484年)，名员，春秋后期楚国人。其祖父名叫伍举，帮助楚庄王成就霸业。父亲伍奢作为楚灵王和楚平王两代朝廷的重臣，曾为楚平王太子建的太傅。伍奢与太子少傅费无忌(又名费无极)有矛盾，费无忌向楚平王进谗言，楚平王以伍奢作为人质，召其二子进宫。伍子胥兄长伍尚到达楚宫中，与父亲均被楚平王杀害。从历史事实来看，伍氏一家是楚国王权斗争的牺牲品，费无忌充当了导火线的角色。后来伍子胥亡楚奔吴，帮助吴公子光(即吴王阖闾)篡位，后来率领吴国军队攻打楚国，最终报了父兄之仇。伍子胥尽心辅佐吴王阖闾和夫差，以死谏而终。

伍子胥背负家族仇恨而忠心难表，是一个具有丰富内涵的悲剧英雄人物，后代人们一直咏叹、感慨和怀念他。从伍子胥死后开始，民间就附会各种传说，并不断神化他，最终将其抬上了潮神的宝座。伍子胥由人到神的历史演变，即伍子胥的神化，是中国文化史上历史人物神化的一个典型个案。笔者在对伍子胥由人到神转化的考察中，发现其转化有官方、民间、文人与宗教等综合因素的交融促进作用。从这几方面来看，伍子胥神化与关羽之神化有相似之处，然而关羽之灵较伍子胥更为昭彰，而且研究成果很多。而伍子胥题材的研究，在笔者所看到的资料中，很少有从文化的视角切入，比较系统地研究自先秦至清代伍子胥其人其事发展演变的轨迹和其包蕴的深刻文化价值理念。

长期以来，学界对伍子胥题材的文学作品有一定的关注和研究。较早的一篇学术性研究论文是1927年郑振铎先生的《伍子胥与伍云召》①，郑振铎指出了伍子胥故事的两种来源，一是史传系统，二是民间传说系统。付朝、刘庆俊等研究者认为："伍子胥研究主要沿两条主线进行：一是历史人物研究；一是艺术形象研究。"②一直以来，对伍子胥故事的研究成了伍子胥题材研究的主体。

笔者通过对研究现状的爬梳，发现主要有如下几个方面的研究视角：

一是梳理伍子胥历史本事和故事演变之间的复杂关系。如陈筱芳的《〈伍子胥变文〉的历史真实性及价值取向》③，以《左传》和《史记》等正史典籍为依据探讨《伍子胥变文》的历史真实性。刘树胜的《正史·传说·讲唱文学——由〈伍子胥变文〉看伍子胥故事的嬗变》④，采用比较的研究方法，就《伍子胥变文》在主题、情节和表现手法等方面对正史和传说的继承与发展作了一番探讨研究。高云萍的硕士学位论文《伍子胥故事研究》⑤，力图系统全面地对伍子胥故事进行探讨，它按照记载有关伍子胥故事的文本形式把故事分为历史文献时期、历史文献向文学文本的过渡时期、文学文本时期，各个时期又以时代为序，着重论述故事变化中表现的文本特点。在对故事源流探讨的基础上，对伍子胥文学形象进行分析，概括为前期孝子复仇形象、后期忠臣悲剧形象，分别总

---

① 郑振铎：《郑振铎全集》第4册，花山文艺出版社1998年版，第293~300页。在这篇论文里，郑振铎先生考证了《说唐传》里的伍云召和伍子胥有非常相似的人生经历和英雄事迹，伍云召其实就是根据伍子胥的故事略加以变化而臆造的，实无其人。郑振铎先生认为中国英雄人物传说存在相互抄袭和仿写，使得小说没有生气。

② 付朝、刘庆俊：《改革开放以来伍子胥研究述评》，《孙子研究》2016年第3期。

③ 陈筱芳：《〈伍子胥变文〉的历史真实性及价值取向》，《西南民族学院学报》2002年第12期。

④ 刘树胜：《正史·传说·讲唱文学——由〈伍子胥变文〉看伍子胥故事的嬗变》，《沧州师范专科学校学报》1999年第4期。

⑤ 高云萍：《伍子胥故事研究》，山东师范大学硕士学位论文，2004年。

结人物前后时期的形象及其美学内涵。另外，刘丛《从正史到杂史——伍子胥复仇故事在史传系统中的流变》①梳理了伍子胥故事从《左传》《史记》等正史文献到《吴越春秋》等杂史文献的变化历程，以及伍子胥形象的流变。黄亚平《伍子胥故事的演变》②阐述了伍子胥故事在史传系统与以敦煌变文为代表的民间系统的对比情况，以及两个系统之间相生相容的共生关系。顾永新的《伍子胥故事丛考》③考证了伍子胥故事的真实性。吴恩培在《伍子胥"掘墓鞭尸"及其证伪》④一文中通过梳理与伍子胥生活时代较为接近的《春秋》《左传》《国语》等正史文献记载，考证伍子胥报仇的方式最多达到"鞭坟"层次，"鞭尸"是后世复仇之风盛行时妄加于伍子胥头上的罪名。

二是伍子胥生平事迹、思想研究和历史贡献研究。孙莹莹在《从历史到传说》中指出："(伍子胥)从楚国逃亡到吴国的经历成为后世不断传写的素材；他带领吴国几乎灭楚，使得吴王夫差成为继楚庄王之后的又一任霸主；而他的屡次进谏被吴王拒绝，并最终被迫自杀，几乎见证了吴国被越国灭亡的整个过程。"⑤叶文宪的《伍子胥散论》⑥认为伍子胥是吴国的功臣，又是越国的罪臣，后世吴越民间祭祀他并不是因为他死于忠谏，而是因为他死得惨烈，在民众的心目中伍子胥的灵魂一定是个厉鬼，立庙祭奠是对亡灵的一种抚慰。这种说法不免有点偏颇。王卫平在《试论伍子胥与吴国的强盛》⑦一文中，从"荐举贤才竭诚辅佐、重建

① 刘丛：《从正史到杂史——伍子胥复仇故事在史传系统中的流变》，《河南科技大学学报》2011 年第 1 期。

② 黄亚平：《伍子胥故事的演变》，《敦煌研究》2003 年第 2 期。

③ 顾永新：《伍子胥故事丛考》，《国学研究》第十卷，北京大学出版社 2002 年版。

④ 吴恩培：《伍子胥"掘墓鞭尸"及其证伪》，《苏州教育学院学报》2017 年第 3 期。

⑤ 孙莹莹：《从历史到传说》，北京大学硕士学位论文，2008 年。

⑥ 叶文宪：《伍子胥散论》，《苏州科技学院学报》2005 年第 1 期。

⑦ 王卫平：《试论伍子胥与吴国的强盛》，《扬州师院学报》(社会科学版) 1986 年第 4 期。

都城安君治民、振军经武破楚伐越、忠言直谏虽死犹荣”等方面论述了伍子胥对吴国强盛的重要贡献。付朝、刘庆俊指出“李光荣《万里寻访伍子胥》一书不仅加强了伍子胥前半生研究，还通过大量调查在一定程度上填补了后裔繁衍研究的空白”①。还有学者侧重对比参照的研究方法，在对伍子胥和屈原进行比较中凸显伍子胥的特点。王洪强有多篇学术论文研究伍子胥的思想状况，其中《伍子胥与屈原比较二题》②一文，在对伍子胥和屈原二人进行比较中阐述伍子胥的忠孝观念。《建构与塑造：略议伍子胥与屈原的历史影响》③一文，从“道德形象、处世品格”等方面阐述了伍子胥和屈原的历史影响的不同，作者进而探讨了其背后不同的历史观。王立的《从忠奸斗争与复仇意识看屈原对伍子胥的理解认同》④一文，侧重论述屈原对伍子胥的理解认同，中间涉及对伍子胥的评价，认为伍子胥既是忠臣，又是一位复仇的英雄，古人对伍子胥的复仇之举，也曾产生过不少疑问、分歧，对伍子胥及其评价的变化，可以看出古人对忠奸及其复仇关系认识的困惑。不过，王文没有具体深入地分析这一困惑产生的原因。随着张家山汉简⑤的出土，人们热衷于研究伍子胥的军事思想，王洪强的硕士学位论文《伍子胥思想研究》⑥深入而系统地阐述了伍子胥思想产生的家族、地域文化背景，以及伍子胥的政治思想、军事思想，同时把伍子胥与同时代的孙武、范蠡进行比较，

① 付朝、刘庆俊：《改革开放以来伍子胥研究述评》，《孙子研究》2016年第3期。

② 王洪强、王玉德：《伍子胥与屈原比较二题》，《求索》2012年第1期。

③ 王洪强：《建构与塑造：略议伍子胥与屈原的历史影响》，《中国楚辞学》（第二十二辑），2013年河南西峡屈原与楚辞学国际学术讨论会暨中国屈原学会第十五届年会论文集。

④ 王立：《从忠奸斗争与复仇意识看屈原对伍子胥的理解认同》，《广西社会科学》1994年第5期。

⑤ 1983年，在湖北省江陵24号汉墓中，出土了一批西汉竹简，其中有一部记载伍子胥军事思想的兵书叫做《盖庐》。兵书《盖庐》的出现，使得学者对伍子胥兵法思想研究逐步增多。

⑥ 王洪强：《伍子胥思想研究》，华中师范大学硕士学位论文，2009年。

在比较中更好地认识伍子胥思想的精髓。还有学者重视研究伍子胥与孙子的关系。

三是伍子胥艺术形象和艺术审美研究。就现有论文来看，主要集中在对《伍子胥列传》《伍子胥变文》《伍员吹箫》和《浣纱记》等单个文本的研究，如张则桐的《元杂剧〈伍员吹箫〉论析》①一文，除论述了《伍员吹箫》的情节结构和杂剧作者寄寓的主观意图外，还分析了杂剧里的伍子胥形象的性格特征。王海燕《元明伍子胥戏研究》②对伍子胥故事中的临潼会等戏曲的产生和在元明戏曲中的流传进行了考察。吕文丽《元明戏剧舞台上的伍子胥形象及其审美特征》③指出，元明两朝时期，对于伍子胥人生中的每一阶段都有相关的历史剧，形成了历史剧目系列，如临潼斗宝、弃楚亡吴、鞭尸复仇等，分别成功塑造了伍子胥独特的性格、心理和形象。赵雅丽在《"累积型"和"闪现型"共绘的人物画卷——〈越绝书〉人物形象塑造探索》④一文中把伍子胥归类为"累积型"人物。在1900年敦煌文献《伍子胥变文》被发现之后，关于伍子胥变文的研究有很多，主要涉及文本分析、文献考证、思想分析及佛教影响等方面。李骞的《伍子胥变文的情节、体制衍变考索》⑤考证了伍子胥变文情节等的演变情况。刘传武的《试论伍子胥变文的思想内涵》⑥、尹富的《〈伍子

① 张则桐：《元杂剧〈伍员吹箫〉论析》，《徐州教育学院学报》1999年第2期。

② 王海燕：《元明伍子胥戏研究》，北京师范大学博士学位论文，2006年。

③ 吕文丽：《元明戏剧舞台上的伍子胥形象及其审美特征》，《苏州铁道师范学院学报》2001年第1期。

④ 赵雅丽：《"累积型"和"闪现型"共绘的人物画卷——〈越绝书〉人物形象塑造探索》，《广西师范学院学报》2014年第1期。

⑤ 李骞：《〈伍子胥变文〉的情节、体制衍变考索》，《敦煌变文话本研究》，辽宁大学出版社1987年版，第121~147页。

⑥ 刘传武：《试论〈伍子胥变文〉的思想内涵》，《盐城师专学报》1987年第1期。

胥变文〉与唐代的血亲复仇》①文中指出《伍子胥变文》的情节多取自《吴越春秋》，唐代官方严格遏制私自复仇行为，于是复仇思想在民间文学中得以迸发。杨华、冯闻文在《伍子胥故事的文本流变和中国古代的价值观》②一文中，十分详实地比较了《左传》《史记》《越绝书》《吴越春秋》及《新列国志》等文献中记载"伍尚决死"和"伍员避吴"相关内容文本衍变的状况，借诸文本的演变，作者通过有代表性的历史人物对伍子胥其人其事的评价，阐述了先秦至近代人们文化价值观的变化。《伍子胥复仇形象研究》③系统地研究了伍子胥复仇形象的孕育期、成型期和演变期，以及复仇形象与忠臣形象关系。

四是伍子胥文化及信仰研究。关于伍子胥作为潮神的研究，代表性的研究论文有刘传武、何剑叶的《潮神考论》④，主要介绍了伍子胥成为潮神这一传说的嬗变以及传说嬗变的原因，论述比较严密，但限于单篇论文的篇幅，引用的相关文献资料不够全面。徐海的《伍子胥信仰研究》⑤以伍子胥信仰问题为切入点，运用人类文化学和民俗学等知识重点考察了伍子胥信仰的形成、基本特点和历史变化轨迹。虞海娜的《试论伍子胥文化意象》⑥以意象为透视视角，深入分析了伍子胥典范性人物意象、想象性传奇人物意象、地方信仰意象。蒋康的《试论伍子胥的崇祀习俗》⑦，分析了伍子胥信仰的缘起、发展范围等。许多学者研究伍子胥与端午节的起源关系问题。如尤岩的《伍子胥与吴地端午风物习

① 尹富：《〈伍子胥变文〉与唐代的血亲复仇》，《西南师范大学学报》2003年第5期。

② 杨华、冯闻文：《伍子胥故事的文本流变和中国古代的价值观》，《长江学术》2013年第3期。

③ 苗江磊：《伍子胥复仇形象研究》，山东大学硕士学位论文，2016年。

④ 刘传武、何剑叶：《潮神考论》，《东南文化》1996年第4期。

⑤ 徐海：《伍子胥信仰研究》，兰州大学研究生学位论文，2013年。

⑥ 虞海娜：《试论伍子胥文化意象》，华东师范大学硕士学位论文，2012年。

⑦ 蒋康：《试论伍子胥的崇祀习俗》，《苏州大学学报》1995年第4期。

俗》①论述了伍子胥信仰和端午节的密切联系。戈春源的《端午节起源于伍子胥考》②一文通过“龙舟竞渡、斗百草、采杂药、食粽、用雄黄酒”等端午习俗考证端午节起源于吴地，源起于纪念伍子胥。戈春源另一篇论文《从屈原与伍子胥的关系看端午节的起源》指出：“伍子胥是屈原的精神导师之一，屈原自沉日期与伍子胥自刭日期亦很可能相同。因此，端午节纪念的人物应首推伍子胥。”③富世平的《伍子胥、屈原在先秦两汉文献中的不同书写及其对端午习俗的影响》”④分析了先秦两汉文献对伍子胥和屈原不同的书写方式。龚敏的《唐诗中的伍子胥信仰与传说》⑤从唐代诗歌中梳理出唐代人们关于伍子胥的信仰和传说，如伍子胥庙、钱塘江涛、罗刹石等。李金操、王元林撰写的《由恶变善：潮神伍子胥信仰变迁新探》⑥阐述了伍子胥作为潮神由恶变善的演变轨迹和历史进程。李明的《〈伍子胥变文〉的文化内涵》⑦一文主要分析了伍子胥变文中蕴含的儒教、道教、佛教等深厚的文化内涵，以及儒道佛三教之间对立、碰撞、交融的复杂关系。关于伍子胥故事在域外的传播接受研究，有黄智咏的《伍子胥故事在朝鲜半岛的传播与接受》⑧，文中主要论述了伍子胥故事流传到朝鲜半岛的情况以及李朝文人对伍子胥忠孝与否、褒贬不一的评价。

---

① 尤岩：《伍子胥与吴地端午风物习俗》，《江苏地方志》2006 年第 3 期。

② 戈春源：《端午节起源于伍子胥考》，《苏州科技学院学报》2004 年第 4 期。

③ 戈春源：《从屈原与伍子胥的关系看端午节的起源》，《苏州科技学院学报》2006 年第 2 期。

④ 富世平：《伍子胥、屈原在先秦两汉文献中的不同书写及其对端午习俗的影响》，《中国俗文化研究》2013 年第 8 辑。

⑤ 龚敏：《唐诗中的伍子胥信仰与传说》，《广西民族大学学报》2007 年第 1 期。

⑥ 李金操、王元林：《由恶变善：潮神伍子胥信仰变迁新探》，《安徽史学》2017 年第 1 期。

⑦ 李明：《〈伍子胥变文〉的文化内涵》，《湛江师范学院学报》2005 年第 2 期。

⑧ 黄智咏：《“伍子胥故事”在朝鲜半岛的传播与接受》，北京大学硕士学位论文，2014 年。

另外，还有学者研究关注现代文本——冯志的《伍子胥》。

随着考察的深入，笔者发现，史学家记载历史、文人创作、民间崇拜祭祀与官方加封对伍子胥的神化具有相当的推动作用。然而在民间祠祀、官方加封与伍子胥神化这一子课题上，前人论述得还不够深入系统，不过刘传武、何剑叶的《潮神考论》、徐海的《伍子胥信仰研究》、虞海娜的《试论伍子胥文化意象》等侧重文化意象视角的研究对本书的写作思路有借鉴意义。高云萍的《伍子胥故事研究》侧重于研究故事层面以及文学形象的分析，对本书的写作也有裨益。不过以高云萍《伍子胥故事研究》为代表的研究论文中多数侧重于关注宋代以前的诗歌，很少涉及宋元明清时期的诗歌散文以及地方志中的文献资料和文学作品。而本人在搜集资料的过程中，发现有关伍子胥题材的文献文学作品十分丰富，尤其是宋元明清时期有相当数量的关于伍子胥的诗文和祭祀资料，尚需进一步梳理和深入研究探讨。因此本书在继承前人研究成果的基础上，意在补充完善并深化关于伍子胥题材的研究，以乞教于方家。

作者想尽力对现有的史书方志、诗文、小说、戏曲中有关伍子胥的材料进行搜集梳理，力争在论述时，选取各个时期比较翔实而可靠的材料，并设想从文化的角度进行论析，对多种形态的伍子胥材料作整体的梳理和阐释。本书将有关伍子胥的资料按照文体类别分为五类：子史、诗词、散文、小说戏曲、民间文化。从这个角度出发，本书共设五章。第一章：先秦两汉时的子史观照；第二章：诗词世界中的连翩歌咏；第三章：散文空间里的二元评说；第四章：小说戏曲中的立体造型；第五章：民俗方志中的文化遗迹。对伍子胥文化现象透视的角度不同，就会折射出不同的文化内涵。本书力图对伍子胥故事的演变作系统梳理，并进行多维的文化阐释，试图客观呈现两千多年来不同阶层、不同文体对伍子胥的观照和阐释，进而在一定程度上折射出传统文化的演变。

本书的创新点是从文化的角度对伍子胥题材进行整体研究，力图客观真实地展现该题材流变的轨迹，进而从一定程度上折射出不同时代、不同阶级的文化审美观念。尤其是宋元明清时期的诗文、民俗方志中的文献资料，目前较少有人作研究。本书的不足是材料较多而分析不够深入，主体部分文化分析、文体差异及特点分析不深刻，尤其是第五章“民俗方志中的文化遗迹”多列举材料而没有深入论述。因书中所用材料多《四库全书》版本，没有标点，鉴于本人水平有限，故句读有误之处难免，敬请方家批评指正。

# 第一章　先秦两汉时的子史观照

伍子胥的事迹最早见于史书记载，史书中的伍子胥故事，有其演变过程，《左传》开其端，诸子散文对伍子胥其人其事也有加工和评论，尤其是《吕氏春秋》对其进行了初步加工。《史记》首次形成完整的故事。东汉时期，《越绝书》进一步加工，至《吴越春秋》，该故事基本定型。在伍子胥故事嬗变的历程中，有几个关键处，如《左传》《史记》《吴越春秋》等。

## 第一节　先秦史籍之初始记载

### 一、《左传》：史实的片段记载

有关伍子胥的记载，最早见于历史散文《左传》《国语》。在《左传》中，对伍子胥的描写不是很多，但已初步勾勒出其智慧忠贞的形象。由于《左传》是编年体史书，伍子胥的事迹分散在不同的地方，只是史实的片段记载，共有六处。

例如，昭公二十年记载："王使召之，曰：'来，吾免而父'。棠君尚谓其弟员曰：'尔适吴，我将归死。吾知不逮，我能死，尔能报。闻免父之命，不可以莫之奔也；亲戚为戮，不可以莫之报也。奔死免父，孝也；度功而行，仁也；则任而往，知也；知死不辟，勇也。父不可弃，名不可废，尔其勉之！相从为愈。""员如吴，言伐楚之利于州于。公子光曰：'是宗为戮，而欲反其仇，不可从也。'员曰：'彼将有他志，余姑为之求士，而鄙以待之。'乃见专设诸焉，而耕于鄙。"①

昭公二十年故事记载伍子胥的父亲伍奢因直言进谏得罪了楚平王，伍子胥家族遭费无极谗言陷害，其父、兄为义而受死。伍子胥则逃离楚国，去了吴国。伍奢听说子胥逃走时说："楚君大夫其旰食乎！"知子莫若父，伍奢知道伍子胥逃亡后，将来必定会为父兄复仇而使楚国不得安宁。这是侧面描写伍子胥的才能。昭公二十年故事的重心是表现其兄伍尚的英勇就义，而伍子胥的事只有"员如吴"，后为了达到复仇楚国的目的，不惜为有弑君夺位之心的公子光寻求刺客。这与后世所倡导的伍子胥的正面形象有一定差异。伍子胥从公子光反对伐楚中洞悉了他有篡位之心，进荐专诸，耕于郊外。该故事主要突出其为报父仇等待时机和见微知著的洞察能力。

《左传》中表现伍子胥杰出的军事才能的见于昭公三十年和昭公三十一年。其中，昭公三十年记载"吴子问于伍员"一事，阖闾向伍子胥询问攻打楚国的良策，"吴子问于伍员，曰……'伐楚何如？'对曰：'楚执政众而乖，莫适任患。若为三师以肄焉……彼出则归，彼归则出，楚必道敝。亟肄以罢之，多方以误之。既罢而后以三军继之，必大克之'"②。重点讲的是伍子胥为吴王阖庐分析楚国形势，提出攻打楚国的办法。这就是著名的三师疲楚之计。此时吴举国兵力在数量上不及楚国，伍子胥却料定楚国军队首领不敢分兵而战，大模大样地分兵袭扰楚国军队。伍子胥从政治上分析"楚执政众而乖，莫适任患"，在军事上提出"为三师以肄""亟肄以罢之，多方以误之"等战略战术。在大规模的军事行动前，伍子胥能从政治、军事上作综合分析，无疑使吴国在楚吴军事斗争中获得了胜利。

昭公三十一年记载了吴军和楚军的另一场军事行动："秋，吴人侵楚，伐夷，侵潜、六。楚沈尹戌帅师救潜，吴师还。楚师迁潜于南冈而

① 杨伯峻编著：《春秋左传注》，中华书局1981年版，第1409页。

② 杨伯峻编著：《春秋左传注》，中华书局1981年版，第1509页。

还。吴师围弦，左司马戌、右司马稽帅师救弦，及豫章，吴师还。——始用子胥之谋也。”①从《左传》记载来看，春秋战国时期吴楚之间夷、潜、六等战役都是对伍子胥军事谋略的实施和践行。伍子胥向吴王阖闾提出了一套拖疲楚国、多方误敌的军事计策，令楚军疲惫不堪，凸显了伍子胥善于用兵和高超的军事指挥才能。

定公四年，伍子胥为“吴行人以谋楚”。“庚辰，吴入郢，以班处宫。”此处，《左传》仅叙及子山、夫概借馆之事，并没有伍员借馆的记录，也没有伍员掘平王墓和鞭其尸的记录。中间插叙一段伍子胥在楚国时与好友申包胥的故事。伍子胥逃亡时遇朋友申包胥，对申包胥曰：“我必覆楚国。申包胥曰：勉之！子能覆之，我必能兴之。”②史家记载故事的重心是表现“申包胥如秦乞师”。伍子胥为了报父兄之仇，引导吴国攻打楚国，占领郢都，差一点灭亡楚国，在生死存亡危急关头，申包胥徒步跋涉千里到秦国求救兵，在秦国朝廷上号啕大哭七天七夜，感动秦哀公，秦军出兵帮助楚昭王赶走吴军，才使楚国躲过了一场大灾难。

伍子胥的忠贞在《左传》中集中体现在对夫差的两次进谏，见于哀公元年和哀公十一年。哀公元年：吴国攻打越国，吴王夫差败越于夫椒，越国大败，勾践被困于会稽山，使大夫种因吴太宰嚭以行成，向吴国求和，吴王将许之。伍子胥向夫差进谏，坚决反对越国的求和，伍员曰：“树德莫如滋，去疾莫如尽……勾践能亲而务施，施不失人，亲不弃劳，与我同壤而世为仇雠。于是乎克而弗取，将又存之，违天而长寇雠，后虽悔之，不可食已。”伍子胥又用上古时代“少康灭过”的历史教训劝诫吴王，认为吴越二国好比一山难容二虎，希望夫差能一举灭越，吴王不听。伍员发出“越十年生聚，而十年教训，二十年之外，吴其为

---

① 杨伯峻编著：《春秋左传注》，中华书局1981年版，第1512页。

② 杨伯峻编著：《春秋左传注》，中华书局1981年版，第1542、1545、1547页。

沼乎”①的预言，预测越国二十年后必定灭亡吴国。

哀公十一年记载：吴将伐齐，越子率其众以朝焉，王及列士皆有馈赂。吴人皆喜，唯子胥惧，曰：“是豢吴也夫!”“(伍子胥谏)曰：‘越在我，心腹之疾也，壤地同，而有欲于我。夫其柔服，求济其欲也，不如早从事焉。得志于齐，犹获石田也，无所用之。越不为沼，吴其泯矣。’”②伍子胥向吴王夫差进言，力谏释齐而灭越。但是，伍子胥的忠言不被吴王采用，夫差反使其出使齐国。结果伍子胥因托子于齐国鲍氏而被夫差赐死。伍子胥将死时说：“树吾墓以槚，槚可材也。吴其亡乎！三年，吴其始弱矣。盈必毁，天之道也。”③

《左传》中伍子胥的事迹分散在不同的年代，都是史实的片段记载，综合这些片段，可以看出伍子胥这个历史人物的形象特点：洞察能力强、军事才能高、有远见卓识且忠心耿耿。《左传》中有关伍子胥的史料不是很多，而且所记载的大多也只是史料的实录，正如马尚学指出的“并没有刻意地去渲染后世所传的伍子胥故事‘忠君爱国’和‘血亲复仇’的两大主题”④。“由春秋三传可知，伍子胥是一位刚烈忠谏的臣子，且先秦时期的伍子胥意象集中体现在他的忠谏、忠臣、谏臣等文化内涵之上。”⑤

## 二、《国语》：片段语言见忠心

国别体史书《国语》主要是记言，其书中主要记叙人物的对话。伍子胥的语言主要分布在卷十九《吴语》和卷二十《越语上》。

其中，《国语·越语上》记载伍子胥从地理角度进谏夫差，反对与

① 杨伯峻编著：《春秋左传注》，中华书局 1981 年版，第 1606~1607 页。

② 杨伯峻编著：《春秋左传注》，中华书局 1981 年版，第 1664 页。

③ 杨伯峻编著：《春秋左传注》，中华书局 1981 年版，第 1665 页。

④ 马尚学：《〈左传〉、〈吕氏春秋〉叙事的比较》，西北师范大学硕士学位论文，2014 年，第 51 页。

⑤ 虞海娜：《试论伍子胥文化意象》，华东师范大学硕士学位论文，2012 年。

越讲和之事。这与《左传》中记述的内容大致相同，只是具体的描述有些差异，但都表现了伍子胥政治上的远见和他对吴国的耿耿忠心。《吴语》中正面提及伍子胥的是他两次向夫差进谏。

第一次因夫差与越国结盟而进谏，申胥曰："夫越非实忠心好吴也，又非慑畏吾兵甲之强也。大夫种勇而善谋，将还玩吴国于股掌之上，以得其志。夫固知君王之盖威以好胜也，故婉约其辞，以从逸王志，使淫乐于诸夏之国，以自伤也。使吾甲兵钝弊，民人离落，而日以憔悴，然后安受吾烬。夫越王好信以爱民，四方归之，年谷时熟，日长炎炎。及吾犹可以战也，为虺弗摧，为蛇将若何？"①这是伍子胥劝谏吴王夫差灭亡越国的故事。但是相比《左传》中故事的重心是借古讽今，《国语》重点从吴、越两国的实际情况进行了综合分析，得出吴、越二国不可能长期并存的道理，吴国必须灭亡越国。可惜吴王夫差不听从伍子胥的劝谏，而且没有与越国"盟"。这就使得两国的讲和只是口头上的，并没有一个实际的凭证，这为越国将来灭亡吴国埋下了伏笔。

第二次因夫差伐齐而进谏："昔天以越赐吴，而王弗受。夫天命有反，今越王句践恐惧而改其谋，舍其愆令，轻其征赋，施民所善，去民所恶，身自约也，裕其众庶，其民殷众，以多甲兵。越之在吴，犹人之有腹心之疾也。夫越王之不忘败吴，于其心也侙然，服士以伺吾闲。今王非越是图，而齐、鲁以为忧。夫齐、鲁譬诸疾，疥癣也，岂能涉江、淮而与我争此地哉？将必越实有吴土。"②

吴王伐齐成功乃讯申胥曰："昔吾先王体德明圣，达于上帝，譬如农夫作耦，以刈杀四方之蓬蒿，以立名于荆，此则大夫之力也。今大夫老，而又不自安恬逸，而处以念恶，出则罪吾众，挠乱百度，以妖孽吴国。今天降衷于吴，齐师受服。孤岂敢自多，先王之钟鼓，寔式灵之。

① 《国语》，上海古籍出版社 1978 年版，第 595 页。
② 《国语》，上海古籍出版社 1978 年版，第 597 页。

敢告于大夫。”申胥释剑而对曰：“昔吾先王世有辅弼之臣，以能遂疑计恶，以不陷于大难。今王播弃黎老，而孩童焉比谋，曰：‘余令而不违。’夫不违，乃违也。夫不违，亡之阶也。夫天之所弃，必骤近其小喜，而远其大忧。王若不得志于齐，而以觉寤王心，而吴国犹世。吾先君得之也，必有以取之；其亡之也，亦有以弃之。用能援持盈以没，而骤救倾以时。今王无以取之，而天禄亟至，是吴命之短也。员不忍称疾辟易，以见王之亲为越之擒也。员请先死。”遂自杀。将死，曰：“以悬吾目于东门，以见越之入，吴国之亡也。”①伍子胥的这种行为惹怒了吴王夫差，便命人将伍子胥的尸体，盛以鸱夷，而投之于江中。夫差将死，使人说于子胥曰：“‘使死者无知，则已矣；若其有知，君何面目以见员也！’遂自杀。”吴王夫差好大喜功，没有远见卓识，所以被越王勾践灭亡。

《国语》记载此事与《左传》有明显不同，除故事重心不同外，伍子胥常见的名字伍员或者子胥大多用“申胥”这一名字。根据徐元诰所说，“申胥，楚大夫伍奢之子子胥也，名员。鲁昭二十年，奢诛于楚，员奔吴，吴子与之申地，故曰申胥”②。

在伍子胥之死这一情节上，《左传》与《国语》的记载有些差异，《左传》中伍子胥是被夫差赐死，《国语》中伍子胥是不忍见吴国灭亡而主动请死，多出了“死谏”这一情节，凸显了伍子胥“忠君爱国”这一主题。另外，伍子胥死前说的话也不同，《左传》是“树墓以檟”，《国语》是“悬目东门”，以观越入。更值得注意的是，《国语》中增加了伍子胥尸骨“鸱夷投江”的情节，这是后世民间传说中伍子胥成为涛神的主要原因。

《左传》和《国语》是最早记载伍子胥事迹的史料，有关伍子胥的记载，大多附属其他史事，分散于各年，人物的言行也多分散地记录在事

① 《国语》，上海古籍出版社1978年版，第602页。
② 徐元诰：《国语集解》，中华书局2002年版，第537页。

件发生的各个年代，只有把同一人物在不同年代的事迹联系起来，才能得到一个比较完整的情节故事。综观二书的记载，伍子胥故事“本事”最初有以下几个基本母题。

第一，起因：父兄蒙难，亡楚逃命。第二，待机复仇：初次向吴王僚提议伐楚，不被采纳，洞悉公子光有篡位意图，即向其荐专诸，以待时机。第三，复仇：指挥吴军一举破楚，入郢班宫。这是伍子胥复仇引起后人批评的关键缘由。不过，《左传》《国语》都没有伍子胥“鞭尸藉馆”的记载。第四，助吴破越：极力劝谏夫差杀越王勾践、灭掉越国，勿伐齐鲁等国。第五，赐死：《左传》记载的伍子胥之死因是吴王夫差迁怒于伍子胥托子于齐，而《国语》则是不忍见越国攻打吴国主动请死，且增加了悬目东门、鸱夷投江的情节。

总之，《左传》和《国语》基本上记载了伍子胥这个历史人物事迹的始末，伍之“本事”的母题在此也得以客观地呈现，不过，二书的史家坚持秉笔直书的原则，记事记言比较客观真实。综合二书中有关伍子胥的记载，可以看出伍子胥基本上是个复仇公子的形象。二书也基本上奠定了伍子胥忠贞、孝义、智慧的历史形象。二书距伍子胥的生活时代最近，因此可信度较高，它们是关于伍子胥事迹的最早的历史文献，是后世赖以加工的最基本的素材。

## 第二节　先秦诸子之相关评议

春秋战国时期，思想活跃，百家争鸣，诸子纷纷著书立说，对于伍子胥这个历史人物，他们也有各自的评论与看法，基本上借用伍子胥故事来证明其观点，借用最多的是伍子胥忠谏吴王夫差而不得善终的“忠臣”形象。由于诸子离伍子胥生活的时代较近，他们对伍子胥的看法可信度较高，所以把此放在文献史料这一章。下面就来看看诸子眼中的伍子胥是怎样的。

## 一、孔子荀子庄子：各异其说

孔子是伍子胥同时代人，伍子胥被赐自杀时孔子还活着，我们来看看孔子对伍子胥的看法。《荀子·宥坐》记载：孔子困于陈蔡之间，七日不食，弟子有饥色，而夫子弦歌不绝，子路不解发出疑问。“孔子曰：‘女以知者为必用邪？王子比干不见剖心乎！女以忠者为必用邪？关龙逢不见刑乎！女以谏者为必用邪？吴子胥不磔姑苏东门外乎！’”①《说苑·杂言》、《韩诗外传》所记孔子的评价与《宥坐》大致相同，从孔子的话可以推断出伍子胥是忠谏而终的，在孔子眼里，伍子胥是忠臣智士的典型，不过，孔圣人的出发点是借伍子胥等人的事例来阐述君臣遇合的观点，他认为：贤不肖者，材也，遇不遇者，时也，“伍子胥前功多，后戮死，非知有盛衰也，前遇阖闾，后遇夫差也”②。

孔子的弟子子贡对伍子胥的评价与其老师基本一致。《仲尼弟子列传》载子贡曰：“吴王为人猛暴，群臣不堪，国家敝以数战，士卒弗忍，百姓怨上，大臣内变，子胥以谏死，太宰嚭用事，顺君之过以安其私，是残国之治也。”③子贡在批评夫差穷兵黩武、凶猛残暴、亲佞远贤以及太宰伯嚭奸佞小人行径的同时，充分肯定伍子胥是忠谏而死的贤臣。孔子的另一弟子子石（名公孙龙）对伍子胥也有评论，“子石登吴山而四望，喟然而叹息曰：‘呜呼悲哉！世有明于事情，不合于人心者；有合于人心，不明于事情者’。弟子问曰：何谓也？”“子石曰：‘昔者吴王夫差不听伍子胥尽忠极谏，抉目而辜。太宰嚭、公孙雒偷合苟容以顺夫差之志而伐齐，二子沉身江湖，头悬越旗。’”④子石登吴山而四望，借伍子胥历史故事感慨“人心事理”及君臣遇合，可见，伍子胥忠谏而死的史实，在先秦时期已成为当时的典故。

---

① 《荀子新注》，中华书局 1979 年版，第 483 页。
② 《韩诗外传集释》，中华书局 1980 年版，第 245 页。
③ 《史记》，中华书局 1959 年版，第 2199 页。
④ 《说苑校证》，中华书局 1987 年版，第 412 页。

子贡、子石都认为吴王夫差远贤近谗、拒谏饰非应受谴责，伍子胥以谏死，遂成为忠贞直谏的典型，足与贤臣比干、关龙逄并列。从他们的话语亦可见伍子胥直谏惨死之事已广泛流传。而到了战国，他已演变成忠贤之臣惨死的典型代表人物了。

荀子是战国时期儒家的代表人物，“隆礼”“重法”和“法后王”是他“一天下”思想的主要内容。他的思想是为建立起一个统一的中央集权的封建统治秩序服务的。荀况在论述思想时，多次提到了伍子胥的事迹。

> 大臣、父兄有能进言于君，用则可，不用则去，谓之谏；有能进言于君，用则可，不用则死，谓之争；有能比知同力，率群臣百吏而相与强君挢君，君虽不安，不能不听，遂以解国之大患，除国之大害，成于尊君安国，谓之辅；有能抗君之命，窃君之重，反君之事，以安国之危，除君之辱，功伐足以成国之大利，谓之拂。故谏、争、辅、拂之人，社稷之臣也，国君之宝也，明君之所尊厚也，而暗主惑君以为己贼也。故明君之所赏，暗君之所罚也；暗君之所赏，明君之所杀也。伊尹、箕子可谓谏矣，比干子胥可谓争矣。①

荀子在阐述人臣之论是“从君”还是“从道”时指出：从命而利君谓之顺，从命而不利君谓之谄；逆命而利君谓之忠，逆命而不利君谓之篡。荀子认为虽然言辞上让君王不顺耳不愿意听但只要是对君王有利的人臣，就是忠臣。他认为劝谏、苦诤、辅助、匡正的人，是维护国家政权的大臣，是国君的宝贵财富，是英明的君主所尊敬优待的。在论述人臣类型时，荀子把伍子胥归类为上古时期和伊尹、箕子、比干相比肩的劝谏苦诤的忠臣。荀子进一步指出“正义之臣设，则朝廷不颇；谏、

① 《荀子新注》，中华书局1979年版，第213~215页。

争、辅、拂之人信，则君过不远”。站在君主的立场上看，如果君王能坚持正义的臣子得到进用，那么朝廷就不会偏邪不正；如果劝谏、苦诤、辅助、匡正的人受到信任，那么君主的过错就不会延续很久。

对于忠臣，荀子认为也是有三六九等之分，如大忠、次忠、下忠等次。

> 以德复君而化之，大忠也；以德调君而辅之，次忠也；以是谏非而怒之，下忠也；不恤君之荣辱，不恤国之臧否，偷合苟容以之持禄养交而已耳，国贼也。若周公之于成王也，可谓大忠矣；若管仲之于桓公，可谓次忠矣；若子胥之于夫差，可谓下忠矣；若曹触龙之于纣者，可谓国贼矣。①

显然，荀子认为有头等的忠臣，有次一等的忠臣，有下等的忠臣。用正确的原则熏陶君主而感化他，是头等的忠诚；用道德来调养君主而辅助他，是次一等的忠诚；用正确的主张去劝阻君主的错误却触怒了他，是下等的忠诚；不顾君主的荣辱，不顾国家的得失，只是苟且迎合君主、无原则地求取容身，以此来保住自己的俸禄、去豢养结交党羽的，这是国家的奸贼。像周公对于周成王，可以说是头等的忠诚了；像管仲对于齐桓公，可以说是次一等的忠诚了；像伍子胥对于夫差，可以说是下等的忠诚了。“谏言的最终目的是为了让君主采纳正确的政见，做出利国利民的决策，如果不注意方式方法，就有可能会给自己招来杀身之祸。”就人臣之术而言，荀子认为伍子胥虽是忠臣，但仍达不到先前周公管仲等“功臣”、“圣臣”的境地。这是站在君主的立场上选择通达圣明的贤臣圣臣，标准未免苛刻。我们知道，君臣遇合需要君主尚贤推德、臣子贤良，是君主臣子双方的事情。

荀子认为伍子胥是忠谏直言的贤臣。但是，荀子认为并非忠贤之士

① 《荀子新注》，中华书局1979年版，第217页。

都能得到重用。《成相》曰："世之祸，恶贤士，子胥见杀百里徙。""周幽、厉，所以败，不听规谏忠是害。嗟我何人，独不遇时当乱世！欲对衷，言不从，恐为子胥身离凶。进谏不听，刭而独鹿弃之江。"①(独鹿同属镂，剑名)成相，中国先秦民间说唱艺术。"相"是一种击节乐器，其形制有两说，一说为舂牍，另一说为搏拊，以手拊拍。它是古代民间的一种文艺形式。作者以这种通俗的文艺形式来阐发他的政治观点，内容明白易懂，读起来朗朗上口。

《大略篇》曰："比干、子胥忠而君不用。"②《君子篇》："论法圣王，则知所贵矣……故成王之于周公也，无所往而不听，知所贵也。桓公之于管仲也，国事无所往而不用，知所利也。吴有伍子胥而不能用，国至于亡，倍道失贤也。故尊圣者王，贵贤者霸，敬贤者存，慢贤者亡，古今一也。"③

可见，在荀子眼里，伍子胥是忠谏直言的贤臣，是圣贤，是社稷之臣、国君之宝。吴王夫差无道，杀害忠臣伍子胥是"背道失贤"，所以亡国。"隆礼""重法""法后王"是荀子"一天下"思想的主要内容，他的思想是为建立起统一的中央集权的封建统治秩序服务的。荀子的出发点是维护和巩固封建统治，为君主寻求治国之道，他在论述中提到伍子胥的事例是为了借鉴历史，避免后世君王重蹈历史覆辙。这里伍子胥只是作为荀子论述时的一个例证。

庄子在文章中也表明了对伍子胥的评价。《庄子·外物》曰："人主莫不欲其臣之忠，而忠未必信，故伍员流于江，苌弘死于蜀，藏其血三年而化为碧。"《庄子·盗跖》："世之所谓忠臣者，莫若王子比干、伍子胥。子胥沉江，比干剖心。此二子者，世谓忠臣也，然卒为天下笑。自上观之，至于子胥、比干，皆不足贵也。"④《庄子·胠箧》："世俗之所

① 《荀子新注》，中华书局 1979 年版，第 413、423 页。

② 《荀子新注》，中华书局 1979 年版，第 472 页。

③ 《荀子新注》，中华书局 1979 年版，第 472 页。

④ 陈鼓应注译：《庄子今译今注》，中华书局 1983 年版，第 779 页。

谓至知也，有不为大盗积者乎？所谓至圣者，有不为大盗守者乎？何以知其然邪？昔者龙逢斩，比干剖，苌弘胣，子胥靡，故四子之贤而身不免乎戮。”①

显然，庄子认为伍子胥是忠臣，堪与忠臣贤士的模范关龙逄、比干、苌弘等相比肩。只是庄子从道家无为思想出发，以为忠臣的结局大多徒然招祸。

《庄子・至乐》：“烈士为天下见善矣，未足以活身。吾未知善之诚善邪，诚不善邪？若以为善矣，不足活身；以为不善矣，足以活人。故曰：‘忠谏不听，蹲循勿争。’故夫子胥争之以残其形，不争，名亦不成。”②

庄子认为对于君主，臣子忠诚地谏告君主，如果君主不听，臣子就退去不必再争谏，伍子胥因为谏诤而遭残戮，如果说他不争谏，就不会成名。总之，庄子认为伍子胥是至知、至圣、至忠、至贤的典型之一，足与忠臣贤士的模范关龙逄、比干、苌弘相比肩。只是庄子从道家无为思想出发，以为忠臣徒然招祸的为臣法则不值得效法，至圣、至贤之人，不免于遭戮的结局。因为至知至圣之贤不过为大盗者积守，烈士被天下的人所称赞，然而却保不住自己的性命，忠臣的下场是被杀戮，因此“皆不足贵”。庄子提倡绝圣弃智，而但他承认伍子胥为忠臣是无可置疑的。

孔子和弟子及荀子、庄子都认为伍子胥是忠臣的典型，足与贤臣比干、关龙逄并列，吴王诛伍子胥是导致吴灭国的原因。《墨子・所染》把伍子胥说成吴国兴亡的关键人物，和管仲、鲍叔、舅犯、孙叔敖等人相提并论。从他们的论述亦可见伍子胥忠谏而死之事流传已比较广泛，伍子胥在此时是公认的忠臣形象，他已演变成忠臣惨死的典型代表了。

① 陈鼓应注译：《庄子今译今注》，中华书局 1983 年版，第 255 页。

② 陈鼓应注译：《庄子今译今注》，中华书局 1983 年版，第 446 页。

## 二、《韩非子》《吕氏春秋》：演绎本事

先秦时期，对伍子胥故事的形成起到加工作用的是《韩非子》《吕氏春秋》。

韩非子在论述法家思想时，多次提到伍子胥事迹。《韩非子》中叙述的伍子胥的故事都是为作者某一观点而服务的。韩非子借用伍子胥故事论述以下几个方面的观点：

一是赞扬伍子胥杰出的军事才能，主要集中在卷10《内储说下·六微》和卷8《韩非子·说林下》。

《内储说下·六微》："敌之所务在淫察而就靡，人主不察则敌废置矣……是以子胥宣言而子常用，内美人而虞、虢亡。"①《内储说下·六微》："吴政荆，子胥使人宣言于荆曰：'子期用，将击之。子常用，将去之。'荆人闻之，因用子常而退子期也。吴人击之，遂胜之。"②

《说林下》："阖闾攻郢，战三胜，问子胥曰：'可以退乎？'子胥曰：'溺人者一饮而止则无逆者，以其不休也，不如乘之以沉之。"③

二是借鉴历史教训，阐述为臣之道。如卷5《饰邪》、卷8《说林下》。

《饰邪》："故人臣称伊尹、管仲之功，则背法饰智有资；称比干、子胥之忠而见杀，则疾强谏有辞。"④卷17《说疑》："若夫关龙逄、王子比干、隋季梁、陈泄冶、楚申胥、吴子胥，此六人者，皆疾争强谏以胜其君。言听事行，则如师徒之势；一言而不听，一事而不行，则陵其主以语，待之以其身，虽死家破，要领不属，手足异处，不难为也。如此臣者，先古圣王皆不能忍也，当今之时，将安用之？"⑤《说林下》："崇

---

① 陈奇猷校注：《韩非子集释》，上海人民出版社1974年版，第575页。
② 陈奇猷校注：《韩非子集释》，上海人民出版社1974年版，第606页。
③ 陈奇猷校注：《韩非子集释》，上海人民出版社1974年版，第478页。
④ 陈奇猷校注：《韩非子集释》，上海人民出版社1974年版，第310页。
⑤ 陈奇猷校注：《韩非子集释》，上海人民出版社1974年版，第918页。

侯、恶来知不适纣之诛也，而不见武王之灭之也。比干、子胥知其君之必亡也，而不知身之死也。故曰：‘崇侯、恶来知心而不知事，比干、子胥知事而不知心。’圣人其备矣。”①

韩非子虽然认可子胥的忠贤，但对子胥疾争强谏触怒君王的进谏方式是不认可的。在韩非子看来，人臣应该既“忠”且“智”，尽力做到忠言而不逆耳，避免“疾争强谏以胜其君”，如“师徒之势”，导致身首异处。伍子胥能预测吴国将灭亡，而不能预测自己性命难保，是只能“知事”而不能“知心”，达不到圣人既能“知事”又能“知心”的水平。

三是论述为君之道，君主应该善辨忠奸，从善如流。《难三》：“夫差智太宰嚭而愚子胥，故灭于越。”②《难四》：“大诛报小罪也者，狱之至也……吴王诛子胥而越句践成霸。”③《韩非子·用人》：“使中主守法术……明主立可为之赏，设可避之罚。故贤者劝赏而不见子胥之祸，不肖者少罪而不见伛剖背。”④《人主》曰：“昔关龙逄说桀而伤其四肢，王子比干谏纣而剖其心，子胥忠直夫差而诛于属镂。此三子者，为人臣非不忠，而说非不当也。然不免于死亡之患者，主不察贤智之言，而蔽于愚不肖之患也。”⑤

韩非子认为夫差亲小人远贤臣，杀忠臣伍子胥，所以为勾践所灭。君主不明察贤士和智者的主张，而受蠢材和恶人的蒙蔽。君主如果不肯任用法术之士，而听从没有智慧、没有德才的臣子的话，那么品德好、智慧高的法术之士，谁还敢冒着关龙逄、比干、伍子胥三个人那样的危险，去进献自己的智慧和才能呢？这就是社会动乱的根源。学者王成

---

① 陈奇猷校注：《韩非子集释》，上海人民出版社 1974 年版，第 455 页。

② 陈奇猷校注：《韩非子集释》，上海人民出版社 1974 年版，第 853 页。

③ 陈奇猷校注：《韩非子集释》，上海人民出版社 1974 年版，第 878 页。

④ 陈奇猷校注：《韩非子集释》，上海人民出版社 1974 年版，第 498 页。

⑤ 陈奇猷校注：《韩非子集释》，上海人民出版社 1974 年版，第 1119～1120 页。

说："韩非子极为推崇'忠'，将对君主和国家的'忠'说成天下之'公义'。"①

另外，韩非子还称赞伍子胥机智善谋。卷七《韩非子·说林上》记载，"子胥出走，边侯得之。子胥曰：'上索我者，以我有美珠也。今我已亡之矣，我且曰子取吞之。'侯因释之"②。从伍子胥应对边侯，可看出伍子胥机智善谋。作为法家代表的韩非子，重在论述守法术的重要性，从历史经验教训中寻求治国之道，伍子胥忠谏赐死的事迹是作为论据而出现的。

秦相吕不韦主持编纂的《吕氏春秋》对伍子胥故事的记述比较多。《吕氏春秋》对伍子胥故事的记载，主要在《首时篇》《长攻篇》《异宝篇》《知化篇》等篇目。该书除了重点展示伍子胥"忠君爱国"方面的故事外，也涉及"血亲复仇"的内容，主要集中在卷10《异宝》和卷14《孝行览·首时》。

伍子胥从楚国到吴国的路上发生了什么故事，这些在《左传》《国语》等书中并未详细记载，给后世创作者留下了补白的余地和空间。《异宝》篇记述了伍子胥逃亡途中"问许公"和"千金之剑"赠江上渔丈人的故事：伍子胥逃亡时，荆楚的统治者追捕他很紧迫，伍子胥登上太行山，望见郑国，认为郑国的国君不值得自己辅佐以成就大事，又来到了许国，请教许公应该去哪里。"许公不应，东南向而唾。五员再拜受赐，曰：吾知所之矣。"伍子胥于是逃往吴国。"过于荆，至江上，欲涉，见一丈人，刺小船，方将渔，从而请焉。丈人度之，绝江……解其剑以予丈人，曰：'此千金之剑也，愿献之丈人。'丈人不肯受，曰：'荆国之法，得五员者，爵执圭，禄万檐，金千镒。昔者子胥过，吾犹

① 王成、张旭东：《韩非"忠"思想研究》，《山东大学学报》2005年第4期。该文认为：韩非子极为推崇"忠"，将对君主和国家的"忠"说成天下之"公义"。在韩非子看来，只有那些"以忠信事上""尽力竭智以事主""陈其忠而不弊"的人才称得上"忠臣"。

② 陈奇猷校注：《韩非子集释》，上海人民出版社1974年版，第421页。

不取，今我何以子之千金剑为乎？’五（伍）员过于吴，使人求之江上，则不能得也……每食必祭之，祝曰：‘江上之丈人！’”①

吕不韦在论述天下的异宝时，敷衍生发了伍子胥向许公请教和过江遇渔丈人的故事，全知全能的叙事视角极为生动地描述了许公“东南向而唾”的戏剧化情节，以及渔丈人和伍子胥对话的全过程，赞扬了渔丈人不慕金钱和权势的高贵品质。吕不韦指出，古代的人不是没有宝物，只是他们看作宝物的东西与今人不同。天地之德大到极点了，养育万物多到极点了，天地何所不为，却毫无所求。人世间，做了有利于别人的事，却毫无所求，名字无法得知，身影无法得见，达到这种境界的恐怕只有江边的老人了。

《孝行览·首时》：“伍子胥欲见吴王而不得。客有言之于王子光者，见之而恶其貌，不听其说而辞之……客以闻伍子胥，伍子胥曰：‘此易故也。愿令王子居于堂上，重帷而见，其衣若手，请因说之。’王子许。伍子胥说之半，王子光举帷，搏其手而与之坐。说毕，王子光大说。伍子胥以为有吴国者必王子光也，退而耕于野七年，王子光代吴王僚为王，任子胥。子胥乃修法制，下贤良，选练士，习战斗。六年，然后大胜楚于柏举，九战九胜，追北千里，昭王出奔随，遂有郢，亲射王宫，鞭荆平之坟三百。”②

吕不韦在论述圣人成功和时机的关系时，戏剧性地构造了伍子胥重帷而见公子光的故事，增加了“王子光恶伍子胥貌”等富有戏剧性的情节。同时，删去了为王子光寻找刺客的情节。《吕氏春秋》中伍子胥的复仇，并不像《左传》中记载的那样盲目要求吴王伐楚，遭到拒绝后，为公子光买凶，来实现报仇的目的。《吕氏春秋》中伍子胥是一个深谋远虑、善于等待时机、伺机而动的智者形象。

卷14《长攻》载有子胥进谏越国借粮事：“越国大饥，王恐，召范蠡

① 陈奇猷校释：《吕氏春秋校释》，学林出版社1984年版，第551~552页。
② 陈奇猷校释：《吕氏春秋校释》，学林出版社1984年版，第767~768页。

而谋……乃使人请食于吴，吴王将与之。伍子胥进谏曰：‘不可与也。夫吴之与越，接土邻境，道易人通，仇雠敌战之国也。非吴丧越，越必丧吴……今将输之粟，与之食，是长吾雠而养吾仇也。财匮而民恐，悔无及也。不若勿与而攻之，固其数也，此昔吾先王之所以霸。’……吴王曰：‘不然。吾闻之：义兵不攻服，仁者食饥饿。今服而攻之，非义兵也；饥而不食，非仁体也。不仁不义，虽得十越，吾不为也。’遂与之食，不出三年而吴亦饥，使人请食于越，越王弗与，乃攻之，夫差为禽。”①这凸显了伍子胥敏锐的洞察力，高瞻远瞩，预见惊人，而夫差智寡才轻，好大喜功，不思后患。吴越的较量最终的结果是越国胜利。

《必己》：“外物不可必，故龙逄诛，比干戮，箕子狂，恶来死，桀、纣亡。人主莫不欲其臣之忠，而忠未必信，故伍员流乎江，苌弘死，藏其血三年而为碧。”②卷22《求人》曰：“身定，国安，天下治，必贤人。古之有天下也者，七十一圣。……其所以得之，所以失之，其术一也。得贤人，国无不安，名无不荣；失贤人，国无不危，名无不辱……虞用宫之奇、吴用伍子胥之言，此二国者，虽至于今存可也。”③卷4《尊师》：“神农师悉诸，黄帝师大挠……吴王阖闾师伍子胥、文之仪……此十圣人六贤者，未有不尊师者也。”④

与《左传》记载相比，《吕氏春秋》故事内容更加丰富了。可见伍子胥故事流传到《吕氏春秋》创作者时代，故事情节已经发生了变化，再加上创作者的修饰润色，故事本身已经具有传奇色彩了。叙述者在接受伍子胥故事时，往往在其认可的情节上进行浓墨重彩的描绘，这使得很多春秋历史故事在《吕氏春秋》中充满了想象和传奇色彩。《吕氏春秋》之前的书籍并未记载，很可能是创作者根据那个时代的民间传说自己进行加工创造的。所以整个故事充满了戏剧性和传奇色彩。这为后世以伍

① 陈奇猷校释：《吕氏春秋校释》，学林出版社1984年版，第791页。
② 陈奇猷校释：《吕氏春秋校释》，学林出版社1984年版，第828页。
③ 陈奇猷校释：《吕氏春秋校释》，学林出版社1984年版，第1514页。
④ 陈奇猷校释：《吕氏春秋校释》，学林出版社1984年版，第204页。

子胥故事为题材的各种创作提供了一个很好的素材和范式。

《韩非子》《吕氏春秋》二书在《左传》《国语》记载的基础上，对伍子胥故事有所加工，其中增加了逃亡时边侯遇阻，江上遇渔父，在郑国经许公指点才奔吴的曲折故事；在吴时设计见公子光，理政治兵，谏越借粟等；复仇时增加了伍子胥“亲射王宫，鞭荆平之坟三百”的情节。

边侯遇阻：“子胥出走，边侯得之。子胥曰：‘上索我者，以我有美珠也。今我已亡之矣，我且曰子取吞之。’侯因释之。”①许公指点：“五员亡，荆急求之……去郑而之许，见许公而问所之。许公不应，东南向而唾。五员再拜受赐，曰：‘吾知所之矣。’因如吴。”②设计见公子光：“客有言之于王子光者，见之而恶其貌，不听其说而辞之……客以闻伍子胥，伍子胥曰：‘此易故也。愿令王子居于堂上，重帷而见，其衣若手，请因说之。’王子许。伍子胥说之半，王子光举帷，搏其手而与之坐。说毕，王子光大说。”③理政治兵：《首时》载：“子胥乃修法制，下贤良，选练士，习战斗。”《六微》：“吴政荆，子胥使人宣言于荆曰：‘子期用，将击之。子常用，将去之。’荆人闻之，因用子常而退子期也。吴人击之，遂胜之。”④这是《左传》中伍子胥多方误敌计策的具体化。

最值得我们注意的是，二书对伍子胥故事母题的加工和发展，主要体现在渔父渡江、谏越借粟、鞭坟等情节。

渔父渡江的情节首次出现在《吕氏春秋》：“至江上，欲涉，见一丈人……丈人度之……解其剑以予丈人……丈人不肯受，曰：‘荆国之法，得五员者，爵执圭，禄万檐，金千镒。昔者子胥过，吾犹不取，今我何以子之千金剑为乎？’”⑤

① 陈奇猷校注：《韩非子集释》，上海人民出版社 1974 年版，第 421 页。
② 陈奇猷校释：《吕氏春秋校释》，学林出版社 1984 年版，第 551 页。
③ 陈奇猷校释：《吕氏春秋校释》，学林出版社 1984 年版，第 767 页。
④ 陈奇猷校注：《韩非子集释》，上海人民出版社 1974 年版，第 606 页。
⑤ 陈奇猷校释：《吕氏春秋校释》，学林出版社 1984 年版，第 551~552 页。

谏越借粟的情节见于《长攻》："越国大饥……乃使人请食于吴，吴王将与之。伍子胥进谏曰：'不可与也……与之食，是长吾雠而养吾仇也。财匮而民恐，悔无及也。不若勿与而攻之……'吴王曰：'不然……'遂与之食。不出三年而吴亦饥，使人请食于越，越王弗与，乃攻之，夫差为禽。"①

就愚目所见，文献中伍子胥鞭坟的情节当首次见于《吕氏春秋》，《首时》载："大胜楚于柏举。九战九胜，追北千里，昭王出奔随，遂有郢，亲射王宫，鞭荆平之坟三百。"②

《韩非子》《吕氏春秋》二书中关于伍子胥的记述有多处，主要贡献有两个方面：一是借伍子胥之事例总结历史经验教训；二是对伍子胥之"本事"起增饰加工作用。二书记述对伍子胥原始事迹的记载已有补充，尤其是江上遇渔父情节完整，求渡、赠剑、不受等环节基本形成，人物言行被描写得绘声绘色，基本上奠定了伍子胥故事中的"渔父渡江"这一环节。更值得注意的是，第一次增加了伍子胥"鞭荆平之坟三百"复仇的情节，后来被发展为"鞭尸"，"鞭坟"或"鞭尸"是导致后世对伍子胥争论不休的关键原因。在此，伍子胥的形象渐趋完满，性格比较丰富，他机智善谋、善理政事、知恩图报。这些补充内容开始脱离客观史实，带有一定的故事化倾向，如子胥见王子光，"王子光举帷，搏其手而与之坐"的细节、江上渔父的言谈举止等。

伍子胥的后半段故事中，他因屡次忠谏吴王而被赐死，是与屈原、比干类似的"忠臣"形象，对忠臣的推崇，对忠臣枉死的怜悯同情使得先秦诸子一致对伍子胥给予崇高的评价。儒、墨、法、道各派，都异口同声地赞扬伍子胥"忠于其君"。诸子文章中多次涉及伍子胥事迹，伍子胥被认为是忠臣贤士的典范，当时人们已认识到伍子胥这个历史人物和历史事迹的代表意义。伍子胥生于楚国，却向自己的宗国复仇，这在

① 陈奇猷校释：《吕氏春秋校释》，学林出版社1984年版，第791页。

② 陈奇猷校释：《吕氏春秋校释》，学林出版社1984年版，第767~768页。

先秦是一种合情且合法的举动。血亲复仇，是一种起源于氏族制度的血的复仇。周天游先生在研究中国古代复仇时就认为，到了春秋战国时期，“维护君臣关系的是脆弱的道义和利害关系，君屠其父，道义已绝，所以可以实行报复”①。宋代以后，主要是认可伍子胥式的忠，忽视伍子胥的孝及故事中的隐忍复仇精神。

## 第三节　两汉史书之故事定型

经过对有关史籍文献的系统梳理，笔者认为，伍子胥故事在汉代时雏形已就，故事母题中的逃亡、复仇、报吴情节比较完整，尤其是渔父、浣纱女、报吴、赐死情节基本定型。在伍子胥故事演变过程中，《史记》和《吴越春秋》有相当重要的贡献。

### 一、《史记》：“烈丈夫”的美誉

司马迁在《史记》中为伍子胥专列一传，对伍之事迹首次作了完整的记述。在《吴太伯世家》《楚世家》《越王勾践世家》中又有补充，至此，伍子胥故事初步完整。

《史记》中，司马迁本着史家的严谨求实精神，力求对伍子胥作令人信服的“实录”。除了“实录”，《史记》也吸收了一些带有传奇色彩的传说，主要有识破楚王阴谋、逃亡途中遇渔父和浣纱女、复仇环节等情节的细化和变化。《史记》在继承以前记载的基础上，情节有增删和变化，体现了太史公创造性的改造，差异较大的是把识破楚王阴谋的人由伍尚变为伍子胥。《左传》昭公二十年记载的史实中主要角色是伍尚，突出了他的仁孝，以及对事件敏锐的洞察力和对伍子胥复仇的预见性。而在《伍子胥列传》中却改变为伍尚与伍员的对话，主要角色也转变为伍子胥。伍子胥能看穿楚王用心，认识到“以父为质，诈召二子。二子

① 周天游：《古代复仇面面观》，陕西人民教育出版社1992年版，第14页。

到，则父子俱死”。识破阴谋后立即决定“奔他国，借力以血父之耻”。面对父亲被扣为人质的危急情势，太史公通过语言描写生动再现了伍尚“为人仁”和伍员“刚戾忍诟”的性格差异以及做出生死抉择背后的心理斗争过程，并借伍奢之口突出了伍子胥能忍辱成大事的性格。

《史记》中对伍子胥奔吴途中的故事改动较多，不是《左传》记载的直接到吴国，而是先到宋国，遇宋有乱又与太子建一起到郑国，太子建谋郑国被杀，最后与太子建之子胜逃往吴国。伍子胥逃亡的缘起是家人无辜蒙难，逃亡的过程是辗转流亡于宋、郑、晋、吴等国，经历“未至吴而疾，止中道，乞食”的艰难，以及“退而与太子建之子胜耕于野”的隐忍。[①] 缺少的情节主要是对伍子胥军事才干的表现。

《史记》中伍子胥故事在情节上的变化发展主要体现在逃亡、复仇环节上，逃亡中除了渔父帮助其渡江外，还有浣纱女沉江、吹箫乞食之事：“伍子胥橐载而出昭关，夜行而昼伏，至于蓤水，无以饵其口，膝行蒲伏，乞食于吴市”[②]。描摹了伍子胥逃亡中落魄的形象，记述了伍子胥逃亡途中的凄惨经历，突出了伍子胥坚忍不拔的精神。其中，“过昭关”“吹箫乞食”情节成为后世小说家、戏曲家敷衍创作的来源，如丹阳吹箫十八载，一夜白头过昭关。而对《吕氏春秋》中重点描述的“举帷见光”之事只是简略地一笔带过。

值得注意的是，伍子胥复仇情节在《史记》有很大变化：“伍子胥求昭王。既不得，乃掘平王墓，出其尸，鞭之三百，然后已。”[③]《左传》《公羊传》都没有提到“掘墓鞭尸”的情节，到了《史记》才出现了“鞭尸三百”的说法。“鞭尸”之事当出自《吕氏春秋》所载子胥“亲射王宫，鞭荆平之坟三百”[④]，但把“鞭坟”改为“出其尸，鞭之三百”。由“鞭坟”到

---

① 岳玫：《〈史记〉列传人物的悲剧解析——以伯夷、聂政、伍子胥故事为例》，陕西师范大学硕士学位论文，2018 年，第 39 页。

② 《史记》，中华书局 1959 年版，第 2407 页。

③ 《史记》，中华书局 1959 年版，第 2176 页。

④ 陈奇猷校释：《吕氏春秋校释》，学林出版社 1984 年版，第 768 页。

“鞭尸”，虽然只有一字之差，但是大大强化了子胥的复仇程度，在古代，鞭打坟墓已经是对死者的不敬，而“掘墓”“出尸”更是极其残忍的复仇行为，也说明在血亲复仇的汉朝时代氛围下，父兄之仇是超越于其政治伦理观念之上的。

对于伍子胥劝谏夫差与越国结盟、释放越王勾践等故事情节，太史公则进行了一定程度的删减，“将原来华丽、冗繁的委婉谏词改为简短坚决的语言，在这里没有过多地强调伍子胥的机警与才华，而是突出他的耿直与忠心。‘后必悔之’‘必为吴患’，‘若不然，后将悔之无及’，非常坚决的言辞，且直指后果，没有《左传》《国语》中的委婉之辞，更形象地塑造了一个‘刚戾忍诟’的伍子胥形象。”①对于伍子胥的结局，《史记》采用的是《左传》的被赐死，而非《国语》的主动请死。伍子胥的一片赤诚忠心，饱含着满腔的悲愤，付诸江涛。

司马迁虽然秉持史学家的严谨精神，“不虚美，不隐恶”，但他实际上也借鉴了《韩非子》《吕氏春秋》中对伍子胥事迹的加工改造，在内容上有所改动，充分肯定了伍子胥身处逆境而百折不挠的复仇精神。与先秦文献中侧重对伍子胥忠贞的赞颂不同，《史记》则更侧重对其孝义的肯定，对其“隐忍成功”的“烈丈夫”品格的欣赏。司马迁在《太史公自序》中提到作《伍子胥列传》的缘起：“维建遇谗，爰及子奢，尚既匡父，伍员奔吴。作伍子胥列传。”②《史记》中伍子胥故事情节的增减表现出作者的情感倾向，作者旨在塑造隐忍坚韧的复仇英雄形象，有意强化伍子胥故事的复仇精神，《伍子胥列传》末尾的史迁曰：“向令伍子胥与奢俱死，何异蝼蚁。弃小义，雪大耻，名垂于后世，悲夫！方子胥窘于江上，道乞食，志岂须臾忘郢邪？故隐忍就功名，非烈丈夫孰能致此哉？”③父兄之仇是超越于其政治伦理观念之上的，因而复仇成了他今后

① 肖楠：《〈伍子胥列传〉伍子胥形象之司马迁自我精神的体现》，《乐山师范学院学报》2007年第4期。

② 《史记》，中华书局1959年版，第3313页。

③ 《史记》，中华书局1959年版，第2183页。

生命的支柱和行为的动力。

司马迁这样创造性地改造伍子胥的故事当与他本人的遭遇和思想倾向有一定关系。他曾因替李陵辩解而受宫刑，身心极度痛苦，“所以隐忍苟活，函粪土之中而不辞者，恨私心有所不尽，鄙陋没世而文采不表于后也”①。司马迁在生与死的抉择中更深刻地悟出孝道的最高准则是立身立名，“孝始于事亲，中于事君，终于立身。扬名于后世，以显父母，此孝之大者”。功名未就时“不必死节”，青史留名这种孝道观念在一定程度上突破了传统的愚忠愚孝思想的束缚。当古人的事迹与自己的遭遇契合时，便产生了共鸣，逆境中奋发的志士，都得了司马迁高度的赞扬。卧薪尝胆、发愤雪耻的勾践，司马迁不仅称誉其“贤”，还赞其“盖有禹之遗烈”。伍员亡命逃窜，弃小义，雪大耻，报父兄之仇，司马迁赞其为“烈丈夫”。伍子胥这类忍辱负重的志士，都是司马迁所敬仰钦佩的。

## 二、《越绝书》《吴越春秋》：吴越文化的复仇史诗

东汉是伍子胥故事的基本定型时期，主要是《越绝书》和《吴越春秋》对伍子胥故事的进一步加工和渲染，它们是吴越地区现存最早的地方史籍，二书对伍子胥故事的发展主要体现在渔父、浣纱女、复仇、赐死等环节。先是《越绝书》对伍子胥故事的进一步加工，至《吴越春秋》，伍子胥故事基本定型。著名的学者、文学史专家杨义先生把《越绝书》《吴越春秋》定性为杂史小说，鲁迅曾指出它们“虽本史实，并含异闻”。

### 1.《越绝书》对伍子胥故事的进一步渲染

关于《越绝书》的作者一直有争议，有“子贡作”，如《旧唐书·经籍志》《新唐书·艺文志》均作子贡。《崇文总目》除了署名子贡，又有

① 朱东润编：《中国历代文学作品选》（上编第2册），上海古籍出版社1980年版，第131页。

"或曰子胥"一句。有"无名氏作"，如《直斋书录解题》卷五曰："无撰人名氏，相传以为子贡者，非也。其书杂记吴越事，下及秦汉，直至建武二十八年。盖战国后人所为，而汉人又附益之耳。""袁康、吴平作"，如明人杨慎等以为东汉初人袁康、吴平作(《丹铅杂录》卷九)。清洪颐煊《读书丛录》以为其书分内外篇，内篇即《汉志》杂家之《伍子胥》八篇，外篇为袁康所作，余嘉锡先生则肯定了陈振孙的观点(《四库提要辩证》卷七)。在渔父、击絮女情节方面，《史记》中遇渔父和乞食两事记述十分简略，在《越绝书》被扩展到三百多字，"渔父"情节在《吕氏春秋》的基础上，发展为：芦中躲藏、二人对唱、渔父赠饭、渔父沉船自杀等。

"(伍子胥)至江上，见渔者，曰：来渡我。渔者知其非常人也，欲往渡之，恐人知之，歌而往过之，曰：'日昭昭，侵以施，与子期甫芦之碕。'子胥即从渔者之芦碕。日入，渔者复歌往，曰：'心中目施，子可渡河，何为不出?'船到即载，入船而伏。半江，而仰谓渔者曰：'子之姓为谁? 还，得报子之厚德。'渔者曰：'纵荆邦之贼者，我也；报荆邦之仇者，子也；两而不仁，何相问姓名为?'子胥即解其剑，以与渔者，曰：'吾先人之剑，直百金，请以与子也。'渔者曰：'吾闻荆平王有令曰：得伍子胥者，购之千金。今吾不欲得荆平王之千金，何以百金之剑为?'渔者渡於于斧之津，乃发其箪饭，清其壶浆而食，曰：'亟食而去，毋令追者及子也。'子胥曰：'诺。'子胥食已而去，顾谓渔者曰：'掩尔壶浆，无令之露。'渔者曰：'诺。'子胥行，即覆船，挟匕首自刎而死江水之中，明无泄也。"渔父故事内容里面加入了歌唱的元素，这段渔夫与子胥的对话以及渔夫的行动描写，将渔夫谨慎、见义勇为、急人之危、不慕金钱的性格展示得一览无余。渔者在子胥走后沉船挟匕首自杀以保全子胥的高洁品行，让人不禁肃然起敬。子胥的报恩心理、小心谨慎的个性及渔者的任侠形象得到更为细致的刻画，传奇性大大增加，情节更引人入胜。

值得注意的是，《越绝书》新增了一个以前从未记述的人物："击絮”女，“至溧阳界中，见一女子击絮于濑水之中，子胥曰：‘岂可得托食乎?’女子曰：‘诺。’即发箪饭，清其壶浆而食之，子胥食已而去，谓女子曰：‘掩尔壶浆，毋令之露。’女子曰：‘诺。’子胥行五步，还顾女子自纵于濑水之中而死。”①此处塑造了一位巾帼英雄的形象。《左传》《国语》不载子胥乞食事，《史记·伍子胥列传》叙述渔者不受子胥之剑后仅有一句“伍胥未至吴而疾，止中道，乞食”，击絮女子不见于以上诸书，故事来源难以考证，抑或是保留于《越绝书》的民间异闻。

《越绝书》赞成子胥的复仇行动“臣不讨贼，子不复仇，非臣子也。故贤其冤于无道之楚，因不死也；善其以匹夫得一邦之众，并义复仇倾诸侯也”。就是在鞭笞平王之墓这一报仇的具体方式上，该书作者也认为是无可厚非的“子之复仇，臣之讨贼，至诚感天，矫枉过直…… 子胥笞墓不究也”。

在复仇环节上，《越绝书》对其行为渲染为：“子胥将卒六千操鞭捶笞平王之墓。”并斥责说：“昔吾先人无罪而子杀之，今此报子也!”②《吴越春秋》中则曰：“乃掘平王之墓，出其尸，鞭之三百。左足践腹，右手抉其目。诮之曰：‘谁使汝用谗谀之口，杀我父兄，岂不冤哉!’即令阖闾妻昭王夫人，伍胥、孙武、白喜亦妻子常、司马成之妻，以辱楚之君臣也。”③与其他书相较，该书中复仇行为更详细，伍子胥的言行是对此前文献的总结和发展。

在赐死情节上，《越绝书》在《吕氏春秋》谏越借粟的基础上，有一定发展，“谏籴越”之事成为伍之死的原因。更大的变化是，伍子胥死后成水仙：“王使人捐于大江口。勇士执之，乃有遗响，发愤驰腾，气若奔马；威凌万物，归神大海，仿佛之间，音兆常在。后世称述，盖子

① 《越绝书》，《景印文渊阁四库全书》第 463 册，商务印书馆 1983 年版，第 78 页。以下所引版本皆同，皆略。

② 《越绝书》，《景印文渊阁四库全书》第 463 册，第 125 页。

③ 周生春撰：《吴越春秋辑校汇考》，上海古籍出版社 1997 年版，第 62 页。

胥水仙也。”①这是对《国语》中“盛以鸱夷，而投之于江”情节的发展。

### 2.《吴越春秋》：伍子胥故事、形象基本定型

在吴国、楚、越的争霸过程中，伍子胥是个重要人物。他借吴覆楚、犯颜直谏而死的故事贯穿了吴与楚、越争霸的历史过程。伍子胥对越国的用心以及吴越两国的形势洞若观火，始终坚持先灭越国后再行图霸。但屡次犯颜直谏，夫差始终不把越国的威胁放在心上。

《吴越春秋》在叙述伍子胥事迹时，以《左传》《国语》为依据，在《越绝书》虚构的基础上，加入较多佚闻传说，加上作者的想象虚构，对故事情节作进一步的加工。在《吴越春秋》中，伍子胥故事中的“起因—逃亡—复仇—报恩—赐死”等每个环节都很详细，故事生动，情节完整。

奔吴途中有过昭关、路遇好友申包胥、渔父摆渡赠食、在吴乞食遇击绵女赠饭活命等情节。“渔父摆渡赠食”：渔父想要帮助他，却又害怕别人看见因而唱道：“日月昭昭乎浸已驰，与子期乎芦之漪。”子胥即止芦之漪。渔父又歌曰：“日已夕兮，予心忧悲。月已驰兮，何不渡为？事寖急兮，当奈何？”子胥入船，子胥既渡，渔父乃视之，有其饥色。乃谓曰：“子俟我此树下，为子取饷。”渔父去后，子胥疑之，乃潜身于深苇之中。有顷，父来，持麦饭、鲍鱼羹、盎浆，求之树下，不见，因歌而呼之，曰：“芦中人，芦中人，岂非穷士乎？”如是至再，子胥乃出芦中而应。渔父曰：“吾见子有饥色，为子取饷，子何嫌哉？……渔父诺。子胥行数步，顾视渔者，已覆船自沉于江水之中矣。子胥默然，遂行。”

“疾于中道，乞食溧阳。适会女子击绵于濑水之上，筥中有饭。子胥遇之，谓曰：‘夫人可得一餐乎？’女子曰：‘妾独与母居，三十未嫁，饭不可得。’子胥曰：‘夫人赈穷途少饭，亦何嫌哉？’女子知非恒人，遂

① 《越绝书》，《景印文渊阁四库全书》第463册，第125页。

许之。发其箪筥饭其盎浆，长跪而与之。子胥再餐而止。女子曰：‘君有远逝之行，何不饱而餐之?’子胥已餐而去，又谓女子曰：‘掩夫人之壶浆，无令其露。’女子叹曰：‘嗟乎！妾独与母居三十年，自守贞明，不愿从适，何宜馈饭而与丈夫？越亏礼仪，妾不忍也。子行矣。’子胥行，反顾女子，已自投于濑水矣。於乎！贞明执操，其丈夫女哉！”

“渔父摆渡赠食”“击绵女赠饭活命”二事在此扩展到六七百字，比《越绝书》更详，特别是对击绵女身世节操交代更为详细。而且后文均有对此两事的照应，即报答渔父之子和投金濑水。至此，伍子胥故事中渔父、浣纱女情节已基本定型。

《吴越春秋》不断强调伍子胥复仇的悲壮行为，刻画其复仇英雄的形象。《吴越春秋》中的伍子胥在没有复仇之前，时刻不忘复仇之任。对追捕的使者宣称，“报汝平王，欲国不灭，释吾父兄。若不尔者，楚为墟矣”。在逃离过程中，仰天大哭，言：“楚王无道，杀吾父兄，愿吾因于诸侯以报仇矣!”在道遇申包胥时也宣告自己的决心：“吾闻父母之仇，不与戴天履地……今吾将复楚辜，以雪父兄之耻。”当子胥取得王僚的好感后，“每入与语，遂有勇壮之气，稍道其仇，而有切切之色”。当得知楚平王死时，伍子胥因不能直接向楚平王复仇而感到伤心，“坐泣于室”，但仍然不忘其复仇，“平王卒，吾志不悉矣。然楚国有，吾何忧矣?”(《王僚使公子光传第三》)在吴军攻入楚国郢都时，“伍胥以不得昭王，乃掘平王之墓，出其尸，鞭之三百。左足践腹，右手抉其目。诮之曰：‘谁使汝用谗谀之口，杀我父兄，岂不冤哉!’即令阖闾妻昭王夫人，伍胥、孙武、白喜亦妻子常、司马成之妻，以辱楚之君臣也”①。

浓烈的复仇情绪是《吴越春秋》这部书的突出特点，复仇中有强烈的荣辱感。如伍子胥说“冤仇不除，耻辱日大”，“今吾将复楚辜，以雪父兄之耻”。东汉人重名节，赵晔本身即为名士，他自然对名节更加看

---

① 《越绝书》，《景印文渊阁四库全书》第463册，第62页。

重。赵翼在《廿二史札记校证》说："盖其时轻生尚气以成风俗，故志节之士好为苟难，务欲绝出流辈，以成卓特之行。"

恩仇是对立统一的，《吴越春秋》中伍子胥屡次犯颜直谏，忠心耿耿以报阖闾之恩。吴王文台置酒群臣大唱赞歌时，伍子胥则"拒地垂泣"，用整练潇洒、朗朗上口的四字韵文进谏，招致吴王"大怒"，但他仍谏言不止。伍子胥袭郑报仇时，惊闻渔父子之歌声而退兵释郑，途经濑水长声叹息并投金溧水报答击绵女，这样，伍子胥恩怨分明的形象就凸显出来。综上分析，可见，《吴越春秋》中伍子胥故事由复仇尽孝和以死尽忠两部分组成，不过，与《史记》相比，故事中儒家的中庸、忠君说教进一步增强，带有明显的伦理价值倾向。人物集智、勇、忠、孝于一身，体现了儒家价值评价准则。时代思潮无疑影响了史学家的价值观。汉代大一统后，思想上"罢黜百家，独尊儒术"，儒家思想成了正统思想。忠孝、节义的理性价值对时人应当不无影响。这在与《吴越春秋》同时代的《越绝书》中也有体现，伍子胥终得吴王器重后，阖闾要替他报仇，他说："亏君之行，报父之仇，不可。"复仇后，楚昭王以共同治国的条件请求他回国，伍说："以此为名，名即章；以此为利，利即重矣。前为父报仇，后求其利，贤者不为也。父已死，子食其禄，非父之义也。"①范蠡指责他言不被用宁死而不去吴，他说："先君之功，且犹难忘，吾愿腐发弊齿，何去之有？""今虽冤屈，犹止一死！"②这都突出了子胥的忠。

《吴越春秋》中伍子胥之死情节更为详细，他接受了吴王所赐属镂，赤脚撩起下衣，来到院子中，抬头仰天喊冤"后世必以我为忠"，遂伏剑而死。死后，"吴王乃取子胥尸，盛以鸱夷之器，投之于江中，言曰：'胥，汝一死之后，何能有知？'即断其头，置高楼上，谓之曰：日月炙汝肉，飘风飘汝眼，炎火烧汝骨，鱼鳖食汝肉。汝骨变形灰，有何

① 《越绝书》，《景印文渊阁四库全书》第463册，第78页。

② 《越绝书》，《景印文渊阁四库全书》第463册，第125页。

所见?'乃弃其躯，投之江中，子胥因随流扬波，依潮来往，荡激崩岸。"①《吴越春秋》中神话因素渐趋浓厚，情节更离奇，如越军将入吴国胥门，伍子胥显灵："见伍子胥头巨若车轮，目若耀电，须发四张，射于十里。"②还有，在文种死后一年，"伍子胥从海上穿山胁而持种去，与之俱浮于海。故前潮水潘候者，伍子胥也；后重水者，大夫种也"。这显然是虚构情节，以浪漫的想象寄托对伍的同情，让他死为神灵，用沟通人神的神异化幻想方式为全书作结。作者采用近似小说的笔法。

《吴越春秋》在记述伍子胥事迹时，以《左传》《国语》为依据，在《越绝书》的基础上，加入一些民间传说，通过想象虚构，对故事情节作进一步的加工。至此，伍子胥故事中的"起因""逃亡""复仇""报恩""赐死"每个环节都比较详细，故事生动曲折，情节完整，人物形象较为丰满。从《左传》到《吴越春秋》，伍子胥的形象也有发展变化，可以这样说——《左传》中的伍子胥比较接近历史真实的伍子胥形象，而《吕氏春秋》《史记》对其原型都有一定程度的发展，在《越绝书》中，又敷衍了伍子胥的不少故事，到《吴越春秋》中，伍子胥已形成比较典型的忠臣孝子形象，是一位集智、勇、忠于一身的贤臣，作者把他塑造成为一位治国理军的能臣、慧眼识英的伯乐、深谋远虑的谋臣形象。阖闾当上吴王，子胥向阖闾提出一系列富国强兵之策，使吴国国力日益强盛。伍子胥还曾三荐奇才。一荐专诸，二荐要离，三荐孙武。另外，增加了伍子胥的方士形象。如楚平王阴谋借封伍尚、伍子胥而除掉他们，子胥通过卜卦得知了楚王诡计，他对伍尚说："今日甲子……气不相受，君欺其臣，父欺其子，今往方死，何侯之有?"③在阖闾任命子胥造城时，伍子胥似一个风水先生。《阖闾内传第四》："子胥乃使相土尝水，象天法地，造筑大城，周回四十七里。陆门八，以象天之八风。水门八，以法

① 周生春撰：《吴越春秋辑校汇考》，上海古籍出版社 1997 年版，第 86 页。

② 周生春撰：《吴越春秋辑校汇考》，上海古籍出版社 1997 年版，第 169 页。

③ 周生春撰：《吴越春秋辑校汇考》，上海古籍出版社 1997 年版，第 25 页。

地之八聪。筑小城，周十里，陵门三。不开东面者，欲以绝越明也。立阊门者，以象天门，通阊阖风也。立蛇门者，以象地户也。阖闾欲西破楚，楚在西北，故立阊门以通天气，因复名之破楚门。欲东并大越，越在东南，故立蛇门以制敌国。吴在辰，其位龙也，故小城南门上反羽为两鲵鱙，以象龙角。越在巳地，其位蛇也，故南大门上有木蛇，北向首内，示越属于吴也。”①

《吴越春秋》中这种谶纬、阴阳的神秘虚妄色彩，体现了汉代文化特点，具有鲜明的时代色彩。东汉时谶纬之学代表着它的统治思想，光武曾“宣布图于天下”，明、章帝承直，于是“儒者争学图截，兼复附以妖言”。东汉时谶纬之学盛行，与地域文化也有一定关系。据考证，二书的作者皆为吴越地区人，而吴越地区原始宗教迷信氛围比较浓厚，人们笃信巫鬼。子胥死后随波逐流，化为海神，也是对吴越江海文明这一文化背景的折射。吴地除了“三江五湖”之外，遍布沟、渠，是个水的世界。另外，吴越文化好勇尚武，《汉书·地理志》说：“吴越之君皆好勇，故其民至今好用剑，轻死易发。”血亲复仇雪耻的原始道德，往往使意志大于理性。

《吴越春秋》中，作者根据自己的审美理想，大量采用浪漫主义笔法，在历史原型的基础之上，融入大量的民间传说，进一步敷衍生发，创造了更多离奇虚幻的情节，把伍子胥塑造成一个生有神知、死有神威、带有神话色彩的英雄人物，显示了民众的审美趋向。

## 三、汉魏六朝，伍子胥事迹进一步流传

汉魏六朝时期，伍子胥事迹进一步流传。不过故事情节没有什么发展。人们频频引用伍子胥的典故，但大多只强调一个侧面，即对伍子胥某一品性的评议，或赞扬伍子胥的忠，或赞赏伍子胥的孝，或效仿伍子

① 周生春撰：《吴越春秋辑校汇考》，上海古籍出版社 1997 年版，第 39～40 页。

胥复仇。

《后汉书》有几处有关伍子胥事迹的记载，卷31《苏章传》记载了东汉时苏章的族孙苏不韦仿效伍子胥复仇的故事。苏不韦的父亲苏谦初为郡督邮，揭发贪暴的李暠，后来被李暠借机报复，至死狱中，“暠又因刑其尸，以报昔怨”。“会谦见杀，不韦载丧归乡里，瘗而不葬，仰天叹曰：‘伍子胥独何人也！’乃藏母于武都山中，遂变名姓，尽以家财募剑客”①。此后，苏不韦屡次刺杀李暠而不得，“乃日夜飞驰，径到魏郡，掘其父阜冢，断取阜头，以祭父坟”。“士大夫多讥其发掘冢墓，归罪枯骨，不合古义。唯任城何休方之伍员。太原郭林宗闻而论之曰：‘(不韦)力唯匹夫，功隆千乘，比之于员，不以优乎?’议者于是贵之。”②显而易见，苏不韦掘李暠父亲之坟，断其头以祭父坟的复仇方式是仿效伍子胥的。当苏不韦仰天长叹“伍子胥独何人也”，难道只有一个为父报仇的伍子胥吗?是觉得自己像伍子胥一样受到了无法逃脱又不可忍受的不白之冤，其实也是想用伍子胥报仇雪耻的事迹来激励自己。无论苏不韦掘坟断头还是伍子胥鞭尸，都是血亲复仇的表现。当时的士大夫多数讥讽苏不韦发掘仇人的祖坟，不合古义。只有任城何休把他比作伍子胥。太原人郭林宗认为苏不韦势单力薄而成功复仇，从某种意义上来说，超过伍子胥。卷48《寇恂传》寇恂上书说：“臣闻勇者不逃，死智者不重困，固不为明朝惜垂尽之命，愿赴湘沅之波，从屈原之悲，沈江湖之流，吊子胥之哀，臣功臣苗，绪生长王国惧独含恨以葬江鱼之腹，无以自别于世。”显然，寇恂以忠臣屈原、子胥自励，愿意学习他们对君王忠贞不渝的精神。

《魏书》中记载：“王慧龙自以遭难流离，常怀忧悴，乃作《祭伍子胥文》，以寄意焉。”③王慧龙家门横遭不幸，半生颠沛流离，曾作《祭伍子胥文》，抒发自己报仇雪耻的心愿。这是借古人感怀，以伍子胥报

① 《后汉书》，中华书局1965年版，第1108~1109页。

② 《后汉书》，中华书局1965年版，第1108~1109页。

③ 《魏书》，中华书局1974年版，第877页。

仇雪耻的精神勉励自己。《晋书》中关于伍子胥也有评议，如《温峤传》记述太宰等以温峤的处境与伍员相比，以伍子胥忍辱复仇的事迹来激励温峤："昔伍员志复私仇，先假诸侯之力，东奔阖闾，位为上将，然后鞭荆王之尸。"①

汉魏六朝史籍记载，人们除了赞扬伍子胥的孝或效仿其复仇外，还颂扬他的忠。《三国志》卷61《陆凯传》记载了陆凯给吴国君王孙皓的上表："……臣受国恩，奉朝三世，复以余年，值遇陛下，(臣)不能循俗，与众沈浮，若比干、伍员，以忠见戮，以正见疑，自谓毕足，无所余恨，灰身泉壤，无负先帝，愿陛下九思，社稷存焉。"②陆凯是三国时期吴国丞相陆逊的族子，作为忠心耿耿的陆家后人，陆凯以忠心耿耿的伍员自比。上表犯颜直谏，批评孙皓执政期间不继承先王遗志，不励精图治、听谏纳贤、广采博察、爱民安邦，反而贪图享乐，听信小人谗言，离亡国不远。综观陆凯的上书内容和伍子胥劝谏夫差不无二致。

《三国志》卷64《诸葛恪传》载："昔伍子胥曰：'越十年生聚，十年教训，二十年之外，吴其为沼乎！'夫差自恃强大，闻此邈然，是以诛子胥而无备越之心，至于临败悔之，岂有及乎？"③诸葛恪以夫差不听子胥灭越的劝告而最终亡国的典故警戒世人，前车之鉴后世之师，要果断及时地消灭敌国。

《晋书·华谭传》记载：谭曰："宰嚭宠而伍员戮，岂不哀哉！"④晋朝的王豹劝谏齐王冏，反被处死，死前，他完全效仿子胥的语言。《资治通鉴》载："豹将死，曰：'县吾头大司马门，见兵之攻齐也。'"⑤昔伍子胥将死，曰："悬吾目于吴东门，见越之入吴也。"显然，王豹仿伍子胥此语，伍子胥已成为忠贞遭戮的典范。

① 《晋书》，中华书局1974年版，第1768页。
② 《三国志》，中华书局1959年版，第1408页。
③ 《三国志》，中华书局1959年版，第1436页。
④ 《晋书》，中华书局1974年版，第1449页。
⑤ 《资治通鉴》，中华书局1956年版，第2673页。

除上面叙述的两个方面，伍子胥其他方面的事迹，在汉魏六朝时期的文人间也有流传，如《宋书·毛修之传》：“修之下都上表曰：‘况忘家殉国，匙有臣门，节冠风霜，人所矜悼。伍员不亏君义，而申包不忘国艰。’”①等等，兹不一一列举。

综合分析唐前有关伍子胥的史料记载，可推断出，东汉时期，伍子胥故事已基本定型。此后，在史籍文献记载中，伍子胥故事在情节方面，基本上没有较大的发展变化，同时，伍子胥作为忠臣孝子的典型形象已基本确立。

伍子胥忍辱负重，终报父兄之仇，几使楚国覆灭。古往今来，向君王复仇能有如此显赫之结果者，恐怕独有伍子胥一人。因此，伍之复仇便成了复仇的典范。自伍之后，凡有冤屈不平，人们便很自然地想到了伍子胥，把其作为榜样，伍子胥就成了孝子的典型代表。两千多年来，人们不仅赞赏伍子胥的孝义，还旌扬他的忠，他对吴王忠心耿耿，最后，尽忠而死，因此，他又成为忠臣的典范。历史上还有人以伍员自比被赐姓员的记载，《新唐书》卷112《员半千》载：“员半千……其先本彭城刘氏……以忠烈自比伍员，因赐姓员。”②

① 《宋书》，中华书局1956年版，第1427~1428页。

② 《新唐书》，中华书局1975年版，第4161页。

# 第二章 诗词世界中的连翩歌咏

在中国传统文学中，诗歌一向是高居庙堂之上的雅文学。历代诗人不仅用诗歌来抒情言志，而且用诗歌来凭吊古人咏怀历史。诗人对历史上的英雄豪杰表现出浓厚的兴趣，纷纷咏叹，或赞颂其丰功伟绩，或同情其不幸遭遇，或以之为楷模，或寄托自己的人生理想。其中伍子胥是备受关注的对象之一。伍子胥的故事一般被分为伐楚复仇、忠谏遭戮两大部分。历代诗人对伍子胥其人其事发出了无限的感慨和深沉的咏叹，他们将伍子胥的人格形象与诗歌中的意象融合起来，营造出至真至美的意境。他们用一种唯美的意境吟诵着伍子胥的身世遭遇，表现了自己对先贤的倾慕之情以及由此衍生出来的悼古伤今的情怀。这些诗歌的作者多为士大夫，士大夫阶层作为社会正统文化的代表，是社会的知识精英，他们更多地从儒家思想的角度去塑造伍子胥形象。因此，诗歌中的伍子胥形象，寄托了儒家的人文理想。在伍子胥事迹的流传与伍子胥神化的过程中，诗人起到了不可替代的作用。

历代咏颂伍子胥的诗歌散见于各种诗集，目前，还没有前人做出辑录工作，因此，搜寻仔细、辑录完备不太容易。有关伍子胥的诗歌，从题材上看，主要有记游诗和咏史诗，前者以凭吊"墓寝、祠庙、名迹"为主，后者侧重于咏叹史实，"读史兴怀，感时发慨"。但是，两者不是截然分开的，往往是情景交融，叙议结合。除了描写伍子胥寺庙外，诗人还创作了脍炙人口的描写钱塘江潮的诗。

各种题材的伍子胥诗歌，无疑都在咏叹中注入了深刻的历史内涵，这种历史感是伍子胥形象作为历史人物所具有的特质，随着时代的变迁、民间传说的介入，其形象的内涵也在不扩大，诗歌中伍子胥的生平事迹，逐渐从真实的历史到虚构的故事扩展。

本章以时间先后为序，主要依据每首诗歌主题侧重点不同，姑且按照歌颂忠孝操守、咏叹悲剧结局、话议鞭尸行为等三部分进行论述。当然历代诗人通过伍子胥其人其事寄寓的情感内容是丰富多元的，本章的分类仅是为了论述的方便。

## 第一节 歌颂忠孝操守

### 一、先秦两汉：零星歌咏

忠孝是引发诗人敬慕伍子胥的主要原因，较早在文学作品中对伍子胥其人其事题咏的是伟大的爱国诗人屈原，其《初放》云："痛忠言之逆耳兮，恨申子之沉江。"①屈原同情伍子胥惨遭杀戮的结局，批评君主听信奸臣谗言，杀害忠良。屈原生活的战国晚期，楚怀王昏聩，楚国日益衰落②，屈原虽有远大的抱负但却得不到楚王信任。王洪强等研究者指出：屈原在当时楚国政治生活中的影响力当在昭睢和陈轸之下。③ 忠君爱国思想的契合，使屈原在前代先贤伍子胥身上找到了情感抒发的理想寄托。屈原在对伍子胥忠言不被采纳、惨遭杀戮被投江的同情中寄寓着自身的人生遭际和愤懑。《涉江》又云："忠不必用兮，贤不必以。伍子逢殃兮，比干菹醢。与前世而皆然兮，吾又何怨乎今之人！余将董道而

① 《楚辞章句》，《景印文渊阁四库全书》第1062册，第76页。

② 按《史记·楚世家》，怀王十六年绝齐而合秦；十七年有丹阳、蓝田之大败；十八年欲以张仪换汉中郡，却又将张仪放走；二十年"竟不合秦，而合齐以善韩"；二十四年又背齐而合秦；二十九年，怀王恐惧，又合于齐；三十年又被秦劫于武关之会。及至顷襄王，郢都竟为秦军所破。

③ 王洪强、王玉德：《伍子胥与屈原比较二题》，《求索》2012年第1期。

不豫兮，固将重昏而终身!"①在灵均先生的笔下，伍子胥与商朝忠臣比干相比肩。可见，屈原把伍子胥作为忠臣的典范。屈原不仅同情伍子胥的不幸遭遇，还深入分析了忠臣坦然赴死的深刻原因："人臣之义，以忠正为高，以伏节为贤，故有危言以存国，杀身以成仁，是以伍子胥不恨于浮江，比干不悔于剖心。"②屈原不仅赞颂伍子胥，而且把他作为立身典范，所以最终选择沉江以名爱国之志，"俘江淮而入海兮，从子胥而自适"。屈原强调了伍子胥的忠谏而不提其复仇之事，笔者推断，当是战国晚期血亲复仇是自然法则，屈原认为是自然之事。

汉代扬雄的《羽猎赋》云："鞭洛水之宓妃，饷屈原与彭胥。"③李善注曰：屈原、彭咸、伍子胥皆贤臣，沉于水，故饷之。扬子云先生讽刺君王要屏退女色，如洛水女神宓妃，求贤礼士如屈原、彭咸、伍子胥。可见，扬雄把伍子胥作为贤能之士的代表，意在在铺排华丽的辞藻中寄寓讽谏之意。扬雄又有《解嘲》，云："子胥死，而吴亡，种蠡存，而越霸。"④诗人重在强调贤臣举足轻重的作用，吴王夫差赐死贤臣伍子胥，所以导致吴国灭亡；而正因为文种、范蠡等贤臣的存在使得越王勾践称霸。东方朔在《答客难》中云："上观许由，下察接舆；计同范蠡，忠合子胥。"⑤《答客难》是一篇赋，东方曼倩在赋中讽刺君王贤愚不分，表达自己虽有才华而得不到重用的郁闷感情时，提到了伍子胥其人，并热情赞颂伍子胥的忠贞。

## 二、唐代：蔚为壮观

伍子胥作为一个上古贤士，他身上最独特的魅力是忠贞。"忠"是

---

① 朱东润编：《中国历代文学作品选》(上编第1册)，上海古籍出版社1979年版，第257页。

② 《楚辞章句》，《景印文渊阁四库全书》第1062册，第15页。

③ 《羽猎赋》，《景印文渊阁四库全书》第1330册，第196页。

④ 《解嘲》，《景印文渊阁四库全书》第1331册，第202~203页。

⑤ 《答客难》，《景印文渊阁四库全书》第1331册，第200页。

世人崇拜伍子胥的核心，唐代诗人就津津乐道地赞扬伍子胥忠贞，胡曾、李白、元稹、白居易、杜牧等诗人纷纷对伍子胥的忠孝品格进行赞颂。

唐代以咏史诗著称的胡曾有一组以反映吴、越、楚三国争霸为题材的咏史诗，如《姑苏台》《秦庭》《柏举》《吴江》《吴宫》等。

**姑苏台**

吴王恃霸弃雄才，贪向姑苏醉醁醅。
不觉钱塘江上月，一宵西送越兵来。

**秦　庭**

楚国君臣草莽闲，吴王戈甲未东还。
包胥不动咸阳哭，争得秦兵出武关。

**柏　举**

野田极目草茫茫，吴楚交兵此路傍。
谁料伍员入郢后，大开陵寝挞平王。

**吴　江**

子胥今日委东流，吴国明朝亦古丘。
大笑夫差诸将相，更无人解守苏州。

**吴　宫**

草长黄池千里余，归来宗庙已丘墟。
出师不听忠臣谏，徒耻穷泉见子胥。①

① 《全唐诗》卷647，中华书局1960年版，第7433页。

《姑苏台》讥讽吴王夫差刚愎自用，不听忠贤之臣的建议，建立姑苏台贪图享乐，以致荒淫失国。《秦庭》赞颂申包胥赴秦乞兵救楚的壮举，吴楚战争中，楚国大败，楚国君臣危在旦夕，申包胥徒步赴咸阳，向秦王痛哭乞兵解救处于危境中的国家。《柏举》描述伍子胥带领吴兵伐楚，攻入郢都时向楚平王鞭尸复仇的情景。《吴江》批评吴王夫差不听伍子胥忠言直谏，不重用贤臣，反而赐死伍子胥，并将其尸体投到江中。伍子胥一死，吴国很快灭亡。诗人嘲笑夫差当政时期，其他大臣竟然不能保护苏州城。诗人采用强烈的对比烘托，凸显了伍子胥的贤能。《吴宫》批评夫差好大喜功、刚愎自用，坚持去参加黄池会盟，结果越国突袭吴国，导致吴国灭亡，甚至连祖先宗庙也成了废墟。诗人讥讽夫差不听忠臣伍子胥劝谏，并假设如果地下有知的话，夫差也无颜面见伍子胥。以上五首咏史诗以诗化的语言生动地展现了春秋末期吴、越、楚三国争霸的历史故事。胡曾在《咏史诗》中《自序》说："夫诗者，盖美盛德之形容，刺衰政之荒怠，非徒尚绮丽瑰琦而已。故言之者无罪，读之者足以自戒。"可见，他作《咏史诗》的本旨是关心民生疾苦、针砭暴政权臣，托古讽今。① 胡曾意在借助伍子胥忠吴仇楚的历史典故，劝谏唐朝统治者避免重蹈历史覆辙。

中唐诗人白居易撰有《杂兴三首》，其三曰：

吴王心日侈，服玩尽奇瑰。
身卧翠羽帐，手持红玉杯。
冠垂明月珠，带束通天犀。
行动自矜顾，数步一裴回。
小人知所好，怀宝四方来。
奸邪得藉手，从此倖门开。

---

① 赵望秦在《唐代咏史组诗研究》(南京师范大学 2002 年博士学位论文，第 53 页)中指出：胡曾诗歌语言表达上的浅白直观性，使塾师易于讲解，学童易于理解，被用作蒙学课本。

古称国之宝，谷米与贤才。
今看君王眼，视之如尘灰。
伍员谏已死，浮尸去不回。
姑苏台下草，麋鹿间生麑。

香山居士悲怜忠臣伍子胥鸱夷投江的凄惨结局，讥讽抨击了吴王夫差穷奢极欲、醉生梦死的生活。自古以来，贤君都把谷米和贤良有才干的臣子视为国家之宝，而夫差亲小人远贤臣，视贤臣如尘土，不听伍子胥忠谏，导致吴国灭亡。曾经繁华的姑苏台今天却杂草丛生，麋鹿游荡其间。在香山居士眼中，春秋至唐代以来的时空秩序融通一体，曾经的繁华和眼下的凋敝形成鲜明的对比。诗中虽言夫差，实指唐代当局者，历史的反思让人极易领会，讽刺意味浓厚。

晚唐诗人杜牧撰有《吴宫词二首》，其一曰：

越兵驱绮罗，越女唱吴歌。
宫烬花声少，台荒麋迹多。
茱萸垂晓露，菡萏落秋波。
无遣君王醉，满城鞶翠蛾。

其二曰：

香径绕吴宫，千帆落照中。
鹤鸣山苦雨，鱼跃水多风。
城带晚莎绿，池连秋蓼红。
当年国门外，谁信伍员忠？①

① 《全唐诗》卷527，中华书局1960年版，第6033页。

诗歌以越国采用美人计迷惑吴王夫差而开篇，接下来诗人通过宫花、麋鹿、茱萸、菡萏、香径、鹤鸣、苦雨等饱含寓意和情感的景物描写吴宫由繁华变得衰落凋敝的历史变迁，使人满含怨情，当年国门外的人们，有谁能相信被暴尸城门的伍子胥是忠诚的呢？诗歌创作的目的是让人们记住历史，不能让君王被美女和淫逸生活所迷惑，不能重蹈覆辙，错杀忠臣。

唐代张祜《送魏尚书赴镇州行营》云："伍员忠是节，陆绩孝为心。"①诗人盛赞伍子胥的忠贞操守。刘商《姑苏怀古送秀才下第归江南》悲愤地唱道："伍员结舌长嘘嚱，忠谏无因到君耳。"②诗人深切地同情伍子胥忠言得不到夫差采纳的遭遇。周昙《春秋战国门·夫差》曰："信听谗言疾不除，忠臣须杀竟何如。会稽既雪夫差死，泉下胡颜见子胥。"③伍子胥当初力荐不要放过越王，夫差不听，周昙在对吴王夫差亲佞远贤的批评中，赞扬伍子胥的忠心。

## 三、宋元明清：忠孝人格和神格

到宋朝，有更多的伍子胥个人事迹进入诗歌，诗人对伍子胥的歌咏更为全面。与伍子胥联系密切的地点和景物，如祠庙、胥门、胥山、灵涛等纷纷入诗。与唐代相比，比较显著的变化是题咏伍子胥祠庙的诗歌增多。面对伍子胥祠庙，诗人们几乎不约而同地颂赞伍子胥的忠孝品格。北宋时期大文豪苏轼曾热情洋溢地赞扬伍子胥，其《祭英烈王文》文末附诗曰："报楚为孝，徇吴为忠。忠孝之至，实与天通。"④北宋王安石对伍子胥也极力赞颂，其《伍子胥庙铭》曰："烈烈子胥，发节穷逋，遂为册臣。"⑤伍子胥蒙冤逃亡，最终仇报耻雪，荆公赞许："名震

① 《全唐诗》卷510，中华书局1960年版，第5803页。
② 《全唐诗》卷303，中华书局1960年版，第3449页。
③ 《全唐诗》卷728，中华书局1960年版，第8344页。
④ 《海塘录》，《景印文渊阁四库全书》第583册，第542页。
⑤ 《临川集》，《景印文渊阁四库全书》第1105册，第280页。

天下，岂不壮哉！”①“万死毕谏于所事”，荆公许之以“忠则有余”。范仲淹在《苏州十咏·伍相庙》中表达了对历史的感悟：“胥也应无憾，至哉忠孝门。生能酬楚怨，死可报吴恩。直气海涛在，片心江月存。悠悠当日者，千载祇惭魂。”②范仲淹高度赞扬了伍子胥的忠孝品格，认为伍子胥选择逃生是为了报父兄之仇，选择赴死是为了报答吴王阖闾之恩。在诗人看来，眼前所见气势汹涌的海涛像是伍子胥的正直之气，千百年后，伍子胥的耿耿忠心犹如江月般清明。

宋代王阮在《馆娃宫赋》中指出：“子胥不遭杀，夫差不可愚”“惟忠良之既诛，始猖狂之自如”，认为夫差昏庸、杀害忠良之臣，才是吴国灭亡的根本原因，并非美女西施祸水误国，诗人批判了将亡国归罪于女人的观点。

明清诗人也不约而同地赞颂伍子胥的忠孝，同情其忠贞而死的不幸遭际，表达对其夙愿未了的千古遗憾。明朝初年著名文学家高启就有多篇诗文赞扬伍子胥其人其事，其《吊伍子胥》曰：“地老天荒伯业空，曾于青史见遗功。鞭尸楚墓生前孝，抉目吴门死后忠。”③诗人高度赞扬伍子胥的忠臣孝子行为，并站在人类历史的长河中来评价伍子胥，即使地老天荒，功业都化为乌有，伍子胥仍然青史留名。槎轩先生另有《吊伍子胥辞》，以六言赋的形式歌咏伍子胥，深入分析了千百年来人们祭祀伍子胥神灵的重要原因，是表彰他为吴国“以死尽忠”。诗中把伍子胥与前朝惨遭杀戮的忠臣比干、龙逄等相比肩，诗人以为伍子胥绝不是不能明哲保身，而是为报答先王的知遇之恩，“身虽殁而义安”。

览勾吴之故墟兮，灌莽郁其茏苁。馆娃废而为沼兮，岿伍胥之遗宫。奚千祀而勿毁兮，繄若人之死忠。昔穷逋而渡江兮，奋孤迹

---

① 《临川集》，《景印文渊阁四库全书》第 1105 册，第 280 页。

② 范仲淹：《范仲淹全集》，四川大学出版社 2002 年版，第 105 页。

③ 《大全集》，《景印文渊阁四库全书》第 1230 册，第 205 页。

于羁旅。既入郢而雪耻兮，又棲越而攘侮。使彼吴之强大兮，非夫子而孰为？何夫差之自喜兮，遽忽戒而荒娱。陈昌言之悃欵兮，实不忍视国之阽危。众以子为叵信兮，肆谗辞之诋欺。夫岂不能全身远适以自庇兮，顾先王之旧德。卒待陨而何言兮，恨终不能悟君之嬖惑。载鸱夷兮浮游，魂惇惇兮在中流。江神念子兮哀愤，鼓洪涛于高秋。嗟君子之出辅兮，孰不愿为伊皋使。言从而志行兮，致雍熙之陶陶。何龃龉而多患兮，惟重华之不可以。屡遭鄂侯诤而就醢兮，龙逢谏而见屠。盖自古而有之兮，匪夫子独罹乎此辜。身虽殁而义安兮，又舍是将焉适？彼循默而苟容兮，宁获免乎泚额。想子犹念夫故都兮，或乘云而来归。顾荆棘之多露兮，应揽涕而歔欷。余亦何为而感慨兮，惧直道之坠也。聊陈词而表烈兮，亦邦人之志也。①

明代屠隆对伍子胥的忠孝称颂不已，他赞许道："伍相忼慨士"②，"永为壮士模"③，称颂其"入郢覆楚，浮江报吴"的忠孝精神。明代孙慎行撰有《玄晏斋诗》："心为父兄竭，力将相君撑。受恩有深处，毕忠无隐情。古今往来者，大夫独著称。"④诗人以高度的热情赞颂伍子胥的忠孝，还进一步分析了伍子胥忠谏殉身的初衷："岂不贵高尚，耻见偷满盈。所指非乐祸，所甘岂殉名"⑤。孙慎行认为伍子胥忠心耿耿并非为了沽名钓誉。明代"后七子"领袖王世贞撰有《吴趋行》，诗中夸赞了吴都的富丽，如数家珍地列举了吴国的一些贤臣，如季扎、要离等，伍子胥位列其中。

① 《大全集》，《景印文渊阁四库全书》第1230册，第28~29页。

② 《四库全书存目丛书》第180册，第79页。

③ 《四库全书存目丛书》第180册，第419页。

④ 孙慎行撰：《玄晏斋诗》，《四库全书存目丛书》经部第162册，齐鲁书社1997年版，第105页。本书所引版本版次皆同，以下皆略。

⑤ 《玄晏斋诗》，《四库全书存目丛书》经部第162册，第105页。

上客且缓骖，请听吴趋行。太伯让周王，剪发窜蛮荆。季子守遗节，屈体臣后生。要离捐肢体，伍员抉目睛。岂若被裘子，兼复韬其名。言游佩端委，文学启休明。赁舂无凡客，门卒亦仙卿。震泽含变化，大海发精灵。焉类十室邑，步趋恒自矜。①

明代张宁撰《伍子胥渡江图》："壮气横空欲吞楚，半夜函关出虓虎。城中追骑若行云，泉下孤臣泪如雨。江头立马寒飕飕，江神吐泣皇天愁。捐躯甘作异乡鬼，誓死肯忘同天雠。何来老父伤羁阻，舣棹招摇夜相渡。百金宝剑辞不收，万石功名草头露。雄兵一旦下吴台，楚国山河半草莱。旧主已随烽火遁，将军犹入故宫来。秦庭泣血昭王返，白苎歌长越兵远。夫差夜饮欲烹龙，句践宵衣正尝胆。零落鸱夷百战身，姑苏麋鹿漫伤神。君看楚郢鞭尸客，应是吴门抉目人。"②诗人渲染了伍子胥亡命时危急的情境和悲壮氛围，连江神和皇天都为之感到忧愁。渔父的仗义相助，帮助伍子胥渡江逃脱楚王追捕，表明民众对伍子胥正义的认可及对他的同情。诗歌的下半部分描述了伍子胥向楚王报仇以及对吴王的忠心耿耿，可是夫差不听忠言，却将伍子胥赐死。诗中将伍子胥蒙冤逃亡、渔父相救、借吴仇楚、报恩吴王、鸱夷投江等人生大事概述得比较完备。

清代袁枚高度评价伍子胥的忠孝，其《伍员墓》曰："慷慨报仇衰世事，凄凉托子暮年情。祇今庙貌丹青在，两眼犹如盼越兵。"③仓山居士极力赞叹伍员慷慨报仇的孝行，抉目观寇的遗忠，并对其晚年寄托儿子于齐国鲍氏持同情态度。清代桑调元对伍子胥的忠孝也给予肯定，其《吊子胥》曰："生死因君父，英雄呜咽论。避仇身载橐，观寇目悬门。怨毒箫声泄，神灵雪浪奔。可怜忠孝志，楚破越犹存。"④桑调元称赞伍

① 《弇州四部稿》，《景印文渊阁四库全书》第1279册，第63页。
② 《方洲集》，《景印文渊阁四库全书》第1247册，第236页。
③ 王英志主编：《袁枚全集》，江苏古籍出版社1993年版，第615页。
④ 《弢甫集》，《四库全书存目丛书》第275册，第660页。

子胥怀有忠孝之志，无论选择生与死，都是为了君与父，忍辱负重、蒙冤逃难是为父兄报仇。自始至终尽忠于吴王，死后化为灵涛。诗人同情伍子胥的不幸遭遇。查岐昌在《忠孝王祠》中称许伍子胥："业能覆楚何妨死，天欲亡吴厌此生。从古英雄皆落魄，一身忠孝独完名。"①查岐昌认为伍子胥是全忠全孝的典范，同情他一生英雄行为却落得个悲惨结局的命运。

江左三大家之一的吴伟业有两首歌咏伍子胥的诗。其《胥王庙》云："伍相丹青像，须眉见老臣。三江筹楚越，一剑答君亲。云壑埋忠愤，风涛诉苦辛。生平家国恨，偏遇故乡人。"②《伍员》云："投金濑畔敢安居，覆楚奔吴数上书。手把属镂思往事，九原归去遇包胥。"③诗人以楚臣吴用的先贤伍子胥自比贰臣的境遇和心理，不吝赞誉伍子胥全忠全孝，消散明臣清用的沉重心理负担。明代杨慎的《古乐府・吴楚行》曰："神女巫山上，西施越网中。朝云迷楚国，夕露满吴宫。舞榭青枫树，歌台绿蕙丛。伍员魂已断，宋玉赋休工。"④诗人批评历史上的巫山神女和西施等女子，认为红颜祸水致使楚国和吴国衰落以致灭亡；同情伍子胥和宋玉类的忠臣命丧黄泉的遭际。

忠孝是伍子胥精神的核心与精髓，是千百年来人们倾慕赞扬他的关键所在。历代诗人都津津乐道地赞颂伍子胥的忠贞与孝义，并在诗歌中把伍子胥塑造为全忠全孝的典型。

诗人不仅歌颂伍子胥生前忠孝的人格形象，对伍子胥的吟咏还从其生前人格形象向死后神格形象延伸。歌颂伍子胥神格形象在唐代时已初露端倪，如唐代罗隐的《青山庙》："市箫声咽迹崎岖，雪耻酬恩此丈夫。霸主两亡时亦异，不知魂魄更无归。"诗人追问伍子胥生前忠贞却惨遭杀戮，死后魂魄归向何处呢？徐凝《题伍员庙》："千载空祠云海

① 《湖海诗传》，《续修四库全书》第 1626 册，第 45 页。
② 《吴梅村全集》，上海古籍出版社 1990 年版，第 389 页。
③ 《吴梅村全集》，上海古籍出版社 1990 年版，第 507 页。
④ 《升庵集》，《景印文渊阁四库全书》第 1270 册，第 115 页。

头，夫差亡国已千秋。浙波只有灵涛在，拜奠青山人不休。”①诗人因同情伍员的遭遇，把汹涌澎湃的江涛想象为英灵的魂魄，千载之后，英雄的威风依然与灵涛同在。唐代僧人释常雅《伍相庙》：“苍苍古庙映林峦，漠漠烟霞覆古坛。精魄不知何处在，威风犹入浙江寒。”②诗人祭拜伍子胥祠庙，不禁凝神思考伍子胥死后魂魄在哪里栖身呢？汹涌的江涛正是伍子胥生前凛凛威风的体现。

宋元明清时期，有更多诗人吟咏伍子胥的神格形象，可谓“伍员忠魂千古存”。以神灵身份出现的伍子胥是诗人歌颂的正义之神，或驱除天灾，或扶助人事，都是造福人类，这种正气也是伍子胥生前品格的延续，在诗歌中，伍子胥形象得到升华。

元末明初的徐一夔代替浙江省官作《祭伍子胥文》，曰：“神气不磨，护潮出没。白马素车，尚见仿佛。惟皇御宇，有嘉其忠。申敕守吏，岁祀是崇，洁兹牲醪，荐于神所，庶其来歆，永奠江浒。”③这是祭神之歌，颂扬伍子胥作为护国佑民的江神，非常灵验。人们祭祀的目的是旌扬其忠孝，祈求其神护国佑民。生而得为人杰，死而得为天神，在人间庙祀千古，保佑百姓。作者认为伍子胥身虽亡没但神灵永存，难道没看到立于潮头素车白马的江神吗？

明代张凤翼有《重建吴相伍公庙碑》，其庙铭曰：

> 遴良日兮赛仪张，列樽俎兮荐馨香。神不来兮众彷徨，中流朱轮兮驾骕骦，神既降兮灵洋洋。众鼓舞兮欢未央，锡福吾土兮兆庶康。④

张凤翼认为伍子胥虽身死而名存，魂作怒涛。诗人在对英灵的招魂

---

① 《全唐诗》卷474，中华书局1960年版，第5378页。

② 《海塘录》，《景印文渊阁四库全书》第583册，第544页。

③ 《始丰稿》，《景印文渊阁四库全书》第1229册，第230页。

④ 《处实堂集》，《四库全书存目丛书》集部第137册，第460页。

声中，已将伍子胥神化了。人们选择良辰吉日摆好美酒等祭品祭祀伍公之神，祈祷其神赐福吾土。诗人还生动地描绘了人们在神不来享用祭品时焦急彷徨的神态，以及神降临时欢迎鼓舞的神情。明代焦竑撰有《溧阳伍相国庙碑》一文，其碑铭云："公所旅兮，灵祠岿然。毛牷既副，奠厥宇兮。金节赤旌，来憩来游。纷且舞兮，穰祈禜雩。尚驱奸凶，福下土兮。"①这里，伍子胥完全是护国佑民的天神形象，驱除奸凶，福庇下土百姓，保佑一方平安。其神灵昭彰极其荣耀，"来憩来游"时"金节赤旌"。傅敏的《重修英卫公庙碑记》中庙铭曰："扬波重水，异壤同神。忠孝协轨以卫斯民，帝德覃敷，爰被二浙涛。清喷玉堤坚屹铁，乃报公功崇封，肇开薨，参星斗槛余雷，云骊酒封，牲雅歌节，舞潮平山，碧乐此终古。"②显然是祭神时的颂歌，伍子胥生为人杰，死为天神，享受牲酒歌舞，忠孝卫民，福被两浙。清代陈瑚的《记周吴行人伍公庙碑》庙铭云：

其来如云，其去如风。神所凭依，环堵幽宫。孑孑周生，即鹿林中。震不于邻，而于其躬。卜告于庙，后吉先凶。信而有征，神诱其衷。乃树斯碑，酬德报功。③

庙铭记述了当地人对伍子胥神灵的信仰十分虔诚："往者巡抚大臣治舟师习水战，大阅于胥口祠中，必祭告，然后入。"④碑文中还记述了伍子胥之神极为灵验的三个事例：其一，"万历间某巡抚不礼，公坐少顷，若有挞其背者，呕血归，竟死"。其二，"一武弁守洞庭矢(即屎)

① 焦竑撰：《焦氏澹园续集》，《四库全书禁毁书丛刊》集部第61册，北京出版社1997年版，第597页。

② 《海塘录》，《景印文渊阁四库全书》第583册，第544页。

③ 《确庵文稿》，《四库全书禁毁书丛刊》集部第184册，北京出版社1997年版，第392页。

④ 《确庵文稿》，《四库全书禁毁书丛刊》集部第184册，北京出版社1997年版，第392页。

溲公墓旁，入舟狂叫不，逾时亦死”。其三，“乙酉秋黄蜚兵泊太湖，将不利于洞庭，夜见神火满山，疑有备也，不敢动”。其灵异如此！显然是民间神化了伍子胥。

这些颂词明显将伍子胥看作一位护国佑民的神祇，伍子胥的浩然正气使之生而为人杰，死而为天神，护佑百姓。这里，伍子胥已成为造福人类的正义之神，他这种作为神的正气是其生前品格的延伸和升华。

宋代之后，随着伍子胥神灵祭祀逐渐兴盛，诗人又在题庙诗和庙碑中表达出一种价值取向，即生与死的终极关怀，即将生前事与身后名二者对比观照，并一致肯定伍子胥流名百世的精神价值。当是非成败变成历史陈迹后，人们才能更深刻地感受到什么是真正的永恒和伟大。

历代诗人将伍子胥其人其事纳入自己咏史抒怀的诗歌中，不只是咏叹伍子胥的身世遭遇，而且寄托着对国家前途的深切关注和人生价值的深刻思考。中国封建社会实行中央集权的君主专制，这就必须有忠臣为君王捍卫江山，因此封建社会的价值取向要求臣对君王的赤胆忠心。在中国历史长河中，在伍子胥之前，有比干、关龙逢等忠臣；在伍子胥之后，有屈原、岳飞、文天祥这样的先贤，他们的智慧才干和忠贞品质一直成为后人赞美的对象。诗人咏叹历史，主旨在于借鉴历史，抒发情怀，甚至表达政见主张。咏史诗基本上是借古人的酒杯浇自己块垒。

在中国古代，士大夫阶层作为社会正统文化的代表，他们大多数可能并不相信鬼神灵魂，对伍子胥的崇拜也没有平民百姓那么虔诚，他们更多的是从儒家思想的角度去塑造伍子胥的形象。在正统思想的观照审视下，伍子胥的形象浸透了忠孝节义的色彩。于是，“入郢复仇”“力谏灭越”“悬言吴门”“抉目观兵”等事迹或传闻，都具有了传统儒家思想的色彩。文人将伍子胥塑造成了一个符合儒家精神的忠臣孝子典型。同时，伍子胥的形象也寄托了儒家的人生理想。

## 第二节 咏叹悲剧结局

伍子胥忠谏却被赐死的结局也引发了历代诗人无限的感慨和同情。诗人们同情其忠谏而死的不幸遭遇，深切地缅怀英雄，对伍子胥遗忠未泯深表遗憾。大多数诗人从伍子胥其人其事反观自身，咏叹中流露出浓厚的悲剧意识，在题庙谒墓诗中，这种悲剧感尤为强烈，于是纷纷结合“赐死属镂”“鸱夷投江”而发出深沉的感慨。

### 一、先秦至唐代：零星咏叹

刘长卿有一首诗歌曰《登吴古城歌》，诗歌以登吴古城为切合点，采用骚体的形式再现了春秋晚期吴越争霸的历史，表达对古代贤达的怀念，忠心耿耿的伍子胥被赐死的遭遇引起诗人无限的同情和感伤。诗人既批评吴王夫差刚愎自用，不听忠臣直言，残杀忠良之臣，又同情夫差亡国灭族的悲惨结局。在诗人看来，当夫差日暮途穷，困顿于甬东的境地时，也是让人感伤的。诗歌以景语结束，“白杨多悲风，萧萧愁杀人”，一切景语皆情语，孤舟荒径，人迹罕至，让人想象在古木丛生的废墟旁，无边落木萧萧下的江边，在黄雀啾啾声中站着一位感伤身世的诗人。刘长卿生平坎坷，他的部分诗歌反映了中唐时期中原一带荒凉凋敝的景象。

登古城兮思古人，感贤达兮同埃尘。望平原兮寄远目，叹姑苏兮聚麋鹿。黄池高会事未终，沧海横流人荡覆。伍员杀身谁不冤，竟看墓树如所言。越王尝胆安可敌。远取石田何所益。一朝空谢会稽人。万古犹伤甬东客。黍离离兮城坡坨，牛羊践兮牧竖歌。野无人兮秋草绿，园为墟兮古木多。白杨萧萧悲故柯，黄雀啾啾争晚禾。荒阡断兮谁重过，孤舟逝兮愁若何。天寒日暮江枫落，叶去辞风水自波。①

诗仙李白亦对伍子胥惨遭杀戮的身世有过深沉的咏叹，《万愤词投魏郎中》曰："子胥鸱夷，彭越醢醯。自古豪烈，胡为此繄"；太白先生又在《行路难三首》中感慨："吾观自古贤达人，功成不退皆殒身。子胥既弃吴江上，屈原终投湘水滨。"②李白认为自古以来，贤臣豪杰功成后不及时隐退，皆会落个悲惨的下场，所以他认为伍子胥应急流勇退。吴筠也赞同李白的这一观点，其《览古十四首》曰："子胥烹吴鼎，文种断越铍……何不若范蠡，扁舟无还期。"③唐代元稹所撰乐府《去杭州》："魂摇江树鸟飞没，帆挂樯竿鸟尾翻。翻风驾浪拍何处，直指杭州由上元。上元萧寺基址在，杭州潮水霜雪屯。潮户迎潮击潮鼓，潮平潮退有潮痕。得得为题罗刹石，古来非独伍员冤。"诗歌描述了杭州凶猛的江涛，寄托诗人同情伍子胥惨遭杀害的情感，展现了钱塘江潮排山倒海、奔涌向前的壮丽景观。

## 二、宋元明清：记游怀古诗繁盛

宋元明清时期，有更多咏叹伍子胥的诗歌，出现了对伍子胥一生经历题咏的本事诗，如宋代梅尧臣《宣州杂诗二十首》云："伍员奔吴日，仓皇及水滨，弯弓射楚使，解剑与渔人。抉目观亡国，鞭尸失旧臣。犹为夜涛怒，来往百川频。"④此诗基本上囊括了伍员一生的几件大事：危难中逃亡、仓皇渡江、渔人相救、忍辱复仇、忠谏赐死，这是一首典型的本事诗。梅尧臣还有《送谢师直祕丞通判莫州兼寄张和叔》："昔传尝胆国，能破怒蛙军。越虽隔大江，吴遭若枯焚。实由恃阻僻，抉目悲伍

① 《全唐诗》卷151，中华书局1960年版，第1576页。

② 《全唐诗》卷183、25，中华书局1960年版，第1867、344页。

③ 《全唐诗》卷853，中华书局1960年版，第9645页。

④ 《宛陵集》，《景印文渊阁四库全书》第1099册，第319页。

员。”①诗歌以简洁的语言描述了吴越争霸的历史，越王勾践卧薪尝胆，终报会稽之辱。诗人认为即使天然屏障的大江也阻挡不了越国的英勇之师，吴国瞬间像枯枝一样被焚灭。诗人十分悲悯感叹伍子胥抉目观吴的遗忠。元代金涓的《伍员庙》：“东出昭关日，仓皇去路遥。渔人怜赠剑，市吏识吹箫。楚郢鞭荒墓，吴江起怒潮。因思臣子节，千古一魂消。”②以诗话的语言渲染了伍子胥蒙冤逃亡之路的艰辛，承蒙渔人解救，乞食吹箫，最终报了父兄之仇，但却因孤忠难以被夫差理解而遗恨千古。在元代王沂的《览古》中，伍子胥父兄遭谗而死、贯弓射楚使、亡命他国、吹箫乞食、荐专诸助阖闾夺位、鞭尸报楚、进言伐越、受赐属镂等人生事迹，都以诗化的形式得以再现。

楚国愤奇士，伍奢真可怜。奸人费无忌，谗间平王前。谗奢未及止，思去二子贤。贤哉子胥智，乃出无忌先。弟兄永诀别，父子相弃捐，贯弓向中使。去就何翩翩。吹箫道中饭，脱剑江上船。艰关历他境，慷慨张空拳。公子不可说，专诸能解悬。退耕伏中野，决策如转圜。二国适多衅，五年方见宣。操兵遂入郢，杀气如霏烟。不得费少傅，斩首谢厥愆。徒令楚旧主，乃辱吏士鞭。报楚既得志，谋越徒进言。属镂早受赐，鸱革往不还。忠因怨毒发，孝以忍诟全。树槚志弗遂，夫差随上仙。悲君读迁史，今古慨悠然。③

宋代题咏伍子胥还有以苏台、胥门为题的记游怀古诗，借伍子胥之事感叹吴越史实，如张羽《苏台怀古》：“荒台独上故城西，辇路凄凉草木悲。废冢已无金虎卧，坏墙时有夜乌啼。采香径断来麋鹿，响屧廊空变黍离。欲吊伍员何处所，淡烟斜日不堪题。”④诗人登上姑苏台，回想

① 《宛陵集》，《景印文渊阁四库全书》第 1099 册，第 405 页。
② 《青村遗稿》，《景印文渊阁四库全书》第 1217 册，第 477 页。
③ 《伊滨集》，《景印文渊阁四库全书》第 1208 册，第 408 页。
④ 《吴都文粹续集》，《景印文渊阁四库全书》第 1385 册，第 279 页。

伍员当日之语，心情悲怆，作者对伍员的深深悼念之情融入对荒台景物的描绘中，可谓一切景语皆情语。被称为“吴中四才子”之一的徐祯卿也有一组题咏苏台的诗歌，《次韵石田登姑苏台》曰：“忠何辞佞死，国竟与恩休。忍说干戈事，魂销万古愁。”《再咏四首》曰：“不见悬门眦，空余血溅苔。”“忠魂凭谁吊，临风诵楚骚。”①徐祯卿对伍子胥忠谏而死的不幸给予深切的同情，诗人不忍说起干戈事，因为会“魂销万古愁”。虽然吴越的历史是非已成陈迹，但伍子胥悬眼东门的孤忠，今天却空余苔藓。诗人不禁发出“忠魂凭谁吊”的疑问。“临风诵楚骚”体现了诗人对伍子胥的深切缅怀。因为伍子胥和屈原都是忠谏而死的，灵均曾作《离骚》抒发自己抑郁不平的哀愤，所以昌谷先生认为临风诵楚骚似乎可以安慰伍子胥孤愤难平的魂灵。

田锡的《江南曲三首》(其三)曰：“金陵王气消，六朝隳霸业。白云千古恨，空江照楼堞。虎邱罗蔓草，姑苏委枫叶。怀贤思伍员，灵涛浩难涉。”②诗人表达了对伍子胥的缅怀之情。诗人用“楼堞”“蔓草”营造了寂寥冷清的环境，这样的景物容易让人联想起昔日的繁华，并与今昔的衰败形成强烈对比，表现了诗人悼古伤今的情怀。释文珦撰有《读伍子胥史事》：“惆怅当年死属镂，到头忠义竟何如。眼悬城郭空怀旧，魂寄江涛尚贾余。向使君王从谏诤，未应宫阙便丘墟。唯应教得鸱夷子，万里扁舟计不疏。”③诗人慨叹伍子胥忠贞直谏却徒劳无益，终被夫差赐死。诗人无限同情伍子胥“悬眼东门”“魂寄江涛”的悲剧。诗歌也体现了作者的人生感慨，作为出家人，似乎看透了人世的功名利禄。诗人还对历史做了一个假设，如果当初夫差听从伍子胥的忠言，那么吴国不一定会灭亡，范蠡也不可能功成名就，这是从反面衬托伍子胥的才识卓越。

历史上，伍子胥对吴国忠心耿耿却被赐死，遗恨无穷。历代诗人都

① 《吴都文粹续集》，《景印文渊阁四库全书》第1385册，第281页。
② 《咸平集》，《景印文渊阁四库全书》第1085册，第462页。
③ 《潜山集》，《景印文渊阁四库全书》第1186册，第375页。

对伍子胥孤忠遗恨深为同情。宋代吕本中对伍子胥之千古遗憾感慨不已，其《伍员祠》曰："伍员庙前一丈碑，上有野鹤双来栖。水云杳杳凉去远，风雨冥冥秋到迟。江花相趁野花发，旧燕不随新燕归。大夫遗恨竟何许，楚越勾吴今是非。"①宋代曹既明《胥山庙》："间关欲雪父兄仇，底用平生锡盖侯。冤骨未沉吴越晓，征魂初返楚云秋。"②范成大的《夫差》曰："千龄只有忠臣恨，化作江涛雪浪堆。"③在对夫差的批判中寄寓着对伍子胥的悼念，表现诗人对伍子胥深切的怀念之情。宋代罗公升有《吊胥涛赋》，赋中叙述伍子胥忠谏而死，遗恨千古，"于是忠魂上诉，帝阍朝启，乃锡命书，以长兹水……且夫骨鲠之臣，生死一节，岂生不忍去其故都而死，乃致憾于宗国"。罗公升赞美伍子胥英灵不死，万古与江涛长存："惟夫杀身成仁，终古不朽，横大江以杨灵，真不亡而曰寿，彼舍义以聚生。"④金代王寂的《题伍员庙》："忠臣竟受鲸鲵祸，故国空伤麋鹿游。欲向波神问遗恨，胥山三月看潮头。"⑤伍子胥忠心耿耿反被夫差杀害，并鸱夷投江，诗人在无限感叹中对伍子胥倾注了满腔的同情。

伍子胥忠谏而死的遭遇引发诗人深切的缅怀和同情，宋代强至《题吴山伍子胥祠》："江云不散忧君色，山月犹明死国心。迁史简编今断缺，吴人牲酒日肥深。鄙怀异代悲忠烈，一拜威灵泪满襟。"⑥诗歌中一切景语皆情语，江云、山月等景物已浸润了伍子胥忠贞的特质，诗人在景物描写中对伍子胥倾注了满腔的同情，以致多年之后祭拜伍子胥英灵时仍然泪湿衣襟。与强至诗歌异曲同工的还有宋代李廌的《伍子胥庙》："烈士可庙食，么么可悲夫。誓心报荆郢，忍耻适江吴。功成期牖下，

① 《东莱诗集》，《景印文渊阁四库全书》第 1136 册，第 704 页。
② 《海塘录》，《景印文渊阁四库全书》第 583 册，第 545 页。
③ 《吴都文粹续集》，《景印文渊阁四库全书》第 1385 册，第 312 页。
④ 《宋贞士罗沧洲先生集》，《续修四库全书》，第 1321 册，第 556 页。
⑤ 《拙轩集》，《景印文渊阁四库全书》第 1190 册，第 19 页。
⑥ 《祠部集》，《景印文渊阁四库全书》第 1091 册，第 53 页。

旋闻赐属镂。楚邦乃怨耦，宿愤向已摅。涛江厌波神，魂魄游故都。存亡两陈迹，无用愧包胥。”①李鹰对伍子胥忍辱复仇的矢志不移之心以及忠心吴王却被赐死的结局深为同情，他赞许伍子胥为“烈士”，值得后世祭祀，对于生死故交申包胥也不用感到羞愧。这是诗人对个别文人批评伍子胥愧对好友申包胥的反驳。

元代凌虚谷撰有《行路难》：

> 日月高悬天阙衷，何曾照着幽泉底。不见灵均伍子胥。忠臣翻作衔冤鬼。自昔拙人遭谮谗，多因疏竖簸唇齿。片舌钳如巨阙锋，寸心险似瞿塘水。行路难，行路难，羊肠九盘那可攀，只愁平地生巑岏。②

凌虚谷认为虽然日月高悬，但却存在黑白不分的现象，忠臣屈原和伍子胥都做了冤死鬼，是因为小人谗言的迫害。诗中批判了太宰嚭等谗佞小人的险恶用心。显然，诗人是借古讽今、隐喻时事。

元代叶颙有两首关于伍子胥题材的诗歌，其一，《题伍子胥传后》曰：“子胥忠孝两难偕，破楚鞭君谢父奢。何事危言强谏日，死无贤嗣挞夫差。”忠孝两难是叶颙给伍子胥的中肯评价，破楚鞭君是为了报答人伦亲情。在封建社会，当面临忠孝两难的抉择时，诗人是认可忠君服从尽孝的。诗中建议伍子胥不要犯颜直谏，不然死后没有贤能的子女向夫差复仇。其二，《西子捧心图》曰：“员也捐躯死谏君，越王尝胆恨尤深。西施亦解忧人国，尽日攒眉痛捧心。”③叶颙借用西施捧心皱眉的形象细节描写，叙述了吴越争霸中越国扭转战争形势的手段、卧薪尝胆复仇雪耻的处心积虑，诗人深切同情伍子胥不惜生命代价的“死谏”精神。

元代汪克宽《吴山赋》以铺排的笔法渲染了吴山的雄伟秀丽，回顾

① 《济南集》，《景印文渊阁四库全书》第1115册，第707页。

② 《元风雅》，《景印文渊阁四库全书》第1368册，第88页。

③ 《樵云独唱》，《景印文渊阁四库全书》第1219册，第87页。

了吴国从建国以来至阖闾等君王取得的战略功绩。不过夫差不听忠臣直谏反而赐死伍子胥，致使吴国灭亡。诗人还将笔迹扩大到吴山脚下的江潮，伍子胥的遗忠万古与潮俱壮，伍子胥的神灵在人间庙食千古。赋尾的歌显然是对伍子胥神护佑爱民的祈祷。

挹佳气而拄笏兮，伟翠屏之若倚。繄是山之钟秀兮，肇玄黄之开辟。顾名号之曷从始兮，繇泰伯文身而建国。阖闾挥戈而驾楚兮，夫差奋矛而栖越。何西施之婵媛吾以为好兮，赐属镂于婞直。勾践长驱而沼吴兮，胥泛遗忠于潮汐。银屏雪屋冲突于山趾兮，存英雄之遗迹。丛祠屹于崇冈兮，荐馨香于明德，高风稜稜而与此终古兮，镇坤舆以无极。歌曰：大块流形峙危阜兮，句吴祚土锡分守兮。伍员鲠直忠肝剖兮，命祀千载怒潮吼兮。圣人驭极一宇宙兮，拳石海堧如培塿兮。雄藩重镇永遐久兮，蛮夷卉服拜稽手兮。我皇抚运亿万寿兮，抽思作颂贻不朽兮。①

此外，诗人还常常抒发对英雄末路的同情，如明代万国钦的《谒伍子胥庙和前韵二首》：

霸业虽知随世事，忠魂犹自驾潮来。严霜落木千山冷，烈日当空万古开。水满吴江襟欲湿，涟涟两泪向谁哀。

忠魂不化鸱夷在，吴苑丘墟西子来。孤愤自甘赍志没，奴颜那肯向人开。江流不尽沉沦恨，激起潮声昼夜哀。②

伍子胥对吴忠心却被赐死投江，遗恨千古，诗人想象几千年来大江都流不尽子胥的遗恨，所以汹涌澎湃的潮声好似忠魂的哀鸣。此诗表现

① 《环谷集》，《景印文渊阁四库全书》第1220册，第658页。

② 《万二愚先生遗集》，《四库禁毁书丛刊》第78册，第76页。

了诗人的无限哀悼和同情。诗中“两泪涟涟”“孤愤”等塑造了孤恨难瞑、遗恨无穷的伍子胥形象。明代中叶的沈周对伍子胥的遭遇亦甚为感慨，有同名诗歌《子胥庙》①两首：“忠臣有庙千秋祀，霸业无踪一饷烟。入幕灵风犹飒飒，侵阶细草自芊芊。存亡好在鸱夷内，惭愧当于瞑目前。”“吴沼已成花寂寂，楚灵何在草芊芊。一时遗事千年后，此日清谈斗酒前。落魄布袍冠盖末，悲歌亦得倚秋天。”诗人倚壁题诗，感慨万千，虽然吴越霸业已成陈迹，但忠臣伍子胥却庙食千秋。面对伍相的灵祠，怀念先贤的业绩又让诗人有些惆怅，自己却落魄潦倒，无功名可言。明代解缙《题吴山伍子胥庙》云：“我来久沉抱，重此英烈魂。吁嗟属镂锋，置尔国士冤。”感叹伍子胥作为报吴捐躯的“英烈”和“国士”含冤惨死的悲剧。

除了抒发对英雄末路的同情，还有诗人建议其功成后及时隐退，明哲保身。清代屈大均，有一组吟咏伍子胥事迹题材的诗歌。其中有两首同名诗歌《伍子胥》：

破郢身应退，鞭王事亦非。
父兄仇已复，被发效鸿飞。②

箫声凄苦入吴来，隐忍能成报怨水。
县目鲜门观寇入，为涛江上荡城开。
越人白马何劳祭，范子鸱夷亦可哀。
入郢便应频解印，姑胥那忍更迟回。③

显然，屈大均对伍子胥之死深表同情：“丈夫忠孝难两立，此身一

① 《吴都文粹续集》，《景印文渊阁四库全书》第1385册，第316页。
② 《翁山诗外》，《四库禁毁书丛刊》第120册，第632页。
③ 《屈翁山诗集》，《四库禁毁书丛刊》第120册，第371页。

死真可惜”①。他认为伍子胥功成名就后应及时隐退。持有这一观点的还有清代顾景星，其《伍员庙》云：“仇仇即荡灭，已亦终受殃。功成身不退，下惭张子房。漠漠水烟晚，寥寥鸿雁翔。千秋一俯仰，泪下沾衣裳。”②诗人对张良功成身退表示赞赏，认为伍子胥也应该悄然隐退，避免落个“狡兔死走狗烹”的悲惨结局。诗人对伍子胥功已成身不退终受杀戮之殃的不幸给予无限的同情，千百年后，瞻仰伍庙时依然泪湿衣衫。

古人的是是非非，让后人评论短长。不过，历史的评判还是黑白分明的，宋代王令《过伍子胥庙》一语道破：“鬼篆久应除佞嚭，民思今果庙神胥。虽然邪正皆归死，奈有忠谗各异书。”③宰嚭与伍子胥，忠奸对比鲜明。诗人从回顾历史得出结论：虽然邪恶正直都终归一死，但是青史留名与遗臭万年有着根本的区别。

另外，伍子胥死后被投江，人们同情他的不幸遭际，把他想象为主宰江涛的潮神。这样伍子胥就与江潮密切联为一体，还有诗人吟咏观潮之俗、弄潮之戏。如清代李调元的《观钱塘潮歌》：

> 八月十五钱塘潮，吴侬拍手呼相招。士女杂坐列城下，人声反比潮声高……忽闻江上声如雷，迢迢一线海门开。万马奔腾自天下，群龙踣跳随波来。潮头十丈飞霜霰，水气横空扑人面。天为破碎城为摇，百万貔貅初罢战。沓不闻市声死，群儿夸强弄潮水。④

诗人描写了观看钱塘江潮的盛况，潮来时如万马奔腾、潮头高十丈、水气横空扑人，以致让人误以为天被震得破碎了，城市被摇晃了，展现了钱塘江潮声势浩荡、气势磅礴的壮观景象。诗人还描绘了弄潮手

① 《翁山诗外》，《四库禁毁书丛刊》第120册，第519页。
② 《白茅堂集》，《四库全书存目丛书》第205册，第630页。
③ 《广陵集》，《景印文渊阁四库全书》第1106册，第481页。
④ 《童山集》，《续修四库全书》第1456册，第170页。

高超的技艺，在笳鼓和声乐伴奏中，“小舸颠簸似浮萍，一时出没烟波里”，弄潮手好像沧海一粟，随波出没，让观众“目眩身缩”。从“吴侬拍手呼相招。士女杂坐”“人声反比潮声高”等诗歌内容，可见清代时期民间观潮人数众多以及弄潮热闹的场面。弄潮这种民众性的娱乐活动是人们感怀伍子胥的方式之一。

另外，还有对伍子胥故事系统中相关人物如浣纱女命运的歌咏感叹，李白《游溧阳北湖亭望瓦屋山怀古赠同旅》：

朝登北湖亭，遥望瓦屋山。天清白露下，始觉秋风还。游子托主人，仰观眉睫间。目色送飞鸿，邈然不可攀。长吁相劝勉，何事来吴关？闻有贞义女，振穷溧水湾。清光了在眼，白日如披颜。高坟五六墩，崒兀栖猛虎。遗迹翳九泉，芳名动千古。子胥昔乞食，此女倾壶浆。运开展宿愤，入楚鞭平王。凛冽天地间，闻名若怀霜。壮夫或未达，十步九太行。与君拂衣去，万里同翱翔。①

李白还给浣纱女做过碑铭，《溧阳濑水贞义女碑铭》附诗曰：

粲粲贞女，孤生寒门。上无所天，下报母恩。春风三十，花落无言。乃如之人，激漂清源。碧流素手，萦彼潺湲。求思不可，秉节而存。伍胥东奔，乞食于此。女分壶浆，灭口而死。声动列国，义形壮士。入郢鞭尸，还吴雪耻。投金濑沚，报德称美。明明千秋，如月在水。

明代史鉴撰有《经濑水》，诗曰：“匍匐昭关下，仓皇濑水浔。饭贤同漂母，报德异淮阴。一死名无忝，千金漫尔沉。停车吊遗迹，长叹不

① 《全唐诗》，中华书局1960年版，第344页。

成吟。”①诗人同情曾经救助伍子胥的浣纱女命运，因此在途经濑水即伍子胥乞食之所时，写诗歌咏浣纱女，认为她像汉代有恩于韩信的洗衣老妪一样，但是不同的是，韩信功成名就后曾经报恩洗衣老妪，而濑水浣纱女却死后无名，即便对于赠予的千金也徒劳无用。

## 第三节　话议鞭尸情节

### 一、唐代前的宽容认可

伍子胥故事在流传过程中，因受民间传说的影响，一些正史典籍没有记载的内容也进入诗歌，如鞭尸的情节，唐代已有诗人对伍子胥鞭君持有各自的看法。胡曾《柏举》：“谁料伍员入郢后，大开陵寝挞平王。”对伍员入郢鞭尸复仇表示惊奇。李白有一组诗涉及对伍子胥鞭尸的评价，如《溧阳濑水贞义女碑铭》：“伍君开张阖闾，倾荡鄢郢，吴师鞭尸于楚国，申胥泣血于秦庭，我亡尔存，亦各壮志。”“入郢鞭尸，还吴雪耻。”②李白认为伍子胥覆楚鞭尸，申包胥求秦复楚，二者分别是纯孝纯忠的典范，都无可厚非。《游溧阳北湖亭望瓦屋山怀古赠同旅》：“运开展宿愤，入楚鞭平王。”③太白先生在赠送孟浩然的诗歌中，客观地叙述了伍子胥攻入郢都鞭尸之事，认为伍子胥向楚王复仇是为了报复父兄含冤被杀的宿怨和愤怒。《酬裴侍御对雨感时见赠》：“楚邦有壮士，鄢郢翻扫荡。申包哭秦庭，泣血将安仰。鞭尸辱已及，堂上罗宿莽。”④诗中称颂伍子胥为“壮士”。诗人还对“鞭尸”典故进行挪用，借历史典故实指安禄山辱没唐王朝宗室的现实。由李白以上组诗可见，他是赞赏伍子胥孝义的，对于伍子胥鞭君之事，也不加非议。另外，元稹《楚歌十

① 《西村集》，《景印文渊阁四库全书》第1259册，第832页。
② 《李太白诗集注》，《景印文渊阁四库全书》第1067册，第517页。
③ 《全唐诗》，中华书局1960年版，第344页。
④ 《全唐诗》，中华书局1960年版，卷170，第1816页。

首》(其三)曰："岂料奔吴士，鞭尸郢市门。"借楚平王拒纳忠谏诛杀贤臣，死后遭报复，暗喻并表达自己正直遭贬的愤慨。从总体上看，唐代诗人对伍子胥鞭尸复仇未作批评。

## 二、宋元明清：臧否不一

历史发展到宋代之后，人们对伍子胥鞭尸的看法发生较大改变，金代李俊民《堕泪碑》："愤深藉馆年年祭，痛切夷陵岁岁祠。不见征南遗爱地，至今泪堕岘山碑。"①堕泪碑在南岘山上，诗中有注曰：伍员破楚，鞭尸藉馆。郢中立庙，今自湖北至淮西故楚之地，处处有祠。历史上，伍子胥鞭平王之尸确实使楚人痛彻心扉，深感羞耻。诗人还借用历史上白起伐楚烧先王墓和夷陵宜城臭陂(即"白起堰灌城中死者流东陂臭闻远近，号曰臭陂"②)的典故，批判伍子胥鞭尸藉馆具有同样的负面影响。

明清时期，争议最大的莫过于伍子胥鞭尸覆楚的行为。此时，对于伍子胥鞭尸复仇的方式，诗人众说纷纭，各异其趣，可谓仁者见仁，智者见智。概括起来有两种观点，其一是肯定，其二是批评否定。

在封建社会，臣向君复仇，甚而鞭墓或鞭尸毕竟名不正言不顺，诗人试图从正统的角度为伍子胥的复仇行为寻找名正言顺的依据，消解其复仇行为所带的不合礼教色彩。他们从孝的角度充分肯定"鞭尸"这一有争议的行为。如袁中道曰："伍员出韶关，吹箫向吴地。隐忍图报仇，颇有丈夫气。"③明代王宾《子胥庙》曰："苦苦鞭平为父仇，常常愁越与君谋。"④明代鲍子寿《伍子胥庙》曰："鞭尸生快怨，抉眼死遗忠。"⑤可见，袁中道、王宾、鲍子寿等对伍子胥鞭尸复仇持肯定态度，

① 《庄靖集》，《景印文渊阁四库全书》第1190册，第605页。
② 《庄靖集》，《景印文渊阁四库全书》第1190册，第605页。
③ 《珂雪斋集》，《四库全书禁毁书丛刊》第181册，第170页。
④ 《吴都文粹续集》，《景印文渊阁四库全书》第1385册，第316页。
⑤ 《新安文献志》，《景印文渊阁四库全书》第1375册，第701页。

对伍子胥忠孝的赞誉之意是明确的。

徐渭对伍子胥鞭尸完全持肯定态度，其《伍公祠》曰："吴山东畔伍公祠，野史评多无定时。举族何时同刈草，后人却苦论鞭尸。退耕始觉投吴早，雪恨终嫌入郢迟。事到此公真不幸，属镂依旧语夫差。"①徐渭认为伍奢父子无罪却遭灭族之灾，而后人却因鞭尸意见分歧而争执不休，他显然在为伍子胥鞭尸所遭的非议鸣不平，同情伍子胥忠于吴国却被夫差杀害的不幸遭遇。周即墨《伍员》曰："三世忠贞遭赤族，贯弓夜向江头哭。乞食行逢市吏知，入朝语警公子因。匹夫有恨未能伸，念身不复念君臣。"②诗人同情伍子胥家族三代忠贞却遭灭门之灾的不幸，认为人臣如果陷于忠孝不能两全的矛盾时，为了孝亲就顾虑不了君臣之义。

清代孙原湘《伍子胥》曰："复仇已快鞭尸愿，穷士仍宜乞食行。三谏赤心沉水底，千秋碧血奋潮声。还愁地下先王怒，误把青宫事问卿。"③诗人充分肯定伍子胥乞食苟活、忍辱负重为报父仇的悲壮精神以及对吴王的赤胆忠心，认为伍子胥鞭尸是为了实现报父兄之仇的夙愿。

当然，还有诗人极力批评伍子胥"鞭尸藉馆"的复仇方式。明代魏学洢《伍员》曰：

> 楚臣报楚怨，楚人心胆寒。但当收谗夫，菹醢流余脔。断棺笞故主，倒行剧无端。长蛇栖郢宫，举国发冲冠。秦庭七日哭，安得不悲酸。④

魏学洢对伍子胥鞭尸处宫的批评是显然的，认为伍子胥鞭尸藉馆是倒行逆施，伍子胥身为楚国之臣却对楚王复仇，丧失君臣之义，并让整

① 《海塘录》，《景印文渊阁四库全书》第583册，第545页。
② 《续耆旧》，《景印文渊阁四库全书》第1683册，第18页。
③ 《天真阁集》，《续修四库全书》第1487册，第529页。
④ 《茅檐集》，《景印文渊阁四库全书》第1297册，第541页。

个楚国人为之愤怒。伍奢之死是奸臣费无忌所为，伍子胥可向费无忌复仇。明代王越的观点与魏学洢基本相同，其《鞭尸滩》云："平王之尸若可鞭，子胥之目亦可抉。父兄之仇固常复，君臣之义安可缺。滩头遗恨几时休，滩水不流遗恨歇。"①王越认为伍子胥可以报父兄之仇，但是不能有失君臣之义。所以千百年来，鞭尸滩也流不尽遗恨。鲁之裕《鞭尸滩》曰："君诚不道固堪仇，雪恨倾城已足酬。必欲鞭尸何太毒，伦常到此令人忧。"②诗人认为虽然楚王无道，伍子胥可向其复仇，但楚国已覆灭，足以让伍子胥解恨，再继之以鞭尸藉馆进行复仇，罪孽深重，有悖伦理纲常。

明代郭祖翼《伍子胥庙》曰："夷墓鞭尸国竟墟，秦庭七日独欷歔。如何后世忘恩怨，不祀包胥祀子胥。"③显然，诗人对于后人祭祀伍子胥而不奉祀申包胥很是不满，因为伍子胥导致楚国覆灭，而申包胥为求得秦国出兵救楚在秦国哭泣七日。雷士俊《怀古》："穷嫠知恤纬，尚忧宗周陨。如何伍子胥，覆楚遗世哂。父仇虽已复，蛇豕践封畛。包胥奇男子，孤忠心可悯。徒步求秦救，挥涕哭殿楯。白日为之昏，泾渭风凄紧。遂使楚社稷，径逮狂秦尽。浩气横九州，名与天壤准。"④雷士俊借用《左传》"寡妇尚且担忧国事"这样的案例，形成鲜明的对比，意在批判伍子胥覆楚班宫让世人耻笑。他极力赞颂申包胥"徒步求秦救"的壮举和横亘于九州的浩然正气，谓其英名与天地并存。关于孰是孰非，诗人雷士俊做出了一目了然的评判，他对申包胥的赞颂即是对伍子胥的批判。伍子胥覆楚，申包胥复楚。伍子胥与申包胥作为一对生死故交，面对家仇国恨时各自不同的人生遭际和忠孝价值理念，一个执意于血亲复仇，一个誓死与国共存亡，看似相互对立的价值选择和人格理念又辩证统一于儒家忠孝精髓的一体两翼。自春秋以后，许多后人对"二胥"进

① 《黎阳王太傅诗文集》，《景印文渊阁四库全书》第36册，第498页。

② 《式馨堂诗文集》，《四库全书禁毁书丛刊》第150册，第694页。

③ 《沅湘耆旧集》，《续修四库全书》第1692册，第651页。

④ 《艾陵诗文钞》，《四库全书禁毁书丛刊》第90册，第198页。

行过评论。

明末清初的文学家吴伟业曾写过一首题为《伍员》的诗："投金濑畔敢安居，覆楚奔吴数上书。手把属镂思往事，九原归去遇包胥。"讥讽伍子胥被吴王夫差赐剑自杀时，假设伍子胥回想往事，会担心死后见到生死故友申包胥，伍子胥一定会羞愧万分的。吴伟业实际上是责备伍子胥不应为报父仇而几乎让楚国覆灭。

此外，也有部分诗人避开鞭尸的争论，否认历史上存在鞭尸之事。清代梁章钜《胥门》曰："挞墓事或有，鞭尸理必无。但快血流踝，焉知骨已枯。良史尚如此，悠悠况道涂。卓哉孟氏训，且毋尽信书。"①诗人认为吴国攻入郢都时距楚平王之死已有十一年，可推测鞭平王之尸、血流至踝是虚妄的。所以，梁章钜告诫世人，尽信书不如无书。

另外，还有诗人不仅批评伍子胥破楚，而且批评伍子胥举荐专诸刺客扰乱吴国内政，如清代诗人沈德潜的《伍子胥》曰："胸怀怨毒走强邻，破楚兴吴志已伸。却使让邦成篡夺，进专诸者是谁人。"②强调温柔敦厚诗教之说的沈德潜批判伍子胥胸怀怨气，为报父兄之仇，借吴国力量向楚王复仇。另外，又进献刺客专诸给阖闾，助推其弑杀吴王僚。渔洋山人对伍子胥完全持否定态度，批评其覆楚乱吴，进献刺客专诸和要离乱吴国内政，其属镂赐死的结局是罪有应得。清代严可均亦在《读史记伍员传》中批评道："棠君谗死子胥亡，吹箫吴市干吴王。昭关未索橐中载，楚国边臣殊愦愦。以臣仇君芦中人，为我覆楚者我君。楚国未覆吴国乱，专诸进刃阖闾篡。恨不生断平王头，王僚与尔乃何仇。"③可见，严可均对伍子胥的批评鞭挞是显然而明确的，诗中显然在为王僚鸣不平了，认为吴王僚与伍子胥没有恩仇怨恨，伍子胥却进献刺客专诸刺杀王僚以助阖闾篡位。批评伍子胥不讲君臣之义，只要能为他向楚国复仇就把其奉为君王。诗人进而总结说：作为伍大夫的君王也很为难，赐

① 《退庵诗存》，《续修四库全书》第 1499 册，第 486 页。
② 《归愚诗钞余集》，《续修四库全书》第 1424 册，第 523 页。
③ 《铁桥漫稿》，《续修四库全书》第 1488 册，第 641~642 页。

其属镂，却愤恨不平，成为怒潮。清代有一位女诗人邹蕊珠对伍子胥也颇有微词：“抉目东门望越师，甬东恨不重鞭尸。寄语大夫勿怨毒，恐教怨毒阖闾知。夫差谁立嚭谁荐，九泉那不更相见。”①诗人表面上劝告伍子胥不要胸怀怨毒，其实是含蓄地批评伍子胥立嗣不贤、举荐不明，刚愎自用的夫差是你伍子胥大夫所立，奸佞的伯嚭也是你所荐的。

也有文人采用词的形式吟咏伍子胥，但数量较少，可能是词被文人们认为是“小道”，体制上不适合怀古咏史的缘故。宋代史达祖《满江红　中秋夜湖》：“决想子胥今夜见嫦娥，沉冤雪。”②诗人在月夜游湖时借用了伍子胥含冤而死的典故。张内翰的《小重山》：“子胥英爽海涛横”③，赞誉了伍子胥生前英姿飒爽，死后变为海涛也是波涛汹涌。董颖《薄媚西子词》：“忠臣子胥预知道，为邦崇谏言光启，愿勿容其至，周亡褒姒，商倾妲己，吴王却嫌胥逆耳。”④赞扬忠臣伍子胥有超强的预见性，他忠言进谏吴王夫差，不要在有利的战争形势下接受越王表面上的服从和美女珍宝的诱惑，夫差却嫌伍子胥忠言逆耳，导致吴国灭亡。不过，从诗中可见董颖持有美女祸水论，他把周、商王朝的灭亡分别归因于褒姒和妲己，有一定的片面性。辛弃疾《摸鱼儿·观潮上叶丞相》曰：“白马素车东去，堪恨处，人道是子胥冤愤，终千古，功名自误，谩教得陶朱五湖，西子一舸弄烟雨。”⑤辛弃疾虽然同情伍子胥的遭遇，认为江涛上“白马素车”是伍子胥冤愤的形象写照，但稼轩先生认为伍子胥是功名自误，建议他及时隐退。

---

① 《名媛诗话》，《续修四库全书》第1706册，第596页。

② 史达祖撰：《梅溪词》，毛晋编：《宋六十名家词》第89卷，钱塘汪氏校刊本，第9册。

③ 毛滂撰：《东堂词》，毛晋编：《宋六十名家词》第89卷，钱塘汪氏校刊本，第5册。

④ 曾慥编：《乐府雅词》，毛晋编：《宋六十名家词》第89卷，钱塘汪氏校刊本，第12册。

⑤ 辛弃疾撰：《稼轩词》，毛晋编：《宋六十名家词》第89卷，钱塘汪氏校刊本，第6册。

综上，可见咏史诗①占据了诗歌文体吟咏伍子胥其人其事的主体。有的是读史书有感而咏，有的是经过古迹起兴而吟。总结历史经验，借古鉴今，本是儒家“兴观群怨”诗教功能在咏史诗这一诗歌体类上的自然延展，形式上有五古、七古、七绝、七律、乐府体、四言古体、六言古体、五言近体、七言近体，还有楚辞体等。袁枚在《随园诗话》中说：“咏史有三体：一借古人往事抒自己之怀抱，左太冲之咏史是也；一为隐括其事而以咏叹出之，张景阳之咏二疏，卢子谅之咏兰生是也。一取对仗之巧，义山之牵牛对驻马，韦庄之无忌对莫愁是也。”②

## 第四节　采撷典型意象

诗歌采用韵体语言和抒情的表现手法，意蕴丰富，语言凝练。高度精练的特点使得诗歌常常运用各种意象来阐述思想和表达情感。对于意象的含义，王弼《周易略例》解释曰：“夫象者，出意也……象生于意，故可寻象以尽意。”刘勰把意象用于文学创作，《文心雕龙·神思》：“独照之匠，窥意象而运斤。”在中国古代诗学中，意象思维是一种重要思维方式，用于沟通诗人创作和读者鉴赏。在有关伍子胥的诗歌中，诗人就用大量生动的意象抒发情怀和塑造伍子胥形象。分析发现，使用较多的意象有“（怒）潮”“（悬）目”“属镂”“白马素车”等。当然这些意象并非完全独立的，在一首诗中，可能有一个或多个意象，鉴于此，下文列举时诗歌有重复现象在所难免。

---

① 汉代班固《咏史诗》的出现则标志着咏史诗的真正形成，并奠定了后世史传体咏史诗的模式。咏史诗在魏晋南北朝时期有一定发展。左思《咏史八首》“名为咏史，实为咏怀”标志着新体咏史诗的形成。

② 袁枚著，王英志批注：《随园诗话》卷十四，凤凰出版社 2009 年版，第 255 页。

## 一、“潮”、“涛”意象

对这些意象分析发现，使用最多的是“潮”、“涛”意象，有的在其前加了修饰语，如“(怒)潮”“(怒)涛”，见表2-1。

表2-1　**“潮”意象**

| 作　者 | 诗　题 | 诗　句 | 收录诗集 |
|---|---|---|---|
| 孟浩然 | 与杭州薛司户登樟亭楼作 | 山藏伯禹穴，城压伍胥涛 | 《全唐诗》 |
| 白居易 | 杭州春望 | 涛声夜入伍员庙，柳色春藏苏小家 | 《全唐诗》 |
| 元　稹 | 相忆泪 | 会向伍员潮上见，气充顽石报心仇 | 《全唐诗》 |
| 徐　凝 | 题伍员庙 | 浙波只有灵涛在，拜奠青山人不休 | 《全唐诗》 |
| 张　祜 | 哭汴州陆大夫 | 愤积伍员涛 | 《全唐诗》 |
| 李　端 | 幽居作 | 回潮迎伍相 | 《全唐诗》 |
| 陆龟蒙 | 奉酬袭美先辈吴中苦雨一百韵 | 又疑伍胥涛，蛟蜃相蹙捞 | 《全唐诗》 |
| 李　中 | 姑苏怀古 | 花疑西子脸，涛想伍胥神 | 《全唐诗》 |
| 邵经邦 | 竹枝词 | 至今怒气作寒潮 | 《弘艺录》 |
| 王　偁 | 题吴山伍子胥庙 | 九折排怒涛，壮哉天地根 | 《虚舟集》 |
| 高　启 | 吊伍子胥 | 魂压怒涛翻白浪 | 《高太史大全集》 |
| 王士祯 | 吴中怀古本意 | 怒潮白马哭英雄，穿胁犹持文种 | 《十五家词》 |
| 顾景星 | 哀伍员 | 胥江扬涛哀主冤，属镂之剑何足论 | 《白茅堂集》 |
| 靳荣藩 | 胥王庙 | 云罂埋忠愤，风涛诉苦辛 | 《吴诗集览》 |

续表

| 作　者 | 诗　题 | 诗　句 | 收录诗集 |
|---|---|---|---|
| 张　澍 | 题吕小圃观察看潮图 | 伍员一怒江为奔，潮落天外天亦轩 | 《养素堂诗集》 |
| 袁　枚 | 伍员墓 | 潮水坌前多怒声 | 《小仓山房集》 |

诗人歌咏伍子胥时常常采用“潮”意象。伍子胥被夫差赐死，又将尸体投入钱塘江中，遂使得伍子胥与钱塘江之间，在地缘上有了联系。自古以来，浙江钱塘一带，涛山浪屋，汹涌澎湃，先民还无法解释这个自然现象。随着伍子胥故事在民间的流传，大约在汉代，钱塘江涛被附会在伍子胥名下，人们想象忠烈而死的伍子胥是“恚恨”的，故江涛是伍子胥愤怒不平所致，因此钱塘江涛与伍子胥就产生了不解之缘。加之《吴越春秋》等杂史小说的推波助澜，伍子胥已升华为钱塘江的江神。因此，历代诗人在歌咏时，就很自然地将伍子胥与钱塘江涛融为一体，出现“胥涛”“灵涛”“怒潮”等意象。

由此可见，作为自然景象的钱塘江涛，因为有了历史人物伍子胥的参与，才使得历代诗人在吟咏时渗透了深切的情感。伍子胥忠贞却被夫差赐死，裹鸱夷革投江，人们同情他的遭遇，民间传说其乘素车白马立于潮头，遂为主宰江潮的涛神。而钱塘江涛又象征着伍大夫的英灵不死，自此，潮就成了伍子胥的化身与代名词，含恨而死、遗恨千古的英雄就扬灵江涛，万古与潮俱壮。

## 二、“属镂”、“鸱夷”意象

另外，诗歌中还频频出现“属镂”(剑名)、鸱夷”意象，用来象征伍子胥忠谏被赐死的不幸遭遇，见表2-2。

表 2-2　　　　“属镂”、“鸱夷”意象

| 作　者 | 诗　题 | 诗　句 | 收录诗集 |
|---|---|---|---|
| 王　偁 | 题吴山伍子胥庙 | 吁嗟属镂锋，冥尔国士存 | 《虚舟集》 |
| 张　宁 | 伍子胥渡图 | 零落鸱夷百战身 | 《方洲集》 |
| 邵经邦 | 监利县怀子胥 | 玉鱼长汨没，鸱革向趑趄 | 《弘艺录》 |
| 倪宗正 | 子胥门 | 唤醒镯镂还自鸣 | 《倪小野先生全集》 |
| 吴兰庭 | 伍子胥祠 | 歌舞方酣霸气衰，蛾眉有力辨鸱夷 | 《胥石诗存》 |
| 全祖望 | 伍员 | 呜呼镯镂实可悲，怒潮汹汹亦何为 | 《续耆旧》 |
| 吴伟业 | 伍员 | 手把属镂思往事 | 《梅村家藏稿》 |
| 袁　枚 | 伍员墓 | 鸱夷浮处有佳城 | 《小仓山房集》 |
| 陈文述 | 小海唱 | 赐属镂兮盛鸱夷 | 《颐道堂诗选》 |
| 朱　筠 | 伍员里 | 空悲镯镂游魂魄 | 《笥河诗集》 |
| 张凤翼 | 重建吴相伍公庙碑 | 属镂至兮齿剑铓，敛鸱夷兮浮三江 | 《处实堂集》 |
| 沈九如 | 伍公庙 | 属镂拜赐念先王 | 《海塘录》 |
| 李　觏 | 闻喜鹊 | 忠言逆耳世罕用，属镂曾剖伍员喉 | 《全宋词》 |
| 陈人杰 | 沁园春浙江观澜 | 属镂忠恨腾腾，要句践城台都荡平 | 《全宋词》 |
| 岳　河 | 祝英台近 | 落日潮头，慢写属镂愤 | 《绝妙好词笺》 |
| 施　坤 | 咏古 | 君王赐属镂，臣罪当诛灭。鸦夷江水寒，天地泣壮烈 | 《晚晴簃诗汇》 |
| 吴　景 | 望江亭怀古 | 属镂一夜英雄老，曾见鸦夷恨未销 | 《元诗选》 |

## 三、“眼”、“目”意象

此外，诗歌中还经常出现“(悬)目”“(抉)眼”等形体意象，该意象

源于伍子胥“抉目观兵”的预言，用来象征伍子胥对吴王的赤胆忠心和夙愿未了的千古遗恨，见表2-3。

表2-3　“眼”、“目”意象

| 作　者 | 诗　题 | 诗　句 | 收录诗集 |
|---|---|---|---|
| 李　绅 | 姑苏台杂句 | 伍胥抉目看吴灭，范蠡全身霸西越 | 李绅集校注 |
| 邵经邦 | 竹枝词 | 吴门白昼双眼碧，愽眼越兵兵已及 | 《弘艺录》 |
| 张　宁 | 伍子胥渡江图 | 君看楚郢鞭尸客，应是吴门抉目人 | 《方洲集》 |
| 邹克昌 | 伍员庙 | 可怜国士空县目，为有佳人正捧心 | 《湖北诗征传略》 |
| 鲍子寿 | 伍子胥庙 | 鞭尸生快怨，抉眼死遗忠 | 《新安文献志》 |
| 高启 | 吊伍子胥 | 鞭尸楚墓生前孝，抉目吴门死后忠 | 《高太史大全集》 |
| 倪宗正 | 子胥门 | 落落悬门双眼睛，注看东越夜来兵 | 《倪小野先生全集》 |
| 张　瀚 | 伍子胥 | 属镂不死将军恨，的的双睛看灭吴 | 《奚囊蠹余》 |
| 周南老 | 子胥庙 | 员也请溘先，悬目东门楼 | 《吴都文粹续集》 |
| 袁　枚 | 伍员墓 | 祗今庙貌丹青在，两眼犹如盼越兵 | 《小仓山房集》 |
| 罗惇衍 | 伍员 | 东门悬目愤难平，犹为君王拒敌兵 | 《集义轩咏史诗钞》 |
| 屈大均 | 伍子胥 | 县目吴门观寇入 | 《翁山诗外》 |
| 张　澍 | 伍员 | 目在吴门夜亦明 | 《养素堂诗集》 |
| 桑调元 | 吊子胥 | 观寇目悬门 | 《弢甫集》 |
| 吴保初 | 自题批鳞草后其三 | 正则怀沙终为楚，子胥抉目欲存吴 | 《晚晴簃诗汇》 |
| 黄景仁 | 观潮行 | 只合回头撼越山，那因抉目仇吴地 | 《黄景仁诗选》 |

## 四、“素车白马”意象

另外，还有“素车白马”意象，民间传说，伍子胥死后乘素车白马立于潮头，随涛出没，见表2-4。

表2-4　　　　**“素车白马”意象**

| 作　者 | 诗　题 | 诗　句 | 收录诗集 |
|---|---|---|---|
| 徐一夔 | 祭伍子胥文 | 白马素车，尚见仿佛 | 《始丰稿》 |
| 傅　敏 | 重修英卫公庙碑记 | 一日再来，素车白马 | 《海塘录》 |
| 石卓槐 | 伍子胥 | 只今骑白马，犹自说胥门 | 《留剑山庄初稿》 |
| 田艺蘅 | 浙江词 | 素车白马送潮来 | 《香宇集》 |
| 屠　隆 | 伍员 | 死乘白马泣江魂 | 《白榆集》 |
| 王士祯 | 吴中怀古本意 | 怒潮白马哭英雄 | 《十五家词》 |
| 陈文述 | 小海唱 | 骖白马兮归来 | 《颐道堂诗选》 |
| 邹克昌 | 伍员庙 | 白马不来潮故怒 | 《湖北诗征传略》 |
| 张翊儁 | 伍员庙 | 蛾眉谣诼生前恨，白马英灵死后潮 | 《两浙輶轩续录》 |
| 刘嗣绾 | 伍员箫 | 白马来时鼓声怒 | 《尚絅堂集》 |
| 张　澍 | 题吕小圃观察看潮图 | 素车白马来突兀 | 《养素堂诗集》 |
| 蒋　薰 | 遥和张方伯登吴山谒子胥庙 | 抉眼东门生已矣，乘潮白马怒如斯 | 《留素堂诗删》 |

此外，“麋鹿”的典故也频频出现在诗中。仅举几例如下：唐代罗隐《送王使君赴苏台》：“两地干戈连越绝，数年麋鹿卧姑苏。”杜牧《吴宫词二首》：“宫烬花声少，台荒麋迹多。”白居易《杂兴三首》：“伍员谏已死，浮尸去不回。姑苏台下草，麋鹿暗生麑。”刘商《姑苏怀古送秀才下第归江南》：“可怜荒堞晚冥濛，麋鹿呦呦达遗址。”刘长卿《登吴古

城歌》："望平原兮寄远目，叹姑苏兮聚麋鹿。"伍子胥屡次进谏夫差及时灭掉越王勾践，夫差不听，伍子胥发出了"吾今见麋鹿游于姑苏台矣"的哀叹。麋鹿喜欢生活在荒芜之地，伍员正是借这种充满灵性的动物来劝谏夫差的。诗人使用"麋鹿"这一意象，一方面是认可伍员高瞻远瞩的政治眼光；另一方面是表达沧海桑田的兴亡之感，诗人用"麋鹿游姑苏之台"隐喻昔日热闹非凡的姑苏台今天却是麋鹿繁生之地。纵观历史，荒芜的又岂止一个姑苏台。

另外还有"箫"意象，与伍子胥有关的地名诸如"姑苏台""胥门""吴山""韶关""濑水"等，都与英雄一起扬名千古，成为历代诗人咏叹伍子胥的诗歌作品中常用的意象。

"子胥齿属镂，鼓气扬鸿川。少女志填海，愚公力移山。"①就像有些学者所说："伍子胥身上那种刚烈不屈的意志，堪与精卫、愚公并论，是我们民族精神的重要渊源之一，是民族史诗性的文化意象。"②

① 钱谦益：《列朝诗集》丁集卷十五，中华书局 2007 年版，第 5852 页。

② 虞海娜：《试论伍子胥文化意象》，华东师范大学 2012 年硕士学位论文，第 18 页。

# 第三章　散文空间里的二元评说

古代士大夫不仅采用诗歌吟咏伍子胥，而且在散文中表达对伍子胥其人其事的看法。鉴于散文比诗歌篇幅较长、没有韵律限制的特点，论述更为详尽和具体。忠孝作为伍子胥崇拜的文化特质，是几千年来人们旌扬伍子胥的核心所在。论及伍子胥的忠与孝，就不可避免面对这样的问题：能不能向楚王复仇，进专诸刺王僚算不算不忠于吴国。综观春秋以降至宋元明清时期的散文，文人对伍子胥的态度和评价各异其趣，主要有褒贬两种观点，其一是对伍子胥忠孝节义的极力赞颂；其二是对其不忠不孝的奋力批判，批评他向楚平王复仇，甚而鞭尸藉馆，违背君臣之义；进献专诸刺杀吴王僚，扰乱吴国内政，对吴王亦不忠。千百年来，文人学者围绕伍子胥复仇是否合乎礼教的争论便不绝如缕。

## 第一节　至忠至孝之褒扬

春秋到唐代，有关伍子胥的散文作品不多，阮元瑜在《为曹公作书与孙权》中云："智者之虑，虑于未形，达者所规，规于未兆，是故子胥知姑苏之有麋鹿。"①在阮元瑜眼里，伍子胥无疑是智者的形象。李萧远《运命论》云："名与身孰亲也……盖知伍子胥之镯镂于吴而不戒。"②《楚辞章句》卷一《离骚经章句第一》载："人臣之义，以忠正为高，以伏

① 《为曹公作书与孙权》，《景印文渊阁四库全书》第1331册，第127～128页。

② 《运命论》，《景印文渊阁四库全书》第1331册，第383～384页。

节为贤，故有危言以存国，杀身以成仁，是以伍子胥不恨于浮江，比干不悔于剖心，然后德立而行成，荣显而名称。”王逸高度赞扬了伍子胥作为人臣杀身成仁和危言存国的忠贞品格，如果社稷将倾、国家危亡而不能扶一把，为了害怕给自己带来灾害，只会顺应君王说些好听的话，即便活到一百岁也是为士人所耻辱的。

西汉初年的贾谊在《新书·耳痹》中对伍子胥其人其事有过论述和评价：

> 楚平王有臣曰伍子胥，王杀其父而无罪奔，走而之吴王曰：“父死而不死，则非父之子也；死而非补，则过计也。与吾死而不明，不若举天地以成名。”于是纡身而乃适阖闾，治味以求亲阖闾，甚而安之，说其谋，果其举，反其德，用而任吴国之政也。民保命而不失，岁时熟而不凶，五官公而不私，上下调而无尤，天下服而御，四境静而无虞。然后忿心发怒，出凶言，阴必死。提邦以伐楚，五战而五胜，伏尸数十万，城郢之门执高兵，伤五脏之实，毁十龙之钟，挞平王之墓，昭王失国而奔，妻生虏而入吴。故楚平王怀阴贼，杀无罪，殃既至此矣。子胥发郁冒忿，辅阖闾而行大虐。……使大夫种行成于吴王，吴王将许，子胥曰：“不可。越国之俗，勤劳而不愠，好乱胜而无礼，溪徼而轻绝，俗好诅而倍盟……请无与成。”大夫种拊心嗥啼，沫泣而言……吴王不忍，缩师与成，还谋而伐齐。子胥进争不听，忠言不用。越既得成，称善累德以求民心，于是上帝降祸，绝吴命乎直江，君臣乖而不调，置社稷而分裂，容台握而掩败，则犬群嗥而入渊，彘衔菹而适奥，燕雀剖而蚖蛇生，食芦菹而蛭日，浴清水而遇蚕，伍子胥见事之不可为也，何笼而自投水，目抉而挂东门，身鸱夷而浮江。怀贼行虐，深报而殃不辜，祸至乎身矣。①

① 《新书》，《景印文渊阁四库全书》第695册，第434页。

可见，贾谊对伍子胥为父兄报仇基本持认可态度，认为“楚平王怀阴贼，杀无罪”罪有应得。不过，对于伍子胥“鞭墓藉馆”的方式认为是“行大虐”。在贾谊笔下，伍子胥最后忠言不被采用，自投水而死。贾谊认为伍子胥惨遭悲剧是报仇方式过分并殃及无辜所致。贾谊论述中借用伍子胥事例是为了证明自己的观点：“目见正而口言枉，则害，阳言吉，错之民而凶，则败。倍道则死，障光则晦，无神而逆人，则天必败其事。”①值得注意的是，贾谊的论述中夹杂了谶纬之说，这是汉代阴阳五行、天人感应学说盛行的时代特征使然。

汉代时，对“士”极为推崇，对“士”的作用极力肯定，伍子胥作为前代贤臣，也是“士”的典型之一，自然受到人们的青睐。《春秋繁露》卷四《王道第六》曰：“楚昭王行无度，杀伍子胥父兄。蔡昭公朝之，因请其裘，昭公不与，吴王非之，举兵加楚，大败之。君舍乎君室，大夫舍大夫室，妻楚王之母，贪暴之所致也。”②可见，汉代董仲舒认为伍子胥报复楚国及楚王是楚昭公贪婪残暴导致的。卷五《灭国上第七》曰：“故伍子胥一夫之士也，去楚干阖庐，遂得意于楚，所托者诚是何?”③董仲舒认为伍子胥作为“一夫之士”，却能依托个人的力量成功向楚国和楚王报仇雪恨。董仲舒借用伍子胥故事是为了证明“士”的重要作用。重“士”的精神在《韩诗外传》《说苑》《盐铁论》中均有体现。《韩诗外传》卷十论述了“争臣”的重要作用：“吴王夫差为无道，至驱一市之民以葬阖闾，然所以不亡者，有伍子胥之故也。”④作者重在强调贤臣举足轻重的作用。《说苑・尊贤》《盐铁论・崇礼》和《新序・杂事第二》都提及伍子胥之事，大多为了证明“贤者所在国重，所去国轻”⑤及“士存则君

① 《新书》，《景印文渊阁四库全书》第695册，第434页。

② 《春秋繁露》，《景印文渊阁四库全书》第181册，第723页。

③ 《春秋繁露》，《景印文渊阁四库全书》第181册，第725页。

④ 韩婴撰，许维遹校释：《韩诗外传集释》，中华书局1980年版，第353页。

⑤ 桓宽撰，王利器校注：《盐铁论校注》，天津古籍出版社1983年版，第446页。

威，士亡则君卑”①的观点。

唐代有关伍子胥的文章比较少，就愚目所及，有李善夷的《重修伍员庙议》和卢元辅的《胥山祠铭并序》。由李善夷的庙记可知，唐代在澧江（即湖南澧县）就是否为伍员建庙，已出现赞成和反对两种观点，反对为伍子胥建庙的原因是：“员，楚之仇也，鞭我死君，其过也甚。”②在当地人眼里，伍员虽然尽了孝道但不忠于楚君。李善夷高度赞扬伍子胥，认为伍子胥忠孝俱全：“伍员非不忠于君者……当平王之时，君上乃周景王也。吴楚之君乃五等封，不得为侯伯，而为子男……子胥，周之臣也。君在上，不欺天者，忠也；复父仇者，孝也。忠孝既备，安得无馨香之祀乎？”③李善夷从封建正统的角度，否定楚平王是伍子胥的君主，这就自然洗刷了伍子胥不忠的罪名。澧江，在今湖南省，是故楚之地，伍子胥曾向楚国国君复仇，当地人有批评伍子胥不忠的看法是正常的。杭州刺史卢元辅对伍子胥给予热情洋溢的赞美：“善父为孝……谏君为忠……前戈鞭墓，非倒行也，后戈走昭，非逆施也。”④作者认为伍子胥鞭尸复仇像武王讨伐纣王一样，是讨伐无道昏君：“稽首楚罪，皆中纣理”⑤，因此是正义的。由此可见，唐人的君臣思想比较开明，在唐诗和唐文中，均可看到唐代士大夫对伍子胥鞭尸复仇未作批评，相反地，却纷纷肯定其忠贞孝义。

白居易所编《白孔六帖》中《父母仇》记录了春秋至唐代如何报父母之仇的问题：

子夏问曰：居父母之仇，如之何？子曰：寝苫枕干不仕，弗与共天下。不可与并生。遇诸市朝不反兵而斗，常不释兵。礼曰：父

① 刘向撰，向宗鲁校证：《说苑校证》，中华书局1987年版，第184页。
② 《文苑英华》，《景印文渊阁四库全书》第1342册，第256页。
③ 《文苑英华》，《景印文渊阁四库全书》第1342册，第256页。
④ 《事文类聚》，《景印文渊阁四库全书》第925册，第248页。
⑤ 《事文类聚》，《景印文渊阁四库全书》第925册，第249页。

母之仇，不与共戴天。棠君尚谓其弟伍员曰：亲戚为戮，不可以莫之报也。楚杀其父兄，君讨臣，谁敢仇之。君命，天也，若死，天命将谁仇之。谓君杀其父不可报也。王孙弥庸见姑蔑之旗，曰：吾父之旗也，不可以见仇而不杀，乃汝伐仇死而无悔。伍子胥伐楚以报父仇。周礼调人掌万人之难，而和谐之。父母之仇避诸海外，君之仇视父。各亲其亲，子无忘孝，辱亲结怨，孝不忘亲，仁轻侮法。①

从该书的选编倾向可以推断白居易对伍子胥报父兄之仇是认可的，无论是孔子说的“不仕”“不与并生”“不反兵而斗”，还是《礼记》说的“不与共戴天”，都体现了书籍的选编者对血亲复仇实施者孝义的肯定。

与唐代相比，宋代之后有更多的文人对伍子胥其人其事发表各自的看法，苏轼热情地赞颂子胥为“人杰”，批评扬雄为“曲士”。因扬雄在《扬子法言》中说：“胥也，俾吴作乱，破楚入郢，鞭尸藉馆，皆不由德。”②苏东坡在《伍子胥论》③中一一批驳了扬雄的观点，认为伍子胥替父复仇合乎礼法。首先，批“三谏不去说”，东坡先生论道：“三谏而去，为人臣交浅者言也，如宫之奇泄冶乃可耳。至如子胥，吴之宗臣，与国存亡者也，去将安往哉?”其次，驳“鞭尸藉馆”说，曰：“父受诛，子复仇，礼也。生则斩首，死则鞭尸，发其至痛……至于藉馆，阖闾与群臣之罪，非子胥意也。”蔡京《南双庙记》赞颂了伍子胥忠孝的典范作用：“不顾小义，卒雪大耻，勇于纳谏，以至殒身……由前足以教人之为孝，由后足以教人之为忠。忠孝之迹昭著，前史殊尤卓绝。”④文天祥

① 《白孔六帖》，《景印文渊阁四库全书》第892册，第501页。《白孔六帖》是唐代白居易编，计30卷，宋知抚州孔传又编30卷为后六帖，取白孔二姓为名。这里引用的是白居易所编内容。

② 《扬子法言》，《景印文渊阁四库全书》第696册，第325页。

③ 《东坡全集》，《景印文渊阁四库全书》第687册，第151页。

④ 《吴都文粹》，《景印文渊阁四库全书》第1385册，第664页。

在《指南后录三·高沙道中》曰："道逢死人骨，委积万有千，魂魄侵蝇蚋，膏脂饱乌鸢，使我先朝露，其事亦复然。丈夫竟如此，吁嗟彼苍天，古人择所趍，肯蹈不测渊，奈何以遗体，粪土同弃捐。初学苏子卿，终慕鲁仲连，求仁而得仁，宁怨沟壑填，自古皆有死，死不愧前贤，秦客载张禄，吴人纳伍员。季布疑在鲁，樊期托于燕，国士急人病，倜傥何拘挛，伊人莫知我，此恨付重泉。"①文天祥以张禄、伍员自比，说选择不死是有待实现理想抱负，即使选择去死也要不愧前代的贤良。

宋代田锡《上中书相公书》曰："以为凡欲一谒公卿之门，一达生平之志。胡不观往古所行之事，酌于今未兆之机焉，敢曲征异辞聊欲直叙往事，昔齐宣志在驰骋，而淳于之荐客非贤。阖庐志在仇雠，而伍员之所言未当。非言未当也，其言非阖庐之志也。"②《直论》曰："伍员抗言属镂是赐，上则不能改君之过，下则适足速身之祸。孔子曰：三谏不从则违之。戒固宠也。又曰：忠告而善道之不能者止，无自辱焉。戒力诤也。"③田锡认为伍子胥忠谏直言没有改变吴王夫差的过错，反而导致杀身之祸。作为臣子应该思考进言献策时如何自免于难，不然"陷于言厄于君怒、犯于时忌罹害谗谤"岂不可惜。按照孔子三谏之义，人臣屡次进谏君主不听，臣子就不必自讨其辱，不要"力诤"。这和《礼记·曲礼下》"为人臣之礼，不显谏，三谏而不听，则逃之"的旨意并无二致。显而易见，田锡所持的是明哲保身的人生态度。

真德秀在《大学衍义》中批评奸臣太宰嚭贪图越国贿赂，谗言误国，致使忠良之臣伍子胥死于夫差所赐属镂之剑。自此之后，太宰嚭代表了千古以来所有奸臣的伎俩手段，希望后世可以借鉴以避免重蹈覆辙。真德秀认为太宰嚭诋毁伍子胥之辞，即对吴王夫差"怨望"，是否有怨愤，多年后的世人当然无从考证，伍子胥即便对君王有怨愤，也是为忧国爱

---

① 《文山集》，《景印文渊阁四库全书》第1184册，第761页。

② 《咸平集》，《景印文渊阁四库全书》第1085册，第385页。

③ 《咸平集》，《景印文渊阁四库全书》第1085册，第427页。

君而发。像太宰嚭这样的奸臣应立即诛杀。

> 越使大夫种厚币遗吴太宰嚭以请和，求委国为臣。吴王将许之，伍子胥曰："越王为人能辛苦，今王不灭，后必悔之。"吴王不听，用太宰嚭计，与越平。……太宰嚭因谗曰：子胥为人刚暴少恩，前日王欲伐齐，子胥以为不可，王卒伐之而有大功。子胥耻其计谋不用，常鞅鞅怨望，愿王早图之。王曰：微子之言，吾亦疑之。乃使使赐子胥属镂之剑。……臣按：子胥，先王之谋臣，与国同体，故其谏夫差也。欲专意于越而后齐，金石之忠，蓍龟之智，未有加焉者也。宰嚭身为大臣，受越重赂而反谗之。子胥之死曾十年而越灭吴矣。观嚭谗胥之辞，一曰：怨望……后之谗人欲陷大臣之忠直者，率祖此术……若子胥之怨有无固未可知，纵使有之，亦必为忧国爱君而发。夫差以嚭之谗而遽诛之，宜其亡国也。①

赵与欢《英卫阁记》以慷慨激昂的语气称扬伍子胥说："其生也，家则为孝子，国则为忠臣。其殁也，上则为星辰，下则职江海。""其英风义气，与江涛俱壮。其全名巨节，与吴山俱高。"②元代郑元佑在《忠孝威惠显圣王庙碑》中，称颂伍子胥曰："孝莫大于雪父仇，忠莫大于以死谏。能养志者，孝矣，而忠未之闻。能尸谏者忠矣，而孝莫之显。故兼全忠孝者，自以为难至于。王而忠孝全节，光映千古。"③刘敞《复仇议》④认为如果父母以无罪被诛，子女可向国君复仇。

当忠孝不能两全时，该如何处理，明代程敏政的《伍员论》曰："父子之亲，君臣之义，一也。不幸而处其变，则如之何？曰：君臣之合，以人，父子之合，以天，以人者可绝，而以天者不可绝。""以无过之

① 《大学衍义》，《景印文渊阁四库全书》第704册，第713~714页。
② 《海塘录》，《景印文渊阁四库全书》第583册，第541页。
③ 《吴都文粹续集》，《景印文渊阁四库全书》第1385册，第313页。
④ 《公是集》，《景印文渊阁四库全书》第1095册，第757页。

父，而见杀于无道之君，则不敢以义掩亲……员之所鞭者，非平王，乃独夫也。”[①]程敏政认为，父子之血亲，君臣之道义，本质上是一样的。如果两者发生了冲突而不能一致时，那么只能有所抉择。君臣的遇合靠“人事”，而父子的亲情体现了人类天生的本性。因此君臣之义可以断绝，而父子之亲不能断绝。何况伍子胥父兄无罪，却惨遭无道之君杀戮，所以伍子胥所鞭者不是君王而是“独夫”，即残暴无道、众叛亲离的统治者。

明代文学家、史学家、“后七子”主要代表王世贞赞许伍子胥“勇烈徇志丈夫”，其《书伍子胥传后》曰：“平王淫太子之妇，而欲废太子，推忮以僇其太子之傅，而并及其兄……鞭尸非过也，情也，亦理也。”“光为之破楚以伸志，故竭力而事之。又为其子竭力而报越仇……知亡，智也；能死，忠也。若子胥者，于君臣父子之间，可无愧也。……或谓子胥之托子于鲍氏，何居？曰彼盖伤奢尚之线绝，而强延之，以孝托也。吾故曰子胥者，不悖孔子之道者也。”[②]王世贞对伍子胥完全持肯定态度，他认为在春秋战国时期，孔子、孟子等儒家代表都坚持“父母之仇，不共戴天”和“草芥其亲，寇仇之可也”观点，所以伍子胥“鞭尸”没有逾越儒家道德之底线，是合情亦合理的。同时，伍子胥能预见吴国如果不及时灭掉越国将自食恶果，说明伍子胥有高超的智慧和洞察力。伍子胥能为吴王而死，说明他是忠臣。至于寄子齐国鲍氏，是为了保留伍氏唯一的血脉，是孝行。因此，王世贞论定伍子胥是当之无愧的忠臣孝子。

明代思想家、文学家李贽对伍子胥其事也有独特的见解，他在《五死篇》中把伍子胥之死归入“五死”行列中的第四等。李贽认为伍子胥之死比不上程婴、公孙杵臼、纪信栾布、聂政、屈平等烈丈夫之死，因为伍子胥不明智，不了解君王，所以尽忠被谗而死。李贽认定“五死”纵

① 《篁墩文集》，《景印文渊阁四库全书》第 1252 册，第 189 页。

② 《读书后》，《景印文渊阁四库全书》第 1285 册，第 11 页。

有优劣，但是“均为善死”，他们都是死得其所，死有其名节，死得刚烈，是英雄汉子之所为，比庸夫俗子“卧病房榻之间，徘徊于妻孥之侧”的世俗之死要好得多。因为大丈夫“其生也有由，则其死也，必有所为”。李贽崇尚“五死”行列的英雄汉子行为，但是苦于没有“知己”者，没有“买主”，做不成“大买卖”，只能做些“小买卖”。“五死”篇以屈原、伍子胥等为例，反映了李卓吾先生“不畏死、唯求死得其所”的生死观。

> 人有五死，唯是程婴公孙杵臼之死，纪信栾布之死，聂政之死，屈平之死，乃为天下第一等好死。其次临阵而死，其次不屈而死。临阵而死，勇也，未免有不量敌之进同乎，季路不屈而死，义也，未免有制于人之恨，同乎睢阳。虽曰次之，其实亦皆烈丈夫之死也，非凡流也。又其次则为尽忠被谗而死，如楚之伍子胥、汉之曹错是矣，是为不知其君，其名曰不智。又其次则为功成名遂而死，如秦之商君、楚之吴起、越之大夫种是矣。①

李贽的《伍员申包胥》中把伍子胥和同时代的申包胥以及稍后两百多年的屈原进行了比较。李卓吾先生指出，伍子胥死后，楚国诞生了爱国诗人屈原。伍子胥和屈原虽然没有出生在同一时代，但他们都是楚国的英烈，只不过屈原是自己选择自沉于江，伍子胥是被人杀害。李贽认为，相比之下，屈原之死的价值名节优于伍子胥之死。李贽对于“二胥”的评价也是眼光独到的，他认为伍子胥绝孝，申包胥纯忠，二人都有惊天动地之举，不能妄加臧否评价。李卓吾先生真是眼光深邃，历代文人对伍子胥复楚之事一直分歧很大，仁者见仁，智者见智，妄加褒弹的又何止一人？

---

① 《李温陵集》，《四库全书存目丛书》第 126 册，齐鲁书社 1997 年版，第 339 页。

> 屈原决择于死生之际，唯死为可，故卒就死，以明己之生真不如死也。伍员知吴之必亡，而不知己之先亡，吴犹未亡，而身先亡于太宰嚭之手矣。其视屈大夫，实大迳庭，吾是以后之。虽然伍子胥之必覆楚也，申包胥之必复楚也，绝孝纯忠，惊天震地，此中若妄有褒弹，是诚灭却一只眼矣！岂可岂可！①

王鏊在《伍相庙碑》中以满腔的热情赞誉道："公盖间世之豪，英迈之气自信不惑……予以公忠孝大节，昭焯古今。"②张凤翼也赞同伍子胥鞭平王之墓，其《重建吴相伍公庙碑》云："以君不君，则臣不臣也……平王有禽兽行，则亦禽兽之而已，又何必律之以君臣之谊哉？"③焦竑的《溧阳伍相国庙碑》④称颂伍"鞭其化仇，怨毒尽雪"的壮举及"僵尸寓谏，抉目观兵"的赤胆忠心，可谓"夫孝绝千古，厚可敦俗，忠以激衰"。明代叶向高《范蠡论》一文，把伍员、范蠡二人进行比较，得出结论，伍员胜于范蠡，"宁独忠孝，其机权智略春秋无两矣"⑤。作者称赞伍员不仅忠孝俱全，而且机权智略无人可比，并非不懂全身之道。

值得注意的是，明代黄省《难子胥鞭平王论》⑥把有关伍子胥的有争议性的事件进行系统论述，完全肯定伍子胥鞭尸复仇的方式。此文采用论辩体，对反面观点一一批驳，细读之，发现黄氏批评的是同代人杨循吉《子胥鞭平王论》⑦中的观点，其一，臣能否仇君？杨氏认为楚平王虽无道，但臣无仇君之礼，"君以无罪杀其臣，则臣之命也；故臣之获罚

① 《李温陵集》，《四库全书存目丛书》第126册，齐鲁书社1997年版，第353页。

② 《震泽集》，《景印文渊阁四库全书》第1256册，第341页。

③ 《处实堂集》，《四库全书存目丛书》第137册，齐鲁书社1997年版，第460页。

④ 《焦氏澹园续集》，《四库禁毁书丛刊》第61册，第597页。

⑤ 《苍霞草》，《四库禁毁书丛刊》第124册，第32页。

⑥ 《五岳山人集》，《四库全书存目丛书》第94册，第766~769页。

⑦ 《灯窗末艺》，《四库全书存目丛书》第43册，第325~326页。

于君也，有受而无报”。黄氏批评道：“此戏言也，此乡而邻之之言，非属毛离里之言也。譬之饱人而谈饥子之事，必无中矣。”其二，能否鞭尸复仇？杨氏批评伍鞭尸，而黄氏则肯定其鞭尸行为：“既曰仇矣，则无施而不可，放之杀之，汤武且为之矣，而况鞭之乎？生则杀之，死则鞭之。”其三，伍子胥是否忠孝？杨氏论道：“于吴也，似忠而诈；于楚也，似孝而逆。”“子胥之于伍奢则孝矣，于夫差则忠矣，岂可谓非贤也哉？”黄氏驳斥曰：“既以其忠为诈矣，又贤其于夫差之忠；既以其孝为逆矣，又贤其于伍奢之孝。夫诈逆则非贤，贤则非诈非逆，既以为诈为逆，又以为贤，何论人之乖驳若此也。”杨黄两人恰如唱对台戏，两者相较，杨氏持绝对的君臣观，认为臣对君要无条件尽忠，绝不能向君王复仇，这是愚忠；黄氏观点较客观一些。

桐城派姚鼐在《伍子胥论》中充分肯定伍子胥之忠贞：“子胥之心，方以为受先君之恩，寄社稷之重，思尽其辅弼之任，虽播弃而不忍自疏。而不料夫差之终愎不悛，遂泯绝其身而莫之复省也。”①惜抱轩先生认为伍子胥受吴国先王阖闾知遇之恩，推测阖闾临终“以吴托之子胥”，伍子胥是吴国股肱老臣。所以即使夫差刚愎自用，伍子胥也不愿超然隐退，而是选择与吴国共存亡。惜抱轩先生做了个假设，假如伍子胥于骤谏不用之时，随即离开吴国保全其身，人们又能非议他什么呢？然而“子胥终不肯以彼易此者，盖彼徒以求其心之慊然而无憾者”。姚鼐还批驳了柳宗元等人对伍子胥的非议，柳氏认为伍子胥“非吴亲属，谏死为过”。姚鼐以吴国品德高尚的贤士王族季札为例，指出他并没有与吴国同存亡。伍子胥是为了报答先王之恩而寄希望于夫差的幡然悔悟。伍子胥哪里在乎使自己的行为大白于天下，免得遭众人非议呢？清代陈瑚《记周吴行人伍公庙碑》云：“弃小义雪大耻……竭心于所事，犯颜强谏……由前言之，则为孝子，由后言之，则为忠臣。岂非砥柱人伦而争

① 姚鼐撰：《惜抱轩诗文集》，《续修四库全书》第1453册，第3页。

光日月者哉？"①颂扬之意是显然的。张澍充分肯定伍员隐忍报仇的精神，其《伍员论》②曰："子胥之报仇雪耻，有合名教金石。"批评世儒"以子胥不与兄尚同殉父难为不孝，掘平王之墓鞭其尸为不忠，数谏夫差不听弗能远引为不智"皆"沟犹之见"。

## 第二节　不忠不孝之贬抑

对伍子胥复仇的非议，较早的是扬雄："胥也，俾吴作乱，破楚入郢，鞭尸藉馆，皆不由德。"③

唐代刘蜕曾作《谕江陵耆老书》："谕江陵父老订祠子胥，事甚当。略曰：太原王生尝檄江陵父老，以江陵故楚也，子胥亲逐其君臣，夷其坟墓，且楚人之所宜怨也。而江陵反为之庙，世享其仇，谓耆老而忘其君父也。吾以为不然。楚人之性慓悍，世能复其仇雠。其后自怀王入关，楚人怨秦。不忘干戈。何独江陵之人能忘子胥之破国家而事之乎。吾以其庙乃申包胥之庙也，申包胥有复楚之功，年代寖远，楚人以子胥常封诸申，故不谓包胥耳。耆老得书，速易其板曰：申包胥之庙，无使人神皆媿耳。"④刘蜕写作《谕江陵耆老书》，叙述了太原有个姓王的读书人，曾经质问江陵父老：为什么伍子胥曾把楚国君王赶下台，甚至把楚国先王坟墓荡平，而楚地百姓仍然为之建庙、祭祀楚国的仇人呢？他认为楚国这些年龄大的老人忘记君父之仇了。刘蜕则认为，江陵祭祀的伍子胥庙本来是申包胥祠庙，因为申包胥有功于楚国。伍子胥曾经被封于申地，简称申胥。随着时代的更迭变化，人们混淆了申胥和申包胥的差别。于是，耆老们迅速将祠庙的牌匾改为申包胥之庙。这样的解释未

---

① 《确庵文稿》，《四库禁毁书丛刊》第 184 册，第 392 页。

② 《养素堂文集》，《续修四库全书》第 1506 册，第 615 页。

③ 扬雄著，汪荣宝义疏，陈仲夫点校：《法言义疏》，中华书局 1987 年版，第 330 页。

④ 陈绛撰：《金罍子》，《四库全书存目丛书》第 85 册，第 294 页。

免牵强附会。

宋元明清时期，文人对伍子胥的态度大异其趣，除了赞扬外，批评的声音渐趋加强。与兄长苏轼赞赏伍子胥的忠孝相反，苏辙则对伍子胥鞭尸复仇完全持批判态度："伍员以父兄之怨，破楚入郢，鞭平王之墓，世皆怜其志多其才。然士不幸至此，不足以言功名矣。而员至鞭旧君，以遑逆天而伤义。"①苏辙批评伍子胥鞭平王之墓，是违背君臣之道，不必再论证品评伍子胥的功名了。他还指出，然而世人多怜悯伍子胥忍辱复仇的志向，偏爱他的才能。陈仁子《伍子胥论》曰："夫仇君者，为臣之大罪。发冢者，非人之盛德，君父一也。子胥此举，施于敌已以下且不堪……何子胥之仇楚而悖其先也？仇楚非忠也，悖先非孝也，皆非礼也。"②批评伍子胥不忠不孝，违背天理。作者的出发点在于维护君臣之礼的权威性。张栻在《答沙市孙监镇》中极力批评伍子胥向楚国复仇，曰："惟是时有古今，君臣之义无古今也，楚乃伍员之宗国，君臣之义其来有素矣。父以无罪诛，子逃之而勿仕，终身蔬食布衣可也。岂有假手于仇，覆其宗国，快心于其君耶？"③张栻认为伍员家族世世代代为楚王之臣子，楚国是伍员的宗国，不能将复仇行为施于君王，因为君臣之义是永远不能违背的。张栻还指出，唐代狄仁杰有过捣毁淫祠的做法，但狄梁公却把伍子胥庙像古代先贤大禹、吴泰伯庙一样留存下来。张栻认为伍子胥在楚地庙食享祀是不可以的："员于此地何止无功德而已哉……使员而果有灵也，其敢飨于兹地乎？"④他认为：按照祀典，有功德于民则祀之，伍子胥对于楚国民众不仅无功无德，如果伍子胥泉下有知的话，也不敢在楚地庙食。黄庶的《读子胥传》曰："虽平王虐不道，实君也。日为仇，至死破国，戮其尸，极矣！"⑤黄庶不仅

① 《古史》，《景印文渊阁四库全书》第371册，第510页。
② 《牧莱脞语》，《四库全书存目丛书》第20册，第597页。
③ 《南轩集》，《景印文渊阁四库全书》第1167册，第639页。
④ 《南轩集》，《景印文渊阁四库全书》第1167册，第639页。
⑤ 《伐檀集》，《景印文渊阁四库全书》第1092册，第797页。

批评子胥鞭其君之尸，还批评他进专诸帮助公子光刺王僚篡位。

宋晁补之在《春秋左氏传杂论》中对伍子胥为父兄报仇进行了论述和评价，认为世人大多责怪楚平王听从小人之谗言娶太子妇，枉杀无辜之臣，而偏爱伍子胥忍辱负重终报血亲之仇。不过，晁补之认为伍子胥鞭尸藉馆“未为已甚”，最过分的是进刺客帮助阖闾刺杀吴王僚，而吴王僚是无辜的。晁补之对伍子胥为血亲复仇行为的评价是：为报一己之私而陷别人于篡位弑君的境地，罪孽深重，当对其杀而陈尸示众。晁补之写此篇文章的目的是为了匡正世人错误的见解。

> 伍员如吴，言伐楚之利于州于。公子光曰：是宗为戮，而欲反其雠，不可从也。员曰：彼将有他志，余姑为之求士，而鄙以待之。乃见鱄设诸焉，而耕于鄙。右昭二十年，世皆罪楚平王之信谗夺妇，贼杀不辜，而多伍员之忍诟含耻，卒报平王，盖声烈光于百世而如存而。独申包胥谓为已甚，扬子云亦论而非之。然以员事言之，鞭尸藉馆未为已甚而。始干吴王僚以伐楚，而病公子光之不从。若退而别求所以报楚，尚或可也。而知光欲篡，至进刺客陷人杀君成已报父。人谁无父，僚何辜焉？昝之人求子者，曰：不以人子，吾子其可得乎？其言悲矣。员诚以其父故，不假避此，而罪则当为世大戮。①

《法言集注》②中宋代司马光、吴秘、宋咸等人对扬雄评伍子胥作注，可以看出他们对伍子胥的评价倾向。

---

① 《鸡肋集》，《景印文渊阁四库全书》第1118册，第735页。

② 汉代扬雄有《法言》，晋李轨、唐代柳宗元曾做过注，宋代宋咸、吴秘做过注，司马光重添注。司马光《注扬子法言序》称“故著作佐郎宋咸、司封员外郎吴秘皆尝注《法言》”。不过宋咸、吴秘原书没有保存下来。司马光《法言集注》常常引用他们的注。

或问子胥种蠡孰贤？（咸曰：伍子胥，吴臣，文种、范蠡越臣，问此三人谁贤。光曰：种章勇切。）曰：胥也，俾吴作乱。（光曰：谓进专诸于阖闾，使弑僚。）破楚入郢，鞭尸藉馆。（君舍君之室，大夫舍大夫之室。秘曰：吴兵入郢，子胥求昭王，既不得，乃掘楚平王墓，出其尸鞭之五百，然后已。藉馆舍室也，各舍楚君大夫之室。光曰：藉兹夜切。）皆不由德。（报父兄之耻于斯则无礼。秘曰：自俾吴作乱，至藉馆，皆志在自报其仇，非由德者也。）谋越谏齐不式不能去，（三谏不从，于礼可去。）卒眼之。（种蠡不强谏而山栖。光曰：责其不强谏于未败，至使勾践栖于会稽。）俾其君，诎社稷之灵而童仆，又终弊吴。贤皆不足邵也。（邵，美。秘曰：三子之从师无名焉，若以贤者议之，俱不足高也。）至蠡策种而遁肥矣哉。①

扬雄认为，伍子胥不是贤臣，不足后世人效法。宋代司马光、吴秘、宋咸等人均批评伍子胥“进专诸于阖闾，使弑僚”、对楚王“鞭尸藉馆”，认为以这种方式报父兄之耻不合封建礼法，是“志在自报其仇，非由德者也”。作为臣子也不必向君王强谏，按照礼法，“三谏不从，于礼可去”。司马光、吴秘、宋咸等还指责越国大臣文种和范蠡不能适时劝谏君王，使越王勾践才有“栖于会稽”之败。按照理学家苛刻的道德评判标准，伍子胥、文种和范蠡皆不是贤臣，均不值得赞美和效法。

宋代文人受程朱理学的影响，君臣之义加强，人们纷纷批评伍子胥向楚王报仇。理学家更是否定伍员，程颐把伍子胥庙列为“淫祀”之列，“大凡不当祭而祭皆曰淫祀”②，“狄仁杰毁江淮淫祠一千七百区所，存者惟夏禹、伍子胥二庙。伊川先生犹以为存伍子胥庙，为未是。伍子胥可血食于吴，不可血食于楚”③。《二程全书》卷24记载了程颐、程颢对

① 《法言集注》，《景印文渊阁四库全书》第696册，第325页。
② 《北溪字义》，《景印文渊阁四库全书》第709册，第51页。
③ 《北溪字义》，《景印文渊阁四库全书》第709册，第52页。

民众祭祀伍子胥庙持反对的态度：

> 范公甫将赴河清尉，问：到官三日例须谒庙，如何？曰：正者谒之，如社稷及先圣是也。其它古先贤哲亦当谒之。又问：城隍当谒否？曰：城隍不典，土地之神，社稷而已，何得更有土地邪？又问：只恐骇众尔。曰：唐狄仁杰废江浙间淫祠千七百处所，存惟吴太伯、伍子胥二庙尔，今人作不得，以谓时不同，是诚不然。只是无狄仁杰耳。当时子胥庙存之，亦无谓，除神祠然后人为善。①

程颐、程颢记录了一个故事：范公甫将赴河清尉，按照惯例要去祭祀先贤祠庙。在二程眼里，城隍庙不在国家祭祀祀典不应当祭拜。他们认为唐代狄仁杰废除淫祠的做法是对的，不过他们认为伍子胥庙也应该废除，除去淫祠对后人裨益多多。二程通过言鬼神表达他们的正祀淫祀观念。宋代人对淫祠的反对非常强烈："今去狄公未久，而淫祀极多，皆缘世教不明，民俗好怪。始者土居尊秩，无识者唱之，继而群小以财豪乡里者辅之下焉，则里中破荡无生产者，假托此裒敛民财为衣食之计。是以上而州县，下至闾巷村落，无不各有神祠，朝廷礼官又无识，庸夫多与之计较封号，是以无来历者，皆可得封号，有封号者，皆可岁岁加大，若欲考论邪正则都无理会了。"②宋代人对淫祠的反对可见一斑。

黄震对伍子胥完全持否定态度，批评其弑吴、楚两国之君："知阖庐之将弑僚也，进专诸成其事，以俟阖庐得政，既乃自灭其宗国之楚，而鞭所事平王之尸，是既弑吴之君，复弑楚之君于身后。报父之仇者，如是乎，天下岂有无君而有父者哉？古人不共戴天之义，恐非所施于所天之君父也。""进专诸以弑君僚，进要离以戕庆忌，进孙武教兵祸楚以

① 《二程全书》，《景印文渊阁四库全书》第706册，第417页。

② 《北溪字义》，《景印文渊阁四库全书》第709册，第52页。

鞭亲尝北面平王之尸，胥之祸结在吴，有不容逭者欤。”①伍子胥的祸害不容逃避，既弑吴君，又弑楚君。

金朝王若虚的《臣事实辨》对伍子胥极力批判：“臣无仇君之义。楚子之淫刑，固有罪矣，而员之报之，无乃已甚乎……既自贼其君，而又贼人之君。员真小人也哉！”②元代杨维桢批评伍子胥进专诸行刺王僚、鞭墓仇君，其《吊伍君赋》曰：“鞭王灵以为乖，犯仇天之弗踸。”“当专诸之进士兮，始已失其策也，知反仇之急兮，行之倒而施之逆也。”③不过，诗人肯定伍对吴王的忠心：“员能用吴以复父兄之仇，而又为夫差复父之仇，之死不畔，以毕志于其所事，则忠为有余矣。”杨氏的观点看似矛盾，其实质是统一的，都秉持忠君价值标准。戴表元虽然批评楚平王无道，但认为鞭尸复仇太过分：“员为人子，至于残宗国以为墟，发君尸而行戮，其不太甚乎哉！”④

明清时期，文人对伍子胥仇楚的批判力度大大加强，批评派中的激进者对伍子胥的鞭挞就不遗余力了。如明代张时彻在《伍子胥》中对伍鞭尸藉馆予以极力的批判：“逞匹夫之忿，而鞭平王之尸，而又不已也，又以班处其宫而黩之，此何为者哉？”⑤认为伍子胥进专诸刺王僚是不仁，委身于“逆贼”公子光是不义，夫差贪忍，仍“依违其间”是不智，最后，张时彻得出结论：“子胥，君子一无所取焉。”明代孙绪对伍子胥也完全持否定态度：“父兄被囚，逋逃不顾，为忍心，为不孝；鞭平王之墓，为不忠，为不义，为狠戾……谏不行不能去，为无节为乾没，不知止迹，其大闲无一可人意者。”⑥明代沈长卿不仅批评伍子胥，还让其承担吴国灭亡的责任，其《伍员》曰：“予谓吴之亡，亡于子胥之不知

① 《黄氏日钞》，《景印文渊阁四库全书》第708册，第259、367页。

② 王若虚撰，胡传志、李定乾校：《滹南遗老集》，辽海出版社2006年版，第305页。

③ 《吴都文粹续集》，《景印文渊阁四库全书》第1385册，第313页。

④ 《剡源文集》，《景印文渊阁四库全书》第1194册，第278页。

⑤ 《芝园集》，《四库全书存目丛书》第82册，第345页。

⑥ 《沙溪集》，《景印文渊阁四库全书》第1264册，第610页。

人……一失于不知夫差，再失于不知宰嚭。吴社稷已不血食，而斤斤属子于齐鲍牧，以延奢一线之传，员则陋矣。”①陆粲的《子胥论》②对伍子胥极力批判，其一，批评“发墓鞭尸”，认为：“父受诛而君诛之，则其分也；不受诛而君诛之，则其命也。”其二，批评进专诸刺王僚：“欲报其私仇之急，乃不难于教人以弑君乎。”作者对伍子胥仇楚贼吴予以有力的鞭挞：“于吴则操刃焉，于楚则鞭尸焉，一人而仇两君，何其悖也!”认为属镂之赐，子胥罪有应得，“以人臣甘心其君，固天所不容也”。

同样，明代陈绛批评唐代李善夷赞扬伍子胥忠孝俱全的观点，他对伍子胥颇有非议：“子胥以吴入楚也，至于刑死君，妻君之母夫人。虽其甘心于敌以下之仇不啻甚矣，况故国故君乎。由此言之，谓平王非子胥之君，谓子胥非楚之仇，皆妄说。”③陈绛进而认为江陵伍子胥庙应该是申包胥的祠庙，因时代变迁，人们弄混了。“吾以其庙乃申包胥之庙也，申包胥有复楚之功，年代寖远，楚人以子胥常封诸申，故不谓包胥耳。耆老得书，速易其板曰：申包胥之庙，无使人神皆愧耳。此论极正，考订最精，按《国语》书子胥但曰申胥，以吴尝封子胥于申故，救楚复楚者，申包胥也。楚人感其忠，思其功，故世祀之。代久而忘，渐以申包胥为申胥，又遂以为伍子胥，至于功之不祀，而转事仇楚人，亦但知土木衣冠则敬事之，岂复知其父兄德怨于千世之上哉。”④“伍子胥入吴，欲道吴以伐郢，而修已之怨于楚也。吴子光曰不可，子胥知吴公子光之怨王而冀得其处也，则进专诸，使公子光享王，因置匕首鱼炙腹中，而甘心焉。公子光立，是为阖闾，以伍子胥为行人，伐楚，几覆楚。是役也，子胥之志也。君子曰毁人以自全也，败人以自成也，仁者勿为。况将乱人之国，以徼幸匹夫之志，弑人之生君，而已自为，其死

① 《沈氏弋说》，《四库禁毁书丛刊》子部第21册，第480页。

② 《陆子余集》，《景印文渊阁四库全书》第1274册，第673页。

③ 《金罍子》，《四库全书存目丛书》第85册，第294页。

④ 《金罍子》，《四库全书存目丛书》第85册，第294~295页。

父乎，夫苟可以得志而已矣，又何有于君。然则镯镂之赐也，固亦畏有异时之，匕首在也。且夫事君者，无外交，徇国者无内顾，而胥也，功成不顾，几见弗图，既谏伐齐，勿听乃复为之。使于齐，又属其子于齐之鲍氏。是谗口百抵，而胥且设之巇而助之攻，其及宜矣。”①批判之意显然而明确。明代陈霆认为父子之亲与君臣之义是相等的。至于向楚王复仇，作者批评道：“仇人之父，而伐及其嗣，仇人之主而辱及其夫人，则复仇之谊，不已滥乎！”②对伍子胥进刺客杀王僚父子，作者认为：“去交乱四国者不远也。”

郑明选的《伍员论》③对伍员的攻伐批评无以复加。其一，批评其向楚复仇：“君虽不君，臣不可以不臣。君杀父不以罪，则有逃形山海……不得相仇也。”其二，批评其逆亲不孝：“奢之生，为楚谋，至忠也；及其死，至顺也。奢则为楚，员则覆之。”其三，批评其鞭墓藉馆：“鞭其丘墓亦既甚矣，乃至入王宫而妻其母夫……毒若巨虺，暴若狂象，徒欲泄一朝之忿，以快其心，不自知其绝于人道也。”其四，批评其不知明哲保身：“恋迹危邦……乃至属镂加颈，鸱夷裹身，而又使其君有杀谏臣之名，岂不鄙哉?”其五，批评伍员不能进贤退不肖：“伯嚭之事吴，员进之也。不知伯嚭之奸，是不明也；知而进之，是不忠也……引伯嚭以灭吴者，员也；驱种蠡以助越者，员也。”作者让伍员承担吴国灭亡的罪责，替君王开脱，“若吴无员，虽进不得霸，退不必亡”。最后，郑明选得出结论：“夫臣报君仇，非义也；蔽贤举奸，非忠也；逆父志，非孝也；不保其身，而寄其子，非智也；故曰伍员匹夫之枭耳，非贤臣也。”吴应箕于《伍员论》中批评伍员不忠不孝：“员之鞭平王尸也，为已甚矣！父尝君之，而吾戮之。戮死君以报父孝者如是乎?”④吴应箕认为楚平王是伍子胥父亲的君王，况且已经去世了，为了

① 《金罍子》，《四库全书存目丛书》第 84 册，第 714~715 页。

② 《两山墨谈》，《四库全书存目丛书》第 96 册，第 137 页。

③ 《郑侯升集》，《四库禁毁书丛刊》第 75 册，第 410~411 页。

④ 《楼山堂集》，《四库禁毁书丛刊》第 11 册，第 334 页。

报父亲之孝而“戮死君”，是违背封建伦理纲常的。

清代丁耀亢极力批评伍子胥进献刺客专诸搅乱吴国内政，其《伍子胥刺客乱吴》曰：“子胥为平王臣，虽报父仇，而鞭君尸，固宜以杀身欤非也，平王淫荒，是桀纣也，子胥何臣焉？鞭尸宜若无罪，然惟与公子光刺王僚，则阴贼极矣，是吴之刺客，非忠臣也。属镂天正为僚报怨耳，乃千古之下，犹以为忠，盖未察夫进身之始也。”丁耀亢批评伍子胥进献专诸刺杀吴王僚，伍子胥是刺客而非忠臣，伍子胥最后被夫差赐死是罪有应得。然而千古之后，人们仍然认为伍子胥是忠臣，是因为没有了解到他曾经为了帮助阖闾弑君而进献刺客起家这件事。戴钧衡把伍员掘墓鞭尸定性为“同后世赤眉黄巾之虐”①。其《伍员论》曰：“伍员以父兄之仇，借吴报楚，掘墓鞭尸，无论亡君臣之义也。伍氏自举及奢，三世为楚良臣。为员者不能请楚立后，而乃同后世赤眉黄巾之虐。快愤一时，断先人血食，亦不孝甚矣。假而昭王复国，修平王之怨，掘奢与尚之墓，发其尸而鞭之，而焚之，而暴之，又将何以处？此士君子不幸，遭君亲之变，往往忠孝不能两全，然苟权其重轻，审其至当，则势不能两全者，卒亦全于彼，而无愧于此。赵苞徐庶之所处，各尽其道，君子未尝议苞之不孝，而责庶之不忠也。当员得志于吴之时，费无极已伏诛，奢尚之死，楚人方怜而哀之。员苟以立后请楚，未有不许之者。计不出此，而欲以复仇为孝。既使其父兄无君，而已于忠孝又两无当也。”②戴钧衡甚至迁怒批评司马迁著史不知大义：“太史公不能正言其罪，且以为弃小义雪大耻是不知大义也。”汪绂撰有《诘胥文》③，一看题目即知也是批判伍子胥的，文章主要内容是批评伍子胥向楚王复仇、进刺客弑吴王僚、立嗣不明、不知明哲保身、寄子他邦、不忠于君。汪绂作为笃信朱子理学的学者，谨守理学的立场评论伍子胥其人其事。其一，他认为伍子胥向楚平王复仇是倒行逆施，臣子不可以向君王复仇。

① 《味经山馆文钞》，《续修四库全书》第1545册，第575页。
② 《味经山馆文钞》，《续修四库全书》第1545册，第575页。
③ 《双池文集》，《续修四库全书》第1425册，第126页。

其二，吴王僚即便不值得辅佐，也不应该谋求刺客专诸旨在弑杀王僚。其三，既然夫差好大喜功，刚愎自用，那么为什么伍子胥当初向吴国先王阖闾极力推荐其继承王位，可见伍子胥昏聩导致吴王立嗣不明。其四，既然夫差不听进谏的直言，伍子胥完全可以全身而退。不能早日识见夫差和阖闾不同的气量，是不明智的。其五，常人称赞的伍大夫以死表明忠心，忠又表现在哪里？寄子于齐国鲍氏，为了满足个人利益的私交，给宰嚭谗言留下把柄。伍子胥死于属镂之剑也是应有的惩罚。伍子胥大夫的祠庙仍然被当朝人们祭祀，然而江涛泛滥不停息，伍大夫享用了人间香火为何不报答显灵呢？汪绂认为伍子胥应感到可耻，以后不要再以自己的怨愤惩罚人们。笔者推测汪绂写这篇诘文的客观环境可能缘于江潮水患给人民生命财产带来很大损失。

㳙澒动地，震荡排空，势鞭霱电，威耆蛟龙，皎皎云旋，巍巍山起，岸奔城走，倏忽千里。谁为此者，曰伍子胥。不佞汪生，敢问大夫，父以谗而待戮，兄应召而就诛，子含诟而忍耻，独赦倾而事吴。挟蜂虿之含毒，终霸吴以成名。值途穷而日莫，遂倒施而逆行。虽信谗其可诛，而楚平终子之君。既敢以君为仇敌，又何眇乎乱臣。吴有作难之臣，王僚其未可事也。何耕野而阴厚夫专诸，竟大夫之为主乎弑也。吴之远迹至郢也，则谓大夫之功。何槜李之伤趾也，而阖闾竟以败终。夫差好胜以忘仇，忠焉能勿诲也，乃争于先王而立之者，亦大夫之愦愦也。诲之而不能用，其犹可奉身以退也。柰何不早见主之不同量，以至于入江而不悔也。稽大夫之生平，已再昌乎不韪，徒一死以鸣忠。所谓忠者安在，为君使而嘱其子于他邦，大夫实授谗于宰嚭，律以人臣之私交，则属镂其堪齿。今日者，吴其沼也，孰使？吴猾夏以劳民，亦大夫之教也。胡蓄怒其未平，至于今犹奡奡也。如大夫者，殆所谓气矜之隆，然而未闻道也。嗟乎，彼吴越之兴亡，不其忽诸，而大夫之庙今犹祀之。此逆流之不息，胡以为也？食报亦已过，情窃为大夫耻也，何所惩其怨尤兮，愿大夫之反求诸已也。①

计大受的《伍员》一文，以伍子胥同时代的鄖公辛和其弟怀不敢向楚王复仇为例，说明臣无仇君之义。作者批评伍员鞭尸班宫："乃教吴入郢，鞭尸逐昭，以班处宫，则悖甚矣！"②

彭绍升的《读史记》一文，不仅认为子胥不能向楚王复仇，其覆楚鞭尸极为过分，而且批评子胥进专诸帮助公子光篡位，更让人深思的是，把吴国的灭亡归咎于子胥："好兵者，必亡国。吴之亡由其好兵也，吴之好兵，子胥教之也。"③清代李元度撰有《伍员论》④，他认为楚平王以谗故杀伍奢五十余口，惨绝人寰。伍员向楚平王复仇"鞭尸班宫"，诚不为过。而且伍员已经离开楚国则君臣之义已经断绝。然而伍员之罪在"进专诸于公子光弑王僚以成其篡耳。今夫君臣父子大伦也，员知有父子，独不计人之有君臣乎。已报父仇，欲借手于人乃使人亟弑其君，员其尚有人心乎，史称员初奔吴说王僚伐，公子光尼之员。知光有异志，乃求勇士专诸进之光，光喜乃容员。员退耕于野以待专诸之事，专诸遂弑王僚于窟室。光立，是为阖庐。用员为行人与谋国事，卒成入郢之功。员非不知篡弑之为大逆也，正以日暮涂远，欲用阖庐为报仇地故，不惜倒行而逆施耳。员之罪视费无极殆，又甚焉何者？"⑤李元度认为伍子胥的罪过不比费无极少。阖闾死于战争，也是"员教之黩武所致"，李元度进而将伍员定性为倒行逆施的"逆党"，批评司马迁以"弃小义，雪大耻，名垂于后世"的"烈丈夫"称赞伍子胥是不对的。李元度还批驳了伍子胥死后成为潮神的虚妄之说："神其说者且谓员之忠

① 《双池文集》，《续修四库全书》第1425册，第126页。
② 《史林测义》，《续修四库全书》第1545册，第575页。
③ 《二林居集》，《续修四库全书》第1461册，第312页。
④ 《天岳山馆文钞》，《续修四库全书》第1549册，第18~19页。
⑤ 《天岳山馆文钞》，《续修四库全书》第1549册，第18~19页。

愤激为江潮，古今祠祀不绝。虽狄仁杰不能毁其庙，岂知自有宇宙即有江潮?"①体现了朴素的唯物主义观点。

清代吴裕垂《史案·伍子胥》曰："莫亲于父，莫尊于君，伍氏知有父而不知有君，犹胡人知有母，而不知有父也。为父而弑君，与为母而弑父，其为乱贼一也。员荐专诸于光，而弑吴王僚，则前此之为建谋也，安在无篡弑之渐，费无极谓建欲为乱，量非无因。就令奢死无辜，员为父兄报仇，尸戮无极足矣。乃以鞭尸班处之惨，加之君王，员罪所以上通于天也。王世贞谓员为侠客之雄，害犹嗟其誉也，而太史公竟目为烈丈夫云。"吴裕垂批评伍子胥为父而弑君，甚至鞭尸藉馆，是"乱贼"行为，罪恶天理不容。他认为伍子胥为父兄报仇，只要杀戮费无极就可以了，这明显是转移君臣矛盾为忠奸矛盾。同时，他还批评王世贞称赞伍子胥为"侠客、英雄"，批评司马迁竟然赞叹伍子胥为"烈丈夫"。

桐城派的鼻祖方苞的《望溪集》中收录了一篇《读伍子胥传》。方苞认为伍子胥是不明智的。他认为伍子胥如果以另一种说法来向夫差进谏，至少能保住自家性命，或者，夫差即使羞愧杀了伍子胥，但一定不会放了勾践。当然历史是不能假设的。对于伍子胥最终丢掉了自家性命，方苞又是深为同情的。

> 世人皆悲子胥以忠死，吾独惜其所以处死者未得也。其谏夫差，语皆阔于事情。使员曰：吴之于越，非伐国而求其服也。王忘王之使人立于庭，出入呼王而告以先王之痛乎？匹夫含怨，犹必剚刃仇人之胸；况句践亲用戈于先王，伤未及舍而卒。非函句践之首，以入先王之庙，则臣子之事不终。今力实能诛而纵焉，吾恐先王负恫于九原，而不歆王祀也！如是，则夫差虽惭忿以杀子胥，而必不释句践。句践死，则越不为沼，而吴亦不至大泯矣。子胥之智非不及此也，毋乃少历闵凶，功见名立，而重犯忌讳以危身与？而

① 《天岳山馆文钞》，《续修四库全书》第1549册，第18~19页。

竟不能保其终，惜哉！[1]

另外，一些文人为了避开伍子胥覆楚鞭尸引起的忠孝矛盾的争论，干脆坚持认为历史上绝无鞭尸藉馆之事，鞭尸是后人臆造讹传，附加于伍子胥头上的“莫须有”罪名。

顾炎武《子胥鞭平王之尸辨》曰：“太史公言子胥鞭楚平王之尸，春秋传不载。而予因以疑之。疑春秋以前，无发冢戮尸之事。”[2]作者认为“考古人之事，必于书之近古者”。接着顾炎武以《穀梁传》《吕氏春秋》《越绝书》等为依据，论证历史上无鞭尸之事，最后得出结论：“盖止于鞭墓，而传者甚之以为鞭尸。”

“江左三大家”之一的吴伟业也否认历史上有鞭尸之事，其《伍胥复仇论》曰：“子胥之鞭平王尸也，左氏不载。其见于《穀梁传》者，曰坏宗庙，徙陈器，挞平王之墓。”[3]吴伟业认为鞭尸情节《左传》没有记载，《穀梁传》也只是记载“挞平王之墓”，因此《史记》《越绝书》《吴越春秋》中相关记载不可全信。接着吴伟业论述伍子胥不可能鞭尸的原因。首先，“子胥之为人深沉好谋，强忍有济，固非负其勇气，逞于一决，不顾其后者也”。其次，应顾虑楚昭王以牙还牙之报复，“子胥之复仇，以为孝也，独不虑先人一抔土，楚人尤而效之乎？设令吴兵去，楚昭王复国……然后尽发伍氏之丘陇而污潴之”。另外，吴伟业还独辟蹊径地为伍子胥辩解道：“子胥所痛心疾首者，不徒奢尚之死，而在建不得立。盖欲借兵于吴，扶建之子胜之楚。以无忘乃父之志。废昭王，诛其谗佞，而存楚之社稷，则子胥之忠孝可白。”[4]可见，在梅村先生看来，伍子胥向楚王复仇，一方面是为了替父兄报仇；另一方面是为了辅佐楚国太子建之子胜登上王位。梅村先生论证的过程相当复杂曲折，论据也

① 方苞撰，刘季高校点：《方苞集》，上海古籍出版社 1983 年版，第 52 页。
② 《亭林文集》，《续修四库全书》第 1402 册，第 128 页。
③ 《梅村家藏稿》，《续修四库全书》第 1396 册，第 165 页。
④ 《梅村家藏稿》，《续修四库全书》第 1396 册，第 165 页。

并非足够充分，都是为了论证伍子胥是忠臣孝子。顾景星的《伍员论》认为鞭尸责骂楚平王是绝不可能之事，以公羊高、穀梁赤的记载予以证明，并进一步论述："不仇君无如屈原，原之《九章》曰：'从子胥而自适。'使子胥鞭君，原肯欲从之乎？以原之心推员之志，可以知员矣。"①因为爱国诗人屈原崇拜并效仿伍子胥，所以顾景星推断伍子胥必然不会鞭楚平王之尸。

清代王铎的《申包胥论》一反常人之论，认为申包胥并非纯忠，因为他没及时阻止伍子胥，给楚国酿成大祸。伍员亡命时，作者认为申包胥应及时告知楚王，"不宜隐而酿凶"。还应该极力劝阻伍员："一不从，即以号泣秦庭号泣向员。""再不从，即以死继，毅眦伏剑不死，而员必爱胥、重胥、惮胥、枳胥，亦可自悔其毒。""三不从，可手刃伍员。"②认为申包胥计不至此，转寄希望于秦国。假如秦不救助，该怎么办呢？即便秦兵救楚，战争给楚国造成的损失也无法挽救。这是个别文人过于苛求，对申包胥也责难一番。

伍子胥作为一个历史人物，其一生事迹具有争议性，逃楚事吴，后借吴师入郢，向楚平王复仇。一方面，人们赞扬他复父仇为孝；另一方面，人们批评他向宗国复仇，甚而鞭尸藉馆。伍子胥对阖闾、夫差忠心耿耿，人们称颂其忠是合乎情理的，不过，他在吴国时，曾进荐专诸帮助阖闾夺取王位，这是引起人们批评他不忠于王僚甚至不忠于吴国的主要原因。伍子胥的事迹本身具有争议性，这是导致人们争论不休的客观原因。另外，历史由春秋战国时期演进到明清两朝，君臣观念发生了变化，君臣关系由相对宽松发展到臣对君单方面的绝对服从与尽忠，这是导致人们众说纷纭的社会文化原因。

宋代尤其是南宋之后，程朱理学成为社会的正统思想，君臣观念强化，忠孝地位发生变化，自宋代始，统治者倡导臣子无条件尽忠。人们

① 《白茅堂集》，《四库全书存目丛书》第206册，第200页。

② 《拟山园选集》，《四库禁毁书丛刊》第87册，第397页。

认为臣无仇君之义："父受诛而君诛之，则其分也；不受诛而君诛之，则其命也。"[①]"君虽不君，臣不可以不臣。"[②]那么父母无罪被君王杀戮该怎么办？或"逃形山海，悲号没齿"[③]，或"洁身而去之，或以死报其父"[④]，或"无食其禄"。所以向楚王复仇、进刺客杀王僚的伍子胥被定性为："阴贼""赤眉黄巾""逆党""匹夫之枭"，因此"君子一无所取"。

总之，无论"杀身成仁"的赞誉还是"非法度"的指证批驳，都是"依托五经以立义"，无不是本着封建儒家思想的正统来生发自己的议论，就像一枚硬币的两面，在本质上是一致的。

① 《陆子余集》，《景印文渊阁四库全书》第1274册，第673页。
② 《郑侯升集》，《四库禁毁书丛刊》第75册，第410~411页。
③ 《陆子余集》，《景印文渊阁四库全书》第1274册，第673页。
④ 《芝园集》，《四库全书存目丛书》第82册，第345页。

# 第四章　小说戏曲中的立体造型

伍子胥故事在发展演变过程中，有不同的社会阶级、阶层采用不同的文体对其进行加工创作，其中有历史学家记载，侧重事件本身；有诗人题咏，侧重感叹咏怀；有散文家论述，重在讲述道理。当然，小说戏曲家更是讲故事的高手，他们想象力丰富、构思奇特，擅长通过生动曲折的故事情节刻画人物形象，创造出栩栩如生的人物。小说戏曲家的主要旨趣在于虚构创造，吸引受众的眼球。因此，小说戏曲中的伍子胥故事和史书记载中的不同，和文人视野中的也不同，是民间价值观照下的伍子胥故事，更多地体现了通俗文学家的审美文化心理和平民百姓的接受心理。小说戏曲舞台上的伍子胥形象被传奇化和英雄化了，他拥有更多常人的特征和心理。

## 第一节　唐代变文之增事绘饰

唐五代变文是白话小说的来源，这已为学术界不少研究者所认同。敦煌变文是盛行于唐五代的一种说唱文学体裁，其主要特点是：想象丰富、故事情节曲折、人物形象生动，是比较受民众喜爱的通俗文学。因此，一些民间艺人借鉴其形式，选取一些历史故事和民间传说作为题材加以说唱，对情节内容进行大胆想象和虚构，主要目的在于迎合民众的审美文化口味。这样，一些历史事件和人物就在一定程度上被戏剧化了。《伍子胥变文》是一篇非常优秀的讲史性变文(以下简称《变文》)。

伍子胥为父兄复仇是中国历史上比较有代表性的复仇故事。在唐代以前，各种有关记载的总体倾向是比较重视史实，但《变文》却大胆虚构情节，在一定程度上改变了传统的重史实的模式。同唐前各史籍记载相比，《变文》缺少伍子胥过昭关、退耕及荐专诸之事，删去了一些有关忠君的内容。增加的情节有："伍子胥会姊""两甥追舅""伍子胥遇妻"。唐前史籍中根本没有"子胥姊""两甥""子胥妻"这些人物的影子，更无《变文》中的这些情节：子胥与姊相会；两外甥贪图楚王赏赐而追捕舅舅，最后"双双被髡头截耳，变成奴仆"；"子胥遇妻、以药名诗作答而不相认"。与唐前文献相比，《变文》中的渔父形象更为丰满，他不但渡子胥过江、赠饭，而且很有智慧，指导子胥入吴后"泥涂其面，披发獐狂，东西驰走，大哭三声"。变文中的浣纱女更加热情主动，三次请伍子胥进餐，唱词中还有对其容貌的描述："二八容光如皎练"①等。《变文》中的伍子胥治国才能极高："子胥治国一年，风不鸣條，雨不破坏。治国二年……治国四年……治国五年，日月重明，市无二价。"②

与前后时代相比，值得我们注意的是，《变文》大大敷衍虚构了伍子胥复仇的情节，其报仇的具体行为已大大改变了史实记载。首先，在《变文》之前的史籍中，为伍子胥家族报仇是鲁定公四年吴楚交战的一个目的，但不是唯一目的，《变文》则说为伍子胥复仇是战争的唯一目的："百姓皆诣子胥之门：'愿与伍相为兵伐楚'……吴王敕召国内勇夫……敕既行下，远近咸知，各悉投名，争前应募。"③为了替伍子胥报仇，吴王和百姓都同仇敌忾。

其次，《变文》中报复楚平王的具体方式与此前史籍记载不同。伍子胥率兵入郢时，楚平王已死去，《左传》《公羊传》均无伍子胥向楚平

① 李时人编校，何满子审定：《全唐五代小说》，陕西人民出版社 1998 年版，第 2457 页。

② 李时人编校，何满子审定：《全唐五代小说》，陕西人民出版社 1998 年版，第 2471 页。

③ 李时人编校，何满子审定：《全唐五代小说》，陕西人民出版社 1998 年版，第 2471 页。

王本人复仇的记载。《吕氏春秋》是较早记载伍子胥报复方式的："亲射王宫，鞭荆平之坟三百。"贾谊《新书》载："执高兵，伤五脏之实，毁十龙之钟，挞平王之墓。"①《史记》载："乃掘平王墓，出其尸，鞭之三百。"②此后，"鞭坟"与"鞭尸"二说并存。《越绝书》取"鞭坟说"，《吴越春秋》取"鞭尸说"并深化："掘平王之墓，出其尸，鞭之三百。左足践腹，右手抉其目，诮之曰：'谁使汝用谗谀之口杀我父兄，岂不冤哉！'"③但《变文》比以上说法都有所升级："子胥祭了，口自把剑。结恨之深，重斩平王白骨。其骨随剑血流，状似屠羊。取火烧之，当风扬作微尘。"④把鞭换成了剑，"重斩白骨"，焚骨扬灰，这就使伍子胥有了手刃仇人的快感，这样程度的报复，已达到了该故事在历代流传过程中的极致。

再次，《变文》中报复楚昭王、魏陵的方式与此前史载不同。在唐前史籍中，绝无楚昭王被抓获并处死的记录，而在《变文》中，伍子胥不仅生擒楚昭王，还剜取其心肝，以祭父兄，祭了扔到江中喂鱼鳖。《左传》等记载魏陵(即费无极)在吴军入郢前已被楚令尹子常诛杀，但《变文》却让伍子胥亲手向魏陵复仇，"子胥捉得魏陵，脔割并剜取心肝，万斩一身，并诛九族……取得平王骸骨，并魏陵、昭帝，悉总取心肝，行至江边，以祭父兄灵"⑤。

这类改动很可能是文学家的虚构，是通俗文学常用的创作手段，在艺术上把伍子胥复仇行为渲染得淋漓尽致。《变文》中的伍子胥复仇，从手段和程度来说，已达到了该故事在流传过程中的顶峰：追求手刃仇人的快意；追求彻底的复仇，大大扩展了复仇的范围；恩怨分明，对有

① 《新书》，《景印文渊阁四库全书》第695册，第434页。

② 司马迁撰：《史记》，中华书局1959年版，第2176页。

③ 周生春撰：《吴越春秋辑校汇考》，上海古籍出版社1997年版，第62页。

④ 李时人编校，何满子审定：《全唐五代小说》，陕西人民出版社1998年版，第2475页。

⑤ 李时人编校，何满子审定：《全唐五代小说》，陕西人民出版社1998年版，第2474页。

恩于其复仇者一一报答，对破坏复仇者极力报复。与前代史籍相比，《变文》比较凸显了复仇的主题。

小说的主要要素是主题、情节、人物和环境描写。民间艺人在加工伍子胥故事的过程中，侧重点已经转移到逃亡和复仇上。在逃亡途中，讲唱者主要表现了老百姓（如渔父、浣纱女）对伍子胥的态度，他们同情伍子胥的遭遇，不贪图楚平王重赏，对伍子胥仗义相助。这表现了平民百姓有仇必报的民间价值观念。剑斩白骨、剜心取肝这种残忍的报复行为，根本不可能出自僧徒之口，也不可能是封建正统文人所提倡的。这当是讲唱艺人的虚构，反映的是老百姓快意恩仇的价值观念。恩怨分明，复仇后的接二连三的报恩举止，正是"有恩不报，岂成人也？有恩若报，风流儒雅"①的民间心理的体现。因此，《变文》是民间价值观照下的伍子胥故事。

在艺术手法上，《变文》出现了大量的典型场景描写，如伍子胥率军出征时宏大的场面渲染："四十二面大鼓笼天，三十六角音声括地……长枪排眉直竖，森森刺天……兵马浩浩瀚瀚，数百里之交横。"②又如以恶劣的自然环境渲染人物的艰苦经历："风尘惨面，蓬尘映天……龙蛇塞路，拔剑荡前，虎狼满道，遂即张弦。饿乃芦中吃草，渴饮岩下流泉。"③如《变文》中的心理描写："子胥心口思惟：'此人向我道'家中取食'，不多唤人来捉我以否？'"④"（子胥）心自思惟：'凡人得他一食，惭人一色。'"⑤变文中描写人物的内心活动，基本上是运用这

① 李时人编校，何满子审定：《全唐五代小说》，陕西人民出版社 1998 年版，第 2476 页。

② 李时人编校，何满子审定：《全唐五代小说》，陕西人民出版社 1998 年版，第 2472 页。

③ 李时人编校，何满子审定：《全唐五代小说》，陕西人民出版社 1998 年版，第 2458 页。

④ 李时人编校，何满子审定：《全唐五代小说》，陕西人民出版社 1998 年版，第 2465 页。

⑤ 李时人编校，何满子审定：《全唐五代小说》，陕西人民出版社 1998 年版，第 2466 页。

种方式，大多以“心口思惟”“心口思量”为引导，表示下面开始描写人物的心理活动。

伍子胥复仇时的场面是夸张渲染：“锋剑交横，抽刀剑吼……西军大败，遍野横尸。干戈不得施张，人人重重相压。子胥十战九胜，战士不失一兵。”①这样的描写和渲染，使作品具有神异的道教色彩。另外，《变文》中还有相当数量的关于占卜术数的描写，如伍子胥“画地而卜，占见外甥来趁……并画地户天门，遂即卧于芦中，咒而言曰：‘捉我者殃，趁我者亡！’”②又如伍子胥宝剑投江的场景：“放神光而焕烂。剑乃三涌三没，水上偏偏（翩翩）。江神遥闻剑吼，战悼涌沸腾波。鱼鳖忙怕攒泥。”③描写很像神话，神异色彩浓厚。伍子胥祭父的场景：“感得日月无光，江河混沸。忽即云昏雾暗，地动山摧……鱼龙饮泣，江水不潮。”④变文中的伍子胥被赋予很多奇异技能，好像一个异人术士，这可能和隋唐时期道教的盛行有关，道教思想应该对变文的讲唱者有一定影响。

变文采用讲唱结合的方式，讲的部分用散文，唱的部分用韵文，韵散相间，其中唱词都是 7 字，有 8 句、10 句、12 句、14 句、16 句。说白中多 4 字句。《变文》除故事的首尾外，中间部分是并列式的叙述结构，分别讲述伍子胥遇浣纱女、姐姐、妻子、渔父的经过。叙述语言也大同小异，在每一行为阶段都采用相似的句子引导：“悲歌已了，更复前行。”“悲歌已了，行至江边远盼。”⑤变文中常常表现出程式化的特点，即反复出现一些较为固定的情节内容和表达手段，如韵散相间的方

① 李时人编校，何满子审定：《全唐五代小说》，陕西人民出版社 1998 年版，第 2247 页。

② 李时人编校，何满子审定：《全唐五代小说》，陕西人民出版社 1998 年版，第 2460 页。

③ 李时人编校，何满子审定：《全唐五代小说》，陕西人民出版社 1998 年版，第 2466 页。

④ 李时人编校，何满子审定：《全唐五代小说》，陕西人民出版社 1998 年版，第 2474 页。

⑤ 李时人编校，何满子审定：《全唐五代小说》，陕西人民出版社 1998 年版，第 2454、2469 页。

式，就是变文中反复使用的基本结构。再如程式化的时间描写、情感描写和心理描写等。如：《变文》中时间程式，如："不经旬月之间，即至吴国。"①"计亦不远旬月中间，事了回兵，自当死谢。"②"日夜登其长路，旬月即到吴中。"③变文中程式化地描写悲伤情感，如："忽忆父兄行坐哭，令儿寸寸断肝肠。""忽忆父兄枉被诛，即得五内心肠烂。""一寸愁肠似刀割，途中不禁泪沾襟。"④为了形容内心的悲痛，多处描述肝肠如何如何。此外，变文中亦有程式化的心理描写，如"心口思惟""心口思量"等。

## 第二节　元明戏曲之撮要敷衍

宋元时期，市井流传有"说话"。"讲史"是说话四家之一，很受当时市井欢迎，通称"平话"，也作"评话"，主要讲述以政治斗争为主的历史故事。评话在形式上吸收各种文艺的特点并以艺术加工加以发展，符合民众的欣赏水平。

宋代时讲史科目多为《汉书》《五代史》《三国志》和《列国志》等，《列国志》中自然有伍子胥故事。元代"讲史"比较发达。当时编刊的讲史话本，据《永乐大典目录》卷46载有26种，可惜很多没有流传下来。载伍子胥故事的有《吴越春秋连象平话》，可惜仅存书名，此书我国没有传本。从书的题名看，可知其所叙述的是春秋末期吴越两国争霸的故事，其中当有伍子胥为父兄复仇之事。可惜原书未见，我们无法臆测它

① 李时人编校，何满子审定：《全唐五代小说》，陕西人民出版社1998年版，第2469页。

② 李时人编校，何满子审定：《全唐五代小说》，陕西人民出版社1998年版，第2472页。

③ 李时人编校，何满子审定：《全唐五代小说》，陕西人民出版社1998年版，第2479页。

④ 李时人编校，何满子审定：《全唐五代小说》，陕西人民出版社1998年版，第2459、2462、2464页。

的内容。

元代最有代表性的文体是戏曲，元曲及杂剧以其特有的形式创作了伍子胥故事，出现了以伍子胥为题材的史剧系列，把伍一生中每个阶段的经历都搬上了戏剧舞台。已有研究者把伍子胥戏剧按内容分为三个系列：一是临潼斗宝系列：元阙名杂剧《伍子胥鞭伏柳盗跖》《十八国临潼斗宝》《伍子胥力伏十虎将》(佚)。二是弃楚亡吴系列：元杂剧《伍子胥弃子走樊城》(高文秀)(佚)、《采石渡渔父辞剑》(郑廷玉)(佚)、《浣纱女抱石投江》(吴昌龄)(佚)、《说专诸伍员吹箫》(李寿卿)。三是鞭尸复仇系列：元杂剧《说专诸伍员吹箫》(李寿卿)、《楚昭公疏者下船》(郑廷玉)、《申包胥兴兵完楚》(阙名)(佚)。另外，还有明代传奇《浣纱记》。

可见，小说戏曲家比较感兴趣并反复进行敷衍创造的几个重要情节是：临潼斗宝、渔父渡江、吹箫乞食、浣纱女投江、复楚鞭尸。元明戏曲中伍子胥的故事情节已比较丰富，这些史剧的主题各有侧重，分别敷衍了伍子胥一生中不同阶段的故事，刻画了不同侧面的伍子胥形象，歌颂了他的智、勇、忠、孝。

## 一、“临潼斗宝”：少年英雄伍盟府

元代，伍子胥故事情节与前代相比，增加了伍子胥少年时的英雄壮举，即临潼斗宝，比较典型的作品是《十八国临潼斗宝》，剧中伍子胥智勇双全，名震各国诸侯。在杂剧的头折，就以伍奢的话从侧面描写出有勇有谋的伍子胥形象：“若论伍子胥，端的是心怀妙略，腹隐神机。论文呵，压尽百里奚，论武呵，勇胜秦姬辇，能安天下，善定乾坤。他敢保大王稳稳拍拍的无事还国。”①接下来，杂剧一再突出伍子胥文武兼济的才能。第一，手擒来皮豹。吴国公子光赴会途中，被强盗来皮豹抢

① 《孤本元明杂剧》第2册，中国戏剧出版社1958年版，第4页。

走了宝物夜明簾。伍子胥手擒来皮豹，夺回宝物。第二，鞭伏柳盗跖。秦穆公邀十八国诸侯会于临潼，于道上派展雄(柳盗跖)拦截，众诸侯无计可施，是伍子胥和展雄斗智斗勇，让展雄心服口服："某暗想伍员，真乃是心怀妙策，腹隐神机，世间少有，天下无双……春秋伍员谁人赛，智勇双全无比伦。"①杂剧作者借展雄之口为伍子胥唱了一曲赞歌。最终，伍展二人结为兄弟，展雄答应在潼关外接应诸侯出关。第三，在临潼会上，伍子胥戏举千斤鼎，"文过百里奚，武胜秦姬辇，拳打蒯聩，脚踢卞庄，剑吓无祥，保天下十七国诸侯，无事还国"②。此时的伍员极为风光，他和神射甘蝇比试舞剑时击败了对方。在秦穆公准备下令让埋伏的将士生擒十七国诸侯时，伍员一手仗剑，一手揪住穆公，威慑了全副武装待命的秦国士兵，并把穆公作为人质，保十七国诸侯出关。第四，众诸侯加封伍员为天下十七国元戎之职。因伍员临潼会的功勋，伍氏一家俱受到楚王的封赏。伍奢官封定楚君，伍母封为护国太夫人，伍尚封为定国大将军，伍员为立楚大将军、安国君樊城太守、楚国兵马大元帅。这些称号不见史载，当是戏曲家的虚构。

"临潼斗宝"的情节不见正史记载，从客观历史看，当时的秦国国力根本不能主盟，是不可能有临潼斗宝之事的。然而"临潼斗宝"故事在元明戏曲、小说中流传广泛，这一故事应该是在民间传说的基础上，由文人虚构创造出来的。"临潼斗宝"是伍子胥前半生的大事，也是伍子胥故事中最光辉的一段。"临潼斗宝"时期的伍子胥是少年豪侠形象。虽然剧本中的故事情节和史实不符合，但从艺术创作角度看，"临潼斗宝"使伍子胥故事更丰富完整。"临潼斗宝"这一情节的增加，极力渲染了英雄人物的传奇经历，在戏曲舞台上塑造了神勇无比、智慧超群的伍子胥形象。

① 《孤本元明杂剧》第2册，中国戏剧出版社1958年版，第11页。
② 《孤本元明杂剧》第2册，中国戏剧出版社1958年版，第17页。

## 二、“伍员吹箫”：英雄落魄悲何极

“临潼斗宝”中的伍子胥是少年豪侠形象，极为风光。“伍员吹箫”中的伍子胥则是落魄英雄的形象。《说专诸伍员吹箫》剧情大意如下：费无忌派儿子费得雄诈传楚平王令以赚伍员入朝企图杀害他，不料公子芊胜提前告知伍员，伍子胥痛打费得雄。费无忌派养由基将军追赶伍员，养将军咬破箭头，用无箭头之箭射杀伍员，故意放走了他。伍员先投奔郑国，不料郑子产想杀害他，他于是一把火烧了驿亭。想到吴公子姬光曾受他活命之恩，必然借兵给他，于是就奔吴国。奔吴途中，有濑水女子赠饭、渔父渡江。伍员在丹阳吹箫乞食十八载，终于借得吴国精兵十万，攻打楚国，楚昭王派费无忌和伍员交锋。结果伍子胥生擒费无忌，杀入郢都，掘平王墓，鞭尸三百，以报父兄之仇。

在“伍员吹箫”里，人物、情节发生如下变化：剧中增加了人物，即费无忌之子费得雄，有违历史事实。浣纱女的年龄由 30 岁变为 13 岁，此时渔父身份明确，是楚国大夫闾丘亮，因年老体弱隐居在此。他得知伍子胥父兄被杀的消息，故在江边专候伍子胥。渔父之子有明确的姓名：村厮儿，比此前作品更加具体。为了增加报仇的快意性，“伍员吹箫”虚构出“生擒费无忌”情节。史书记载费无忌在伍员入楚时已死去。报恩与报仇是一个问题的两个方面，“伍员吹箫”还虚构了报恩情节。伍子胥报仇后，“每思报效”，差人寻找恩人家属报恩，对浣婆婆：“只你那下半世衣饭，都是我养赡着，你再也不必忧虑。”①有悖事实。伍员因渔人子村厮儿的请求而放弃伐郑。

杂剧作者着力渲染伍员极为落魄的境遇，逃亡途中忍饥挨饿，到吴国后流落乡间，丹阳吹箫乞食十八载，连乡村无赖都欺负他。这些情节充分表现伍子胥的落魄情形。在窘迫的情境下，伍员时常怀念“临潼斗宝”时的风光，杂剧中多次重复“文欺百里奚，武胜秦姬辇，拳打蒯聩，

① 臧晋叔编：《元曲选》，中华书局 1958 年版，第 666 页。

脚踢卞庄，戏举千斤之鼎，手劫秦王，亲送关外”①的唱词。昔日的风光与今日的英雄末路形成强烈反差，折射了剧作家的人生感慨。剧中的伍子胥形象已比较深刻地烙上元代汉族文人生存状态的印痕。元代，汉族文人地位较低，九儒十丐，现实中的人们通过戏曲人物之口抒写了英雄落魄的感慨。

《说专诸伍员吹箫》也有不足之处，如伍子胥乞食，浣纱女倾其壶浆，饭后，伍子胥屡次请求她“残浆勿漏”。为了让伍员去得放心，浣纱女抱石投江而死。渔父渡之过江，且赠酒赠饭。伍子胥又三番五次叮嘱他不要泄露消息，于是渔父沉船，且借伍员的“白金剑”自刎而死。这里，不免有伍员为了个人利益牺牲他人性命之嫌。伍子胥劝说专诸跟从自己伐楚报仇，等于逼迫专诸妻子田氏自杀，“将军，则被你送了俺一家儿也”②。这是此杂剧塑造人物的缺陷之处。

### 三、《楚昭公疏者下船》：怀冤雪恨歌异情

伍子胥复仇，几使楚国覆灭，作为伍子胥伐楚复仇的受害者，楚昭公是如何评价伍子胥的呢？《楚昭公疏者下船》借昭公之口，从反面叙述并评价了伍子胥的复仇。此剧现存完备的版本有两种：一是脈望馆钞校内府本，题目作“伍子胥怀冤雪恨”，正名作“楚昭公疏者下船”。二是《元曲选》本，题目作“伍子胥一战入郢”，正名作“楚昭公疏者下船”。本书采用的是《元曲选》本。此剧第一折交待了吴国伐楚的主要目的是索取飞入楚国的湛卢宝剑和斩杀奸臣费无忌。伍子胥上场诗云：“弃楚奔吴几度秋，可怜犹未雪冤仇。今朝统领雄兵去，不斩奸臣誓不休。”③

作为伍子胥复仇的受害者，剧中的楚昭公不仅对伍子胥毫无怨言，

① 臧晋叔编：《元曲选》，中华书局1958年版，第647页。

② 臧晋叔编：《元曲选》，中华书局1958年版，第661页。

③ 王季思编：《全元戏曲》第4卷，人民文学出版社1990年版，第90页。

而且盛赞他。正末(楚昭公)唱道："伍盟府天下罕"，"他正是良才奇宝在人间"。① 楚昭公对伍子胥称颂不已。楚昭公在[哪吒令]、[鹊踏枝]两支曲子中肯定了伍子胥临潼斗宝时的英勇无畏气概和巨大功绩。正末唱："那里取这般忠义人、英雄汉，他举鼎时多敢有神力相关。""他唬的那秦姬辇怎敢遮拦；百里奚只瞪眼偷看……他直着秦公子曲躬躬亲送出潼关。"②从楚昭公的唱词中可看出他对伍子胥才智的赞赏之情。同时，楚昭公还埋怨楚平王："闲时故把忠臣慢，差时不听忠臣谏，危时却要忠臣干。"③致使"贤人投敌国"，"猛将过韶关"④。斥责费无忌："你每做的来不周，结下了父兄仇，抵多少不是冤家不聚头……他只待摘了你心肝、标了你首，可兀的便肯干休！"

伍子胥覆楚，申包胥复楚，楚昭公对此是如何看待的呢？在本杂剧第四折，正末唱道："包胥烈气子胥知，听的道借军来他可便引兵先退。那借兵的如从天上下，那收兵的那里也凯歌回。这两个谁是谁非，真乃是忠孝各完备。"⑤从楚昭公的唱词可知，他认为申包胥是至忠的代表，伍子胥是至孝的典型，这恰到好处地揭示出该剧的主题。《楚昭公疏者下船》还赞扬了伍子胥的"义"。剧中从申包胥口中道出了伍子胥的义气。申包胥云："谁想子胥不忘旧交，将城池地面还复与楚，即日班师，还他本国去了。""子胥若不想旧交之情，凭着他武艺，量小官到的哪里？"⑥从申包胥的口中得知伍子胥对朋友讲义气。另外，《楚昭公疏者下船》剧中还敷衍了伍子胥与费无忌交战的场面，伍子胥云："父兄之仇，今日须报，你可早早下马来请死者"，"我今日不拿你这老匹夫剉尸万段，誓不收军"。⑦ 结果伍子胥不费吹灰之力就捉拿了

① 王季思编：《全元戏曲》第4卷，人民文学出版社1990年版，第92页。
② 王季思编：《全元戏曲》第4卷，人民文学出版社1990年版，第93页。
③ 王季思编：《全元戏曲》第4卷，人民文学出版社1990年版，第94页。
④ 王季思编：《全元戏曲》第4卷，人民文学出版社1990年版，第94~95页。
⑤ 王季思编：《全元戏曲》第4卷，人民文学出版社1990年版，第111页。
⑥ 王季思编：《全元戏曲》第4卷，人民文学出版社1990年版，第111页。
⑦ 王季思编：《全元戏曲》第4卷，人民文学出版社1990年版，第98~99页。

费无忌。

## 四、《浣纱记》：孤忠老臣颂精诚

明清时期，有关伍子胥的戏曲不多，只有《浣纱记》中塑造了比较完整的伍子胥形象。从题目看，《浣纱记》是敷衍西施亡吴之事，剧本的主旨是叙述勾践灭吴这段历史。《家门》一出的[汉宫春]表明剧本主题："佳人才子，泛太湖一叶扁舟。"《浣纱记》不是严格意义上的"伍剧"，但是，本剧在展示吴越战争的过程中，为我们大致勾勒出了一个比较完整的伍子胥形象。

《浣纱记》中伍子胥的出场主要集中在《伐越》《通嚭》《允降》《谈义》《降赦》《论侠》《寄子》《死忠》《显圣》《擒嚭》等出。第四出《伐越》中他第一次出场，他自报家门唱道："[满江红]父怨方酬魂未返，君恩欲报心犹赤……素志烈于青霜，精诚贯于白日……皇天后土，鉴生平忠孝之心；名山大川，谅宿昔英豪之气。"①

这一段念白，具体介绍了伍子胥的特征，体貌出众："腰大十围，身长一丈。"智勇双全："幼谙韬略，长习典文。"又具有"忠孝之心、英豪之气"。这里概括了他的经历：临潼斗宝、蒙冤逃亡时渔父辞剑和浣纱女投江、覆楚鞭尸。重点强调伍子胥恩怨分明的价值观："一饭之德必酬，纤芥之仇必报。父兄深怨，鞭及墓下之人；贞烈大恩，全投濑中之女。"到本剧所写的阶段，伍子胥已成为吴国老臣。他虽然痛恨楚王，但并不仇恨自己的祖国，反而深深眷恋故国，身为吴国股肱老臣，却有流落异乡的漂泊之感："昔为楚国之亡虏，今作江左之家臣。凄凉郑树荆云，万里孤臣，流落吴山越水"。

此剧中有关伍子胥的情节基本上继承历史传统，伍子胥的主导性格仍然是忠孝两全，剧中的伍子胥对吴王忠心耿耿。在是否伐越上，伍子胥极力主张伐越。在越国请和问题上，伍子胥力谏夫差不要允降："勾

① 梁辰鱼撰：《梁辰鱼集》，上海古籍出版社1998年版，第455页。

践强暴，屡肆侵凌。今力屈计穷，命在顷刻，是天以越赐吴，此机不可失也。”①对于夫差降赦勾践，伍子胥坚决反对，但是夫差一意孤行，不听伍子胥忠言。作者在着力把伍子胥刻画成忠臣的过程中，并没有忽略伍子胥心中的矛盾和疑虑，如第十二出《谈义》：

> 将欲随波逐流，伴食廊庙，则何以立此身于朝端？将欲背义忘恩，返驾林壑，则何以报前王于地下？进退维谷……不免访高踪以卜国之兴衰，叩名流以定己之出处。②

可见，此时的伍子胥内心矛盾，在忠言不被采纳、报国无望时，他也想归隐山林，“明哲保身，省得落于奸臣之手”。但又担心辜负先王，犹豫不决的他向隐士公孙圣求助，下面就来看一下公孙圣是如何看待此事的。

> (末)当初既仗吴之先王，得尽孝道，今日即弃吴之后主，不竭忠诚，则是贪生怕死，背义忘恩，乃小丈夫之所为，窃为吾弟不取也。
>
> (外)杀身殉国，此亦何难。但恐吾死，吴国又亡，既无益于邦家，又灭绝乎宗祀，却不两下耽误了。
>
> (末)岂不闻死生有命，祸福在天。烈士殉名，壮夫重气？存为楚国之杰，殁作吴地之英。③

显然，此时的伍子胥是有归隐倾向的，公孙圣认为“为子死孝，为臣死忠”，不可“但计嗣君之小过，遂忘前王之大恩”。对于忠君死节儿

① 梁辰鱼撰：《梁辰鱼集》，上海古籍出版社1998年版，第465、469页。
② 梁辰鱼撰：《梁辰鱼集》，上海古籍出版社1998年版，第478页。
③ 梁辰鱼撰：《梁辰鱼集》，上海古籍出版社1998年版，第479~481页。

子无法安置的难题，公孙圣提议寄子他邦，既尽父子之情，又全君臣之义，这样“虽死之日，犹生之年”。笔者认为，公孙圣的设置体现了社会舆论对伍子胥所面临问题的态度，在一定程度上，反映了明代人的君臣观念。公孙圣与伍子胥的对话，可能是剧作家的创作手法，以便更好地描写伍子胥忠君与死节的矛盾心理。通过虚构人物设置问答对话并非梁辰鱼的首创，苏轼《赤壁赋》等已有典型例证。

身为伍子胥学生的吴国太子也建议老师学习比干，在公孙圣和太子的劝勉下，伍子胥决定杀身殉国。《寄子》一出把父子的生离死别敷衍得淋漓尽致。伍子胥非常悲伤，唱词十分悲酸：“丹心空报主，白首坐抛儿”“料团圆今生已稀，要重逢他生怎期……禁不住数行珠泪”。① 伍子胥复杂的心态在传奇这种长篇体裁中得以生动细致的描绘。伍子胥的这种矛盾心态，是剧作者结合历史情境揣度剧中人物的心理轨迹，是想象虚构，是艺术创造。

至于死后“显圣”“擒嚭”是想象，忠烈而死的伍子胥以神话的力量进行复仇，是剧作家浪漫主义的手法，给全剧一个圆满的结局。笔者认为，《浣纱记》中的伍子胥不仅是忠贞死节的骨鲠老臣，而且是有着常人感情的普通人，他在明知无力扭转吴国局势时也想隐退，在父子分离时极为痛楚。总之，剧作者把英雄的悲壮和常人的情感演绎得十分动人。

### 五、其他：乞食吹箫铸典故

此外，史剧还把伍子胥故事作为典故来引用，据用意把故事分化为不同的部分来用典，有对临潼斗宝文才武略的赞颂，如关汉卿《刘夫人庆赏伍侯宴》中大将王彦章说：“天下英雄闻吾怕，我是那压进春秋伍子胥。”②李文蔚《张子房圯桥进履》正末唱：“论敢勇呵，我似

① 梁辰鱼撰：《梁辰鱼集》，上海古籍出版社 1998 年版，第 519~520 页。
② 隋树森编：《元曲选外编》，中华书局 1959 年版，第 114 页。

那楚伍员，伏盗跖，赴临潼，举金鼎，欺文武，保诸侯，逞英豪，状貌堂堂。”①有对子胥乞食、吹箫吴市的同情，如无名氏《摩利支飞刀对箭》中薛仁贵唱：“姜太公渭河边垂钓，伍员在丹阳县吹箫。”②借用伍员吹箫乞食之事形容自己窘迫的情境。不忽木的套数[仙吕点绛唇]《辞朝》：“吹箫仿伍员，弃瓢学许由。”③另外，也有对鞭尸的评价及悬首吴门的感叹，如薛昂夫[中吕]《朝天曲》：“伍员，报亲，多了鞭君忿。可怜悬首在东门，不见包胥恨。半夜潮声，千年孤愤。钱塘万马奔，骇人，怒魂，何似吹箫韵。”④认为伍员鞭君复仇过分，不合君臣之义。

另外，还有对申包胥为复楚而哭秦庭七日，以至于哭倒秦国馆驿的戏剧性敷衍，《张子房圯桥进履》中正末云：“昔日十八国为因吴伍员领兵伐楚，申包胥入秦求救，哀公不发救兵。至于秦亭馆驿，七昼夜水米皆不入其口，大痛悲泣，哭倒秦亭馆驿。哀公曰：‘包胥乃忠烈之臣也。’疾发兵救楚，子胥领兵回吴。”⑤剧中张良说“十八国为因吴伍员领兵伐楚”，这和历史不符。显然，戏曲家为追求情节的生动离奇，不惜改变历史事实真相。

从《十八国临潼斗宝》《说专诸伍员吹箫》到《浣纱记》，从元杂剧到明传奇，分别表现了不同时代戏曲家在各自的社会背景下对伍子胥题材的思考和创作。通过对这些典型史剧的分析，我们也可以从戏曲的视野中对伍子胥故事进行观照，试图在历史时代和社会文化上更深入地探讨伍子胥题材流变的现象和轨迹。

① 隋树森编：《元曲选外编》，中华书局1959年版，第233页。
② 隋树森编：《元曲选外编》，中华书局1959年版，第868页。
③ 隋树森编：《全元散曲》，中华书局1964年版，第76页。
④ 隋树森编：《全元散曲》，中华书局1964年版，第704页。
⑤ 隋树森编：《元曲选外编》，中华书局1959年版，第236页。

# 第三节　明清小说之遵史传奇

## 一、《东周列国志》：据实构虚

明中叶，在《三国演义》广泛传播的影响下，出现了历史演义小说的编写刊刻热潮，福建的书坊主余邵鱼编刻了《列国志传》。为丰富小说内容，吸引读者，余邵鱼也大胆吸收了不少民间传说、讲史话本以及宋元明戏曲，以达到补经史之所阙的目的。《列国志传》采集资料比较繁多，过多地偏重史实，描写简略，文字粗糙。然而从列国小说演变的角度来考察，其却有着不容忽视的重要地位。它为明末著名小说家冯梦龙编写《新列国志》奠定了基础。冯梦龙删掉《列国志传》中武王伐纣至西周灭亡的内容，集中记述了东周列国历史，全书共108回。在依据史实的基础上，冯梦龙也保留了一些民间故事，对史实也作了一些小的调整，增添了一些情节，对语言也进行了润色加工，在一定程度上增强了作品的艺术性。与余邵鱼相比，冯梦龙主要依据《左传》《国语》《史记》等史传材料改编《列国志传》，删掉其他一些与史实不符、任意虚构的情节。冯氏的改编更注重依循史实，更强调实录精神。此后，乾隆十七年(1752)蔡元放评点的《东周列国志》出版后，就成为列国志系列小说的定本。与冯梦龙改编的《新列国志》相比，蔡元放增加了《读法》和评语、夹注，后者实际上是前者的评点本。两书内容基本相同，蔡氏只作了很小的修改，大多是订正历史知识的。

《东周列国志》中伍子胥故事主要集中在第71回至第82回。郑振铎说："《东周列国志》所叙，大多依据《史记》《吴越春秋》等书，无来历者绝少。"①该书在对以前伍子胥故事整理的基础上，加进编者的创造，情节趋向完整，故事生动曲折。

① 郑振铎：《郑振铎全集》第3卷，花山文艺出版社1998年版，第297页。

伍子胥故事中的起因、逃亡环节主要集中在第72回。《棠公尚捐躯奔父难，伍子胥微服过昭关》主要依据《左传·昭公十年》和《吴越春秋·王僚使公子光传》的内容，又加入一些人物和情节，使逃亡故事更加丰满。楚王使鄢将师持伍奢亲笔信召伍尚、伍员，伍尚归楚。楚平王便派遣武城黑追捕伍员，伍员对其妻贾氏说明情况，贾氏自尽。伍员射杀御者，武城黑逃遁。楚平王悬赏捉拿伍员，伍员在睢阳道中遇申包胥，相约覆楚存楚。伍员至宋，同太子建奔郑，太子建因与晋谋郑被杀，伍员与太子建之子胜逃奔吴国。

最值得注意的是，伍子胥"过昭关"的故事在此被敷衍得极为生动有趣，由《史记》中的十几字扩展到2000多字，不仅吸收了元代已经形成的伍子胥过昭关一夜白了头的故事，而且增加了更富有戏剧性的内容：伍子胥与公子胜逃到历阳山，被周游列国的神医东皋公（扁鹊之弟）认出，东皋公热情相助，伍子胥在他家一连隐藏七天，因无计出关而心急如焚致使鬓发一夜之间全白。东皋公还请出好友皇甫钠相助伍子胥出关，因皇甫钠与伍子胥的长相有些相似，东皋公就建议他与伍子胥互换衣服，以假乱真。过关时，"假伍子胥"被当场擒拿，真伍子胥却趁机混出关门。后来东皋公救出皇甫钠。过昭关后，作者又虚构了伍子胥智骗击柝小卒左诚之事。伍子胥谎称过关取夜明珠，左诚不敢阻拦。对于昭关之事第77回有照应：伍子胥伐楚归吴途中再过昭关时，寻访不到东皋公和皇甫钠而毁关。

渔丈人之事主要集中在第72回，渔父所唱之歌、中途回家取饭、芦中躲藏、解剑答谢、覆船自沉等情节与《吴越春秋·王僚使公子光传》基本相同。另外，第77回有渔丈人之子救郑之事，与前面情节相照应。专诸、浣纱女事主要集中在第73回，《伍员吹箫乞吴市，专诸进炙刺王僚》基本据《左传·昭公二十三年》和《吴越春秋·王僚使公子光传》敷衍而成，具体细节更加生动，并敷衍了专诸母亲的情节：专诸方与人斗，其母一唤即归；专诸母子受公子光物质恩惠，公子光欲用专诸刺杀王僚，因母亲尚在，专诸犹豫不决，为了成全其事，专诸母亲自缢。此回中伍子胥遇浣纱女之事，其情节主要依据《吴越春秋·王僚使公子光传》，浣纱女最后“抱一大石，自投濑水而死”，这是受《伍子胥变文》和元杂剧的影响。与此前不同的是，《东周列国志》增加了伍子胥“血书题石”的情节：“伍员见女子投水，感伤不已，咬破指头，沥血书二十字于石上，曰：‘尔流纱，我行乞；我腹饱，尔身溺。十年之后，千金报德！’伍员题讫，复恐后人看见，掬土以掩之。”对于二十字血书，没有相关的文献记载，很可能是从李白《溧阳濑水贞义女碑铭》“惜其投金有泉，而刻石无主，哀哉”的碑文中汲取营养衍化而来，只是把“刻石”夸张为“血书题石”。第77回有对“血书题石”的照应，伍子胥伐楚归来，凭“埋石”标志，找到贞义女的投水处，投金濑水以报先前之恩，贞义女母亲取金而去。

伍员荐要离、孙武事分别集中在第74、75回，基本取材于《吴越春秋·阖闾内传》。第76回《伍子胥掘墓鞭尸》主要借鉴《吴越春秋·阖闾内传》，但是也有发挥之处：伍员四处寻访平王墓而不得，忽有老叟(修墓的石匠)指点墓址所在，疑棺下面才是真棺，原来平王之尸用水银殓过，肤肉不变，伍子胥“手持九节铜鞭，鞭之三百，肉烂骨折。于是左足践其腹，右手抉其目，数之曰：‘汝生时枉有目珠，不辨忠佞，听信谗言，杀吾父兄，岂不冤哉！’遂断平王之头，毁其衣衾棺木，同骸骨弃于原野”①。老叟的出现说明楚平王残暴，将砌造疑冢的五十多名石匠尽杀冢内，所以不得民心。

申包胥事主要集中在第77回《泣秦庭申包胥借兵》，基本取材于《吴越春秋·阖闾内传》。后来伍子胥谏勿与越讲和、谏灭越、谏勿伐齐事基本依据《史记》和《吴越春秋》。但是，民间传说中伍子胥临潼斗宝获盟辅之事，冯梦龙却没收录。

## 二、其他小说：描神写异

除《东周列国志》外，其他小说中也有敷衍伍子胥故事的，如伍子

① 冯梦龙编：《东周列国志》，人民文学出版社1955年版，第711~712页。

胥神灵的故事，代表性的有明代瞿佑的传奇小说《剪灯新话》卷4《龙堂灵会录》，故事叙述的是元统(元顺帝年号)间一个名叫子述的人的一次奇特经历。一次，龙王邀请子述做客，席间，他看见了范相国(范蠡)、晋张使君(张翰)、唐陆处士(陆龟蒙)。一会，伍君到来，范相国犹据首席，“伍君勃然变色而谓王曰：‘此地乃吴国之境，王乃吴地之神，吾乃吴国之忠臣，彼乃吴国之仇人也……王又延之入室，置之上座，曩日吞吴之恨，宁忍忘之耶?’”①接着，伍君指责范相国曰：“汝有三大罪，而人罔知，故千载之下，得以欺世而盗名。”②第一大罪，用西施作美人为“诲淫”之计，“谋国之不臧”。第二大罪，功成身退，“自不能事君，又诱其臣与之偕去，此乃事君之不忠”③。第三大罪，“聚敛积实”，“持身不廉”。接下来，伍君说明自己高过范蠡的地方：“复父兄之仇，又能为夫差复父之仇，则孝为有余矣。事吴至死不去，以毕志于其君……忠为有余矣……又能逆料沼吴之祸，而为身后之忧，则智为有余矣。”④最后，范蠡虚位以让伍君，伍君遂据其上，范相国居第二位。这个故事敷衍的是阴间的伍子胥故事，冥间的伍子胥仍然忠心耿耿，但不免显得好为人上。

《说岳全传》第69回《打擂台二祭岳王坟，愤怨情哭诉潮神庙》敷衍了伍子胥替岳飞报仇的故事。故事中的伍子胥作为潮神，在人间有神庙供奉。王能、李直因为替岳王报仇求神不应，逢庙便打，遇神便骂，于是就把伍子胥神像打得粉碎。伍子胥知道真相后，上诉玉帝，惩恶扬善，最终善恶昭彰，奸臣秦桧遭到报应，岳飞父子获得褒奖。王能、李

① 瞿佑撰，周楞伽校注：《剪灯新话》，上海古籍出版社1981年版，第84页。

② 瞿佑撰，周楞伽校注：《剪灯新话》，上海古籍出版社1981年版，第84页。

③ 瞿佑撰，周楞伽校注：《剪灯新话》，上海古籍出版社1981年版，第85页。

④ 瞿佑撰，周楞伽校注：《剪灯新话》，上海古籍出版社1981年版，第85页。

直二人为伍子胥修整庙宇，重塑神像。此故事中塑造的伍子胥在阴间是正义之神的形象。

清代长篇小说《说唐》第 17 回《韩擒虎调兵二路　伍云召被困危城》中的伍云召的前半生故事，与伍子胥故事有着惊人的相似。不仅二人都姓伍，故事结构也几乎雷同。伍云召之父伍建章，是当朝太师，杨广杀了文帝之后，想命他草诏，他不肯。杨广就杀了他，又派人带兵围住伍府将伍家老少杀尽，只有一个马夫伍保逃走。伍保急速赶往南阳给伍云召送信。炀帝又派韩擒虎为帅攻打南阳，因韩擒虎与伍建章有八拜之交，故有意放走伍云召。伍云召妻子投井自杀，伍云召只带了一个孩子逃到河北去了。这个故事，与民间传说中的伍子胥故事很相似。伍建章是伍奢的化身，伍保到南阳送信，就是公子建投奔樊城给伍子胥报信。韩擒虎奉命捉拿伍云召却放他逃走，即《伍员吹箫》中养由基故意放伍子胥逃走。伍云召妻子投井自杀就是伍子胥妻子“入户自缢”（见《新列国志》第 72 回）。可见，伍云召故事与伍子胥故事极为相似，后者是前者的翻版。郑振铎曾说：“伍云召的故事，在《隋唐演义》里是没有的，只有《说唐前传》里写着，很显然，这完全是《说唐传》编者的臆造，是根据伍子胥的故事，略加以改变而臆造的。”①

《说唐》第 3 回叙述了秦叔宝、樊虎押解犯人途中，离长安五十里，路遇临潼山，秦叔宝对樊虎说：“我闻伍子胥，昔日身为明辅，挟制诸侯，临潼会上，举鼎千斤，名震海宇。今山上有祠，我欲上去瞻仰一番。”②可见民间流传着伍子胥临潼斗宝的传说。《老冯唐直谏汉文帝》记述，宋真宗驾幸武庙，“尚书张询奏：‘五子胥曾鞭主尸，赵云曾斥主母，此二人不堪入庙。’真宗曰：‘此二人亦英杰也，可于门首享祭。至今于武庙为把门将”③。可见，封建帝王以忠顺为衡量臣子好坏的标

① 郑振铎撰：《郑振铎全集》第 4 卷，花山文艺出版社 1998 年版，第 298 页。

② 陈汝衡修订：《说唐》，上海古籍出版社 1978 年版，第 13 页。

③ 洪楩编辑，石昌渝校点：《清平山堂话本》，江苏古籍出版社 1990 年版，第 329 页。

准，统治者封神的目的是为了更好地维护统治地位。《飞龙全传》第8回开头诗曰："伍员吹箫市，韩信垂钓台。昔贤曾混迹，之子亦多才。"①作者用这个事例说明英雄也有窘迫之日，作者意在把其作为小说情节发展的引子，为情节发展铺垫。

《醒世姻缘传》第30回："若是那样忠臣……不惟托生，还要用他为神。那伍子胥不是使牛皮裹了撩在江里死的？屈原也是自己赴江淹死。一个做了江神，一个做了河伯。"②显然，小说作者把伍子胥看作和屈原一样的忠臣。

《西湖二集·吴山顶上神仙》叙述了这样一个故事：张三丰闻知冷启敬，特来吴山拜访，二人见了甚是相得，各以道法相证。"冷启敬见海中一船将覆，船中人呼号求救，冷遂飞一道符，差伍子胥往救，船得不覆。"③故事中之所以遣伍子胥救船，盖当由伍子胥死后被投江成为涛神联想而来。

袁枚《子不语》卷十《鞭尸》记述了这样一个神异故事：桐城张、徐二友，到江西做生意，路上徐氏死于店楼。张氏于是到市场买棺材为葬，棺店主人索价二千文，交易做成了。但棺旁一老人阻拦，勒索四千，张氏愤然拒绝。当天夜里，张氏上楼时，尸起相扑。张氏非常害怕，急忙逃到楼下。次日清晨，张氏再去买棺材，作梗老人骂曰："我虽不是主人，然此地我号'坐山虎'，非送我二千钱，棺不可得。"④是夜，一个白须翁拜访张氏，"白须翁手一鞭曰：'此伍子胥鞭楚平王尸

① 吴璿撰，孟庆锡校点：《飞龙全传》，人民文学出版社1981年版，第65页。

② 西周生辑：《醒世姻缘传》，齐鲁书社1980年版，第382页。

③ 周楫撰，陈美林校点：《西湖二集》，江苏古籍出版社1994年版，第422页。

④ 袁枚编，申孟、甘林点校：《子不语》，上海古籍出版社1986年版，第265页。

也。今晚尸起欲扑，汝持此鞭之，则棺得而大难解矣'"①，话说完就消失了。当日晚上张氏回来上楼时，尸又跃起。他按照白须翁教示的方法，尸体便"应鞭而倒"。次日，坐山虎死了。原来，坐山虎有妖法，能使死尸扑人，为当地一害。棺店主人疑惑坐山虎为何暴死。于是，张氏告诉其白须翁赠鞭之事。当张氏和棺店主人去现场看时，老人尸体上果然有此鞭痕迹。可见，故事中的张氏得了伍子胥的神鞭，一举而打死坐山虎，除了妖孽，为民除害。故事作者赋予伍子胥之鞭以及伍子胥以正义的意义，具有驱除妖魔的功能。

《豆棚闲话》第二则《范少伯水葬西施》："万一夫差是个精细的人，不听伯嚭邪言，信着伍员的好语，也不见得这个败坏。"②第十则《虎丘山贾清客联盟》："贾敬山说道：'吹箫唱曲，帮衬行中，别的也没相干。想当初伍子胥吹箫乞食于吴市，传了这个谱儿。伯嚭大夫掇臀捧屁，传了这个身段。这却是我辈开山始祖，我哩饮水不要忘于源头。'众人道：'弗可，弗可，伍子胥是个豪杰丈夫，伯嚭是个臭偈小人，弗好同坐。'"可见，作者对伍子胥、伯嚭的态度褒贬分明。

总之，以伍子胥为题材的文学作品，涉及诗歌、散文、小说、戏曲等文体，其中，小说与戏曲更注重情节的传奇性与故事性。《史记》被称为无韵之离骚，在记述伍子胥故事时已有一定的文学色彩。东汉《越绝书》《吴越春秋》中的伍子胥故事比《史记》的文学色彩更浓厚一些。唐代的《伍子胥变文》、元明戏曲也以独特的方式丰富发展了伍子胥故事。明代的列国小说中尤其是《东周列国志》也有伍子胥故事。

中国的小说和戏曲在内容的选择上有相同之处，内容多来源于稗官野史和民间传说，故事情节虚构离奇，如伍子胥乞食、过江的故事《左传》没记载，《史记》只提及"乞食于吴市""止中道乞食"。《吕氏春秋》

① 袁枚编著，申孟、甘林点校：《子不语》，上海古籍出版社1986年版，第265页。

② 艾衲居士编著，张敏校点：《豆棚闲话》，人民文学出版社1984年版，第17页。

初步呈现渔父辞剑故事，《越绝书》《吴越春秋》的乞食过江故事更加丰富，已提到浣纱女之母。元代戏曲更传奇化了，新增了其婆婆和兄弟，增饰了伍子胥报仇后酬谢他们。渔父渡江、赐饭、自刎情节，又有渔父之子救郑，描写更加生动。元代戏曲中的渔父身份明确，原是楚国大夫闾丘亮，从笼统的乞食、过江发展到人物和地点明确，可以看出民间传说由虚到实累积的形成过程。这也体现在"过昭关"故事情节的发展上，《史记》有"橐载出昭关"之说，到《楚昭公疏者下船》则进一步丰富为："为甚着贤人投敌国，也则怕猛将过昭关。""他走樊城时兀自红颜，过昭关早成皓首。"①元代戏曲提供了"一夜白头过昭关"的方式，明代列国小说又在此基础上虚构了非常有戏剧性的"过昭关"情节。

小说戏曲的主要旨趣在于虚构故事，追求情节的生动、人物形象的栩栩如生。小说戏曲等通俗文学作品以广大民众喜闻乐见的形式和内容流传，受众更广，因而流传也更广。小说戏曲家创造的伍子胥故事体现了平民大众的价值观念。因此，普通大众所知晓的伍子胥故事大多是一夜白头过昭关、鞭尸复仇、临潼斗宝等。

① 王季思编：《全元戏曲》第 4 卷，人民文学出版社 1990 年版，第 95、98 页。

# 第五章 民俗方志中的文化遗迹

伍子胥其人其事，史官在史书中给予记载，文人纷纷题咏评论，甚而以之为题材进行创作。同样，从伍子胥去世时，其故事就在民间流传，民间文化对伍子胥故事的发展变化以及伍子胥由人到神的神化起到了推波助澜的作用。在中国古代，老百姓对神灵极为崇拜，不管是何路神道，对民众都有很强的吸引力。因此，伍子胥在民间文化中被崇拜，并在神龛中被供奉，庙食千古得以不朽。

## 第一节 先秦至唐伍庙之修建

### 一、立庙祭祀

从伍子胥去世开始，在吴国民间就有他的事迹流传，民间祭祀也拉开序幕。据《史记·伍子胥列传》载，伍子胥死后，“吴人怜之，为立祠于江上，因命曰胥山”。可见，最早祭祀伍的祠庙，应该在春秋时代。

汉魏六朝时期，伍子胥祠庙在地域上进一步扩大，民间的祭祀活动力度、祭祀规模、民众祭拜的虔诚度都进一步加强。《安徽金石略》载：“汉高帝九年，封员忠靖君，祠于山巅。后汉又封威武将军。”①显然，西汉时广德州已有伍子胥庙，这是现存文献中较早的封建帝王对伍子胥的加封。随着官方的加封，民间对其忠贞孝义的赞赏，更多地方为其立

① 赵绍祖撰：《安徽金石略》，《续修四库全书》第912册，第308页。

庙祭祀也是自然之事。据王充《书虚篇》载："今时会稽、丹徒大江；钱唐、浙江，皆立子胥之庙。"①可见，东汉时伍庙比较兴盛，在会稽、丹徒大江、钱塘、浙江均已有伍庙。关于立庙的原因，王充以为是伍子胥忠谏而死，愤恨不平，死后变为猛涛。王充认为伍子胥死后"驱水为涛"的传说是虚妄的。但东汉时民间传说对伍子胥进一步神化，如《吴越春秋》曰："葬一年，伍子胥从海上穿山胁而持种去，与之俱浮于海。故前潮水潘侯者，伍子胥也，后重水者，大夫种也。"

谢承《后汉书》曰："吴郡王闳渡钱塘江，遭风，船欲覆，闳拔剑斫水骂伍子胥，水息得济。"《汉书》云：张禹拜扬州刺史，当过江行，部中土人皆以江有子胥之神，难于济涉。禹厉声言曰："子胥如其有灵，知其志在理察枉讼，岂危我哉，遂鼓楫而过。"②这两个事例展示了钱塘、扬州一带民众把伍子胥想象为主持江涛的潮神，过江前应祭拜一下，以保平安。不过此时，伍子胥神是"猛涛"形象。在《论衡》《吴越春秋》的基础上，西晋时期，张华将伍子胥从"恚恨"形象提升至钱塘江涛神。

六朝时期，伍庙的祭祀规模和程度与前代相比，进一步加强。正如赵翼所说："六朝时尚有伍子胥、项羽二神，亦香火最盛。"③梁代慧皎法师的《高僧传》卷13中有关南朝宋代伍庙的记载，是赵翼这句话极好的注脚。"（释僧亮）欲闻湘州界铜溪伍子胥庙多有铜器，而庙甚威严，无人敢近。亮闻而造焉，告刺史张邵借健人百头，大船十艘。邵曰：'庙既灵验，犯者必毙，且有蛮人守护，讵可得耶？……未至庙屋二十许步，有两铜镬容百余斛中，有巨蛇，长十余丈，出遮行路……令人辇取庙铜，既多，十不取一，而舫已满，唯神床头，有一唾壶中有一蝘蜓，长二尺许，乍出乍入。"这里虽然不无道家神化虚无之辞，但是，此时湘州（今湖南）伍子胥庙祀之显赫亦鲜明可见。民众认为伍庙很灵

---

① 刘盼遂撰：《论衡集解》，古籍出版社1957年版，第83页。

② 《北堂书钞》，《景印文渊阁四库全书》第889册，第831页。

③ 赵翼撰：《陔馀丛考》，河北人民出版社1990年版，第719页。

验，有触犯它者必死无疑，寺庙甚威严，且铜器很多，并有专人守护。

由此可见，伍子胥庙也不止江南一带才有，至少在湖南，当地民众也曾立庙祭祀伍子胥。不仅湖南有伍庙，河南、山东也有伍庙。《魏书》卷106《志第五·地形志上》记载：“东燕……有尧祠、伍子胥祠。”①《志第六·衮州》：“泰山郡……伍子胥庙。”②《水经注·河水》载：“河水又东，北经伍子胥庙南，祠在北岸，顿丘郡界，临侧长河，庙前有碑，魏青龙三年立。”③《睢水、瓠子河、汶水》载：“碑文云尧陵北、仲山甫墓南，二冢间有伍员祠，晋大安中立一碑，是永兴中建。”④卷30载：“（江都）县有江水祠，俗谓之伍相庙也。子胥但配食，岁三祭，与五岳同。”⑤这里记载的江都县的伍庙中，伍子胥仅配食耳，祭祀制度是一年祭三次，与祭祀五岳相同。

由此可知，东燕、泰山郡、顿丘郡、成阳县、江都县都有伍子胥祠庙，顿丘郡、东燕在今天的河南省，泰山郡、成阳县在今天的山东省。显然，六朝时兴建伍庙的地域有山东、河南、湖南，加上安徽、江苏、浙江，伍庙分布的区域范围已经比较广了。总之，春秋至汉魏六朝，伍子胥一直成为江南民众祭祀的神祇，并有渐渐扩充到其他地区的趋势。六朝时期佛教在我国正处于旺盛期，在时代氛围的影响下，民众有崇神敬神信佛的心理，积极参与祭祀活动，有如此多的伍子胥祠庙就容易理解了。

隋唐时期，人们对伍庙极为尊崇。《隋书·高劢传》：“先是，城北（楚州）有伍子胥庙，其俗敬鬼，祈祷者必以牛酒，至破产业。劢叹曰：‘子胥贤者，岂宜损百姓乎？’乃告谕所部，自此遂止，百姓赖之。”⑥百

---

① 魏收撰：《魏书》，中华书局1974年版，第2458页。
② 魏收撰：《魏书》，中华书局1974年版，第2519页。
③ 《水经注》，《景印文渊阁四库全书》第573册，第86页。
④ 《水经注》，《景印文渊阁四库全书》第573册，第375页。
⑤ 《水经注》，《景印文渊阁四库全书》第573册，第466页。
⑥ 魏徵、令狐德棻撰：《隋书》，中华书局1973年版，第1373页。

姓为了祭祀伍子胥，以致破产。可见隋朝时，伍子胥在民众心中的地位之高，祭祀发展到需要官方禁止的程度。《新唐书 · 狄仁杰》载："吴楚俗多淫祠，仁杰一禁止，凡毁千七百房，止留夏禹、吴太伯、季札、伍员四祠而已。"①由此可知，伍子胥在当时人们心中具有特殊的历史地位。伍庙得以与夏禹、吴太伯、季札等帝王圣贤之庙相比肩，可见伍庙的尊崇地位。卢元辅《胥山祠铭并序》记述了唐代伍庙香火旺盛的状况："金狄在户，雷鼓在堂，魏樽汉豆，六代笙簧，可谓奉天爵之馨香，获神人之盛礼。"②此处伍庙立于春秋时期伍子胥死后，距唐元和年间有"千五百年"，但"庙貌不改"，显示了民众对伍庙的尊崇。

## 二、民俗活动

汉魏六朝时期，人们不仅采用兴建庙宇的方式祭祀伍子胥，还通过民俗活动纪念伍子胥。人们甚至把祭神之日定在农历五月初五，这就与端午节的起源联系起来。陈元靓《岁时广记》卷 23《端午寻父尸》载："东汉《烈女传》：孝女曹娥者，会稽上虞人。父盱，能弦歌为巫竞，汉安二年，五月五日于县江泝涛婆娑迎神，溺死。"度尚《曹娥碑》："盱能抚节按歌婆娑乐神，以汉安二年五月时，迎伍君，逆涛而上，为水所淹，不得其尸。"③

据以上两条材料所记，孝女曹娥父亲的死因是纪念伍子胥，"迎伍君，逆涛而上，为水所淹"。这向我们提供了一个可靠信息，即东汉时会稽祭祀伍子胥的情况：农历五月五日这一天巫师弦歌、"泝涛婆娑迎神"。据六朝梁代宗懔《荆楚岁时记》的"邯郸淳《曹娥碑》云：'五月五日，时迎伍君，逆涛而上，为水所淹。'斯又东吴之俗，事在子胥，不关屈平也。"可见，在南朝时有关端午节的起源，是由伍子胥而起，后来则转为纪念屈原。这种寓祀于乐的活动，有着广泛的群众基础，群众

① 欧阳修、宋祁撰：《新唐书》，中华书局 1975 年版，第 4208 页。

② 《事文类聚》，《景印文渊阁四库全书》第 925 册，第 249 页。

③ 《古文苑》，《景印文渊阁四库全书》第 1332 册，第 722 页。

参与性强，体现了人们对伍子胥的哀悼怀念之情。

祭祀伍子胥的神灵，不仅有寓祀于乐的祭祀活动，还有专为伍子胥创作的“小海唱”之歌。《晋书·夏统》载：“统曰：‘伍子胥谏吴王，言不纳用，见戮投海，国人痛其忠烈，为作小海唱，今欲歌之。”①“统于是以足叩船，引声喉啭，清激慷慨，大风应至，含水嗽天，云雨响集，叱咤讙呼，雷电画冥。”②诸人顾相谓曰：“聆小海之唱，谓子胥、屈平立吾左右矣。”③由这段描述可见，小海唱在会稽地区应当广为流传。可惜，小海唱的歌词在《晋书》没有记载，但从描述中可以知道歌词内容一定十分悲壮、激越、慷慨，歌时竟有“大风应至”“云雨响集”的反响。

对于《晋书》未记载小海唱歌词内容的缺憾，后人总想做些弥补工作，明代邵宝的《容春堂集》载有一“小海唱”，歌词曰：“潮来兮无天，潮去兮何地……潮来兮谁驱，潮去兮谁殿……潮来兮悲吴，潮去兮吊越。忠千古兮长冤，潮复潮兮江月。”④不知此“小海唱”是否真为《晋书》中夏统所歌的“小海唱”，但真也罢假也罢，无疑都表现了后人对伍子胥的怀念之情。

清代陈文述的《颐道堂诗选》又录有另一“小海唱”，即《小海唱书胥山伍相国祠壁》：

> 小海流兮浑浑……泪万古兮伤忠魂。翳亡臣之来归兮，羌吹箫而乞食。事先君以尽瘁兮，爰破楚而入越。嗟嗣君之信谗兮……怨君王之不悟也。乌啄兮啾啾，宗社墟兮臣心以忧……吴终沼兮越亦墟，骖白马兮归来。⑤

---

① 房玄龄撰：《晋书》，中华书局1974年版，第2428页。
② 房玄龄撰：《晋书》，中华书局1974年版，第2429页。
③ 房玄龄撰：《晋书》，中华书局1974年版，第2430页。
④ 《容春堂集》，《景印文渊阁四库全书》第1258册，第23页。
⑤ 《颐道堂诗选》，《续修四库全书》第1504册，第515页。

伍子胥“吹箫乞食”“破楚入越”“忠君死谏”等人生经历都以诗化的形式再现。诗中的伍子胥是遗忠难瞑的，哀怨动人。诗人说明了作“小海唱”的缘由：“员之沉，犹原之放，因拟骚焉。”屈原和伍子胥都是忠贞而死的先贤，屈平曾作《离骚》抒发胸臆和忠而被谤的愤懑，在诗人看来，伍员的遭遇和屈原相似。因此，诗人采用骚体的形式创作小海唱。

祭祀伍子胥的神灵，还有群众参与性很强的弄潮活动。卢元辅《胥山祠铭并序》一文描述了唐代杭州弄潮的壮观场面：“仲秋阙望，杭人以旗鼓迓之，笳箫和之，百城聚观，大耀威灵，卷沙墨裂，地灰截石，岸圻成坑，迎潮氏格之，如吕梁丈人，为灵戈威矛，潋浪百重。”①从这段文字可获悉，唐代元和年间民俗活动弄潮的时间、地点、场面、规模等情况，农历八月十五，杭州人以旗鼓笳箫助阵，弄潮规模巨大，场面壮观，迎潮氏身姿非常矫健，技巧十分娴熟。

## 第二节　宋元时期之民间祭祀

### 一、江浙伍庙

宋代官方多次对伍子胥加封晋爵，宋代是伍子胥官方祀典地位确立的时期。《咸淳临安志》载：“国朝(笔者注：宋朝)载在祀典”，“春秋醮祭”。这标志着伍子胥信仰取得了官方的认可与支持。有宋一代，朝廷对伍子胥大力崇封。《咸淳临安志》卷71记载：“大中祥符五年……赐忠清庙额，封英烈王……政和六年，加封威显……绍兴二十二年至三十年，加封忠壮……庆元五年至嘉定十七年，累封为忠武英烈威德显圣王……嘉熙三年，赵安抚与欢又易而新之，庙前旧有星宿阁，至是阁成，摭英卫二字以名。理宗皇帝亲洒宸翰赐焉……自嘉熙至今，累改为

① 《事文类聚》，《景印文渊阁四库全书》第925册，第249页。

忠武英烈显圣安福王。”①有宋一代，不仅伍员得到官府的崇封，其家人都得到了加封。《续文献通考》记载：“理宗嘉熙三年，海潮大溢，京兆赵与欢祷于神而息，奏即庙中建英卫阁，并封王妃协清夫人，父奢兄尚皆加封号。”②宋代朝廷往往通过赐额或赐号的方式，把某些比较流行的民间信仰纳入国家信仰系统。祭祀和表彰死去的圣贤，其实是为活在世上的人们确立生活楷模，以适合自己的统治需要。

宋代伍子胥信仰的普及情况，从伍子胥祠庙、遗迹的分布中可窥见一斑。有祠庙墓寝，如伍子胥庙(祠)、伍子胥墓等；有山水，如胥山、吴山、濑水、溧水、伍牙山等；有村庄住宅，如胥村、伍子胥宅；有城池，如吴城、阖闾城；有水利工程，如伍堰。这些祠庙、遗迹主要分布在江苏、浙江、安徽等地。

伍子胥庙宇主要分布在江浙一带，江苏钱塘县南六里有吴山，上有伍子胥庙。③ 太湖口上有胥山，上有伍子胥庙。④ 江阴县有伍员祠：“在县东南七十五里员湖西岸，昔伍相因行过此，后人悲忆之，因名员湖，并为立庙。”⑤平江府(即苏州市)有伍子胥墓。⑥ 浙江杭州吴山有子胥祠，浙江严州有两座伍庙，“英烈王庙，在胥岭，盖伍子胥别庙”。另外，距城四十里有胥村，据宋陈公亮撰(淳熙)《严州图经》载：“相传伍子胥尝逃难抵此，后以名村，有庙。”溧阳县有子胥庙，在“县西南六十里伍牙山下”⑦。浙江昌化县亦有伍子胥庙，“在县南二十五里览川”⑧。据《会稽续志》卷7《杂记·姚令声》记载，可知会稽也有伍子胥

① 《咸淳临安志》，《景印文渊阁四库全书》第490册，第726~727页。
② 《续文献通考》，《景印文渊阁四库全书》第628册，第227页。
③ 《方舆胜览》，《景印文渊阁四库全书》第471册，第576页。
④ (绍定)《吴郡志》，《景印文渊阁四库全书》第485册，第317页。
⑤ 《太平寰宇记》，《景印文渊阁四库全书》第490册，第251页。
⑥ 《元丰九域志》，《景印文渊阁四库全书》第471册，第122页。
⑦ (景定)《建康志》，《景印文渊阁四库全书》第489册，第65页。
⑧ (咸淳)《临安志》，《景印文渊阁四库全书》第490册，第760页。

庙，“见庭下榴花甚开，妍甚可爱。询祝史，云此伍子胥庙”①。

除江苏、浙江两省有伍子胥庙外，据现存方志记载，安徽、四川也各有伍庙。安徽怀宁县有伍员祠：“在县北二里。按《史记》云：伍员，楚人也，为父复仇，将兵伐楚，人思志烈，遂为立祠。”②四川昌州有伍子胥庙，据说“葛仙山葛洪于此山得仙”③。

另外，江浙还有以伍子胥命名的山川、住宅等历史遗迹。江苏钱塘县有吴山，在县南六里，命曰胥山。嘉兴县有胥山：“在县东三十里，旧经伍子胥经营于此。”④无锡有归山和胥山，“归山在县西北间江，《风土记》云夫差杀伍子胥，裹以鸱革浮江，国人登此，望其归，故名”。宋史能之《重修毗陵志》卷15《山水》载：“胥山在县西北间江侧，子胥被杀，吴人哀之，为立祠。”此外，太湖亦有胥山：“在太湖口上，有伍子胥庙。”⑤杭州亦有胥山：“后世乃以子胥为涛神，谓浙江之涛子胥所作，又以杭之吴山为子胥祠，或亦曰胥山。”

自从伍子胥逃亡途中经过溧阳，伍员就与此地结上不解之缘。溧阳县有伍牙山，“一名护牙山，在溧阳县西南六十里。高一百七十丈，周回四十里……俗传伍子胥美齿牙，避楚至此，恐为人所识，以石击毁其牙，山神为震，护之不毁，因名护牙”⑥。此传说介绍了山的命名缘由，是民间流传的伍子胥逃难故事。同样，溧水也与伍子胥结缘，“一名濑水，在溧阳西北四十里……江上有渚曰濑渚，即伍子胥乞食投金处”⑦。传说伍子胥曾于濑渚向浣纱女乞食，后伐楚还吴投金濑水以报其恩。更值得注意的是，甚而有人认为溧阳的风俗都受到伍子胥的影响：“县宗丞王端朝曰：是邑有李太白之英风，故其人多秀而文；有伍子胥之故

① （宝庆）《会稽续志》，《景印文渊阁四库全书》第486册，第545页。
② 《太平寰宇记》卷125《淮南道三·舒州·怀宁县·祠庙》。
③ 《元丰九域志》，《景印文渊阁四库全书》第471册，第172页。
④ 《方舆胜览》，《景印文渊阁四库全书》第471册，第605页。
⑤ （绍定）《吴郡志》，《景印文渊阁四库全书》第485册，第317页。
⑥ （景定）《建康志》，《景印文渊阁四库全书》第489册，第65页。
⑦ （景定）《建康志》，《景印文渊阁四库全书》第489册，第100页。

迹，故其俗多义而勇。”①

除了祠庙、山川外，江浙还遗留有伍子胥故宅，如浙江乌程县有伍子胥宅：“旧编云在县东南六十里伍林村，昔子胥逃难筑室于此，旧基尚存。”②吴郡有伍子胥宅，“故传在胥门旁”③。此外，还流传有与伍子胥有关的杂记传说，如《会稽续志》卷7所载姚令声的故事，“初令声宣和中在上庠，有僧妙应者，能知人休咎，语令声云：君不得以令终，候端午日，伍子胥庙中见石榴花开，则奇祸至矣。令声初任监杭州税，三载足迹不敢登吴山，将赴江山，自其诸暨所居趋越来访，帅宪既归，出城数里，值大风雨，亟歇路傍小庙中，见庭下榴花甚开，妍甚可爱。询祝史，云此伍子胥庙，其日乃五月五日。令声惨然登舆。未几，遂罹其祸”④。另外，《钱塘胜迹记》记载有一个方外故事：“浙江潮水大溢，以至于激射湖上诸山，宝达诵咒止之。一夜，有伟人黑冠朱衣谓达曰：‘吴伍员复求雪耻耳，师慈心为佛，员已闻命矣。’言讫而灭。”⑤此故事虚构了伍员“黑冠朱衣”的伟人形象。

## 二、祭祀状况

综观宋代的方志，伍子胥祠庙以及与伍子胥有关的遗迹大多分布于江苏、浙江、安徽等地。伍子胥的神化最早是从古吴越之地开始的，江浙作为伍子胥生前的主要活动区域，成为伍子胥信仰最早的发源地，在伍子胥信仰的传播过程中起着不可替代的作用。

祠庙、遗迹是宋人祭祀伍子胥的物化形态。从宋元时期文人的庙铭中也可以窥探出当时人们祭祀伍子胥的状况。宋代，官方对伍子胥的祭祀已经形成了典章制度，宋真宗的《吴山庙》记录了官府对吴山庙(即伍

① (景定)《建康志》，《景印文渊阁四库全书》第489册，第519页。
② 《吴兴志》，刘承干编：《吴兴丛书》，嘉丛堂刊本，第8函，第5册。
③ 《吴郡图经续记》，《景印文渊阁四库全书》第484册，第36页。
④ 《会稽续志》，《景印文渊阁四库全书》第486册，第545页。
⑤ (咸淳)《临安志》，《景印文渊阁四库全书》第490册，第719页。

子胥庙)的祭祀典章:“宜令本州,每岁春秋建道场三昼夜,罢日设醮,其青词学士院前一月降付。”[①]对伍子胥的祭祀为何如此隆重?据庙铭记载,因为此时海潮大溢,冲击杭城,“为忧致祷之,初厥应如响。御灾捍患”。统治者祭祀伍子胥庙祈望涛神能起到御灾捍患的作用。赵与欢《英卫阁记》记录吴地伍庙的祭典:“着为令每岁春,由翰林院撰词,命羽流祈福,率即殿葳醮事,殊不称典。”[②]

苏轼《祭英烈王文》曰:“庚子之涛,海若伏降。完我岸闸,千夫奏功。牲酒薄陋,报微施丰。敬陈颂诗,侑此一钟。”[③]这显然是祭祀用的庙祝,祭拜时有牛羊美酒,写诗陈情,苏东坡还道出了人们祭祀伍子胥神的原因,即“保障斯民”,祈盼伍子胥神灵庇佑一方百姓。从“完我岸闸,千夫奏功”几句推测当时可能有江涛之害,也可知人们相信伍子胥神灵验,因为“有请辄从”。王安石《伍子胥庙铭》曰:“胥山之颜,殿屋渠渠。千载之祠,如祠之初。孰作新之?民劝而趋。维忠肆怀,维孝肆孚。我铭祠庭,示后不诬。”[④]王安石还以独到的眼光深入分析了伍子胥庙食千载的原因:“吴亡千有余年……独子胥之祠,不徙不绝,何其盛也。岂独神之事?吴亡所兴盖亦子胥之节,有以动后世,而爱尤在于吴也。”从荆公记述可知,当时人们对伍子胥祭祀的热情极高,争先恐后地修建伍庙,使得伍子胥祠庙规模较大,“殿屋渠渠”。

王安石之弟王安国《忠清庙记》曰:“庙堂将倾,愿易而新。不戒遽成,严严之堂,有翼其庑,凭依之威,观者俯偻。众曰讫事,公即大祭,宾赞肃虔,箫鼓喧沸,豕羊具肥,桂酒香醇。”[⑤]从庙铭可知,人们立庙祭祀伍子胥的愿望是强烈的,修庙的激情很高,“不戒遽成”。修葺后的伍子胥庙堂庄严壮观。人们祭祀十分虔诚,箫鼓喧天,祭品丰

① 《海塘录》,《景印文渊阁四库全书》第583册,第538页。
② 《海塘录》,《景印文渊阁四库全书》第583册,第541页。
③ 《海塘录》,《景印文渊阁四库全书》第583册,第542页。
④ 《临川集》,《景印文渊阁四库全书》第1105册,第280页。
⑤ 《海塘录》,《景印文渊阁四库全书》第583册,第540页。

富，此篇庙记中还记录了建立伍子胥庙的原因：“既而雨旸，或愆躬祷于庙，岁仍大熟。于是邦人以为神之赐也。”显然，此处祭祀伍庙始于天气灾害，人们奉祀伍子胥神的初衷是祈求风调雨顺。民众祭祀的愿望上诉地方官府，最终形成官方祭祀行为：“至于今，天子命祀，而使之岁时祈祝未尝懈也。”

赵与欢《英卫阁记》曰：“越汉历唐以至我朝，庙祀之典有崇罔坠。”可见，从汉代、唐代到宋代祭祀伍子胥庙的祀典越来越尊崇了。文中描述了当时伍子胥庙的雄伟、神像的庄严：“杰阁栋梁，岧峣丹青，辉焕爰肖，神像巍然中居，侍卫旁立，冠佩陆离。”①伍庙修建时的浩大工程：“凡役工三万五千有奇，为屋六十有七楹。”还记述了伍子胥父母兄嫂妻子的加封情况：“封追爵父奢烈侯，以母嘉应夫人，配兄尚昭顺侯，以嫂淑惠夫人，配悉像于庙之东房，总曰王府之殿。尊尊也！妃曰协清夫人。”伍子胥一家备受崇封，尊贵可想而知。可见，吴地的伍庙已形成宫殿式规模。元代郑元佑《忠孝威惠显圣王庙碑》曰：“殽酯脃美神其顾，歆醉饱以喜，民安盗弭降福祉兮，神之归兮籋层云，山矗矗兮水沄沄，金支孔盖光缤纷，素车白马还天阍。”②这显然是迎享送神的祠铭、修葺一新的伍庙，人们准备了丰盛的牲酒佳肴宴飨伍子胥神，诗人还想象伍子胥神灵从天而降，光彩荣耀，“金支孔盖光缤纷”。

蔡京《南双庙记》③记载了伍子胥在民众心中的重要地位，人们争先恐后地为伍子胥修庙。“今邦人独以子胥之故，愿众私出力，以卒营缮，协谋齐虑，鸠工庀材，填郛溢郭，奔走相属，惟恐其后。”统治者正是看中了伍子胥文化的教化功能，把民间流行的神灵上升为国家祀典，通过积极引导民间信仰，达到巩固统治地位的需要。

① 《海塘录》，《景印文渊阁四库全书》第583册，第540~542页。

② 《吴都文粹续集》，《景印文渊阁四库全书》第1385册，第314页。

③ 《吴都文粹》，《景印文渊阁四库全书》第1358册，第664页。

# 第三节　明清时期之遗迹分布

## 一、江浙遗迹

伍子胥神化最早是从江苏苏州开始的，江浙作为伍子胥生前的主要活动区域，成为伍子胥信仰最早的发源地，在伍子胥信仰的传播过程中起着不可替代的作用。因此江浙留下了很多伍子胥祠庙和遗迹，与其他地方相比，江苏的伍子胥庙相对较多。仅苏州府就有多座伍子胥祠庙，如吴相伍大夫庙，其庙址大概有三处，其一，在吴县盘门内；其二，在县西南四十里胥山上，即子胥死处，俗云胥王庙；其三，在洞庭东山杨湾。上元县有两座伍子胥庙："上元县长宁乡吴伍相庙。子胥解剑渡处曰胥浦，西有伍相林竹蓧沟，有伍相白马庙。"①句容县有伍相庙，在"县西南六十里护牙山下"②。另外，江阴县有伍子胥庙，在伍相庙桥旁。③ 另外，还有名宦祠，灵顺宫在东洞庭杨湾，祀相国伍员。苏州府伍子胥祠庙的庙祀状态，除了单祀一庙外，还有与他人共祀一庙。如"南双庙"和"三忠祠"，南双庙在盘门内，左英烈王伍子胥，右福顺王陈果仁。三忠祠，"在吴江县长桥，祀吴伍员、唐张巡、宋岳飞，明洪武中建"④。淮安府有英烈王庙，"在府城朝宗门外，祀伍子胥"⑤。扬州府亦有伍子胥庙，"在仪真县西胥浦，昔伍氏食邑于棠，胥亡奔吴，尝解剑渡江于此，后人因为立庙"⑥。

除了祠庙，还有很多与伍子胥有关的遗迹，如山川、桥梁、城池

① （万历）《应天府志》，《四库全书存目丛书》集部203册，第539页。

② （万历）《应天府志》，《四库全书存目丛书》集部203册，第542页。

③ 张衮撰：（嘉靖）《江阴县志》第13册，上海古籍出版社1963年版，卷2《提封记第二上・桥梁》。

④ 《大清一统志》，《景印文渊阁四库全书》第475册，第112页。

⑤ 《明一统志》，《景印文渊阁四库全书》第472册，第305页。

⑥ 《明一统志》，《景印文渊阁四库全书》第472册，第286页。

等。每处遗迹都有与伍子胥相关的传说。伍牙山，在应天府西南六十里。常州府有归山和胥山："归山在无锡县西北四十五里。""胥山，在无锡县西南五十里。近太湖，伍子胥死，吴人怜之，为立祠于此，因名。"①扬州府有鸡留山："在仪征县西三十五里。《旧志》云伍子胥欲报浣纱女，而不知其家，乃留鸡于此山祀之，因名。"②投金濑，在应天府西北四十里，又谓之金渊。另外，江阴县有胥湖、胥溪："胥湖，宋志云在县东，旧经云伍子胥亡入吴，至此击剑而歌，湖在胥歌村因名。""胥溪，由塌水港东，达于经河，相传伍子胥舍此，因名。"③江宁府有胥河，在高淳县东南四十里。"县志云春秋时，伍员伐楚凿河，由邓埠抵广通镇，因名"④。仪征县有胥浦："在县西十里，旧有伍子胥庙，浦因名。俗传子胥解剑渡江处。"⑤另外，仪真县西有胥浦。松江府有胥浦塘，相传为伍子胥所凿，自长泖接界，迳而东，尽纳惠高彭港。落马岭在应天府南六十里，"伍子胥于此下马试剑，故名"⑥。江阴县有伍相庙桥："在永安桥东南，有子胥庙，故名。弘治间居民汤朴倡义石建。"⑦江苏有伍子胥城，据明王鏊撰(正德)《姑苏志》载："在吴县，后析置长洲县。"淮安府有伍家营，"在桃源县西四十里，相传伍员故里"⑧。

浙江也有伍子胥祠庙和遗迹，仅杭州府就有三座伍庙：伍子胥庙在杭州府治南吴山；英卫公庙和忠节祠，前者在"府城内吴山，古名胥山庙，祀吴伍员"；后者在"府城内宝月山下，祀吴伍员、唐褚遂良、宋

---

① 《明一统志》，《景印文渊阁四库全书》第472册，第247页。

② 《江南通志》，《景印文渊阁四库全书》第507册，第465页。

③ 张衮撰：(嘉靖)《江阴县志》第13册，上海古籍出版社1963年版，卷3《提封记第二下·山川》。

④ 《江南通志》，《景印文渊阁四库全书》第507册，第401页。

⑤ 《江南通志》，《景印文渊阁四库全书》第508册，第111页。

⑥ (万历)《应天府志》，《四库全书存目丛书》第203册，第542页。

⑦ 张衮撰：(嘉靖)《江阴县志》第13册，上海古籍出版社1963年版，卷2《提封记第二上·桥梁》。

⑧ 《大清一统志》，《景印文渊阁四库全书》第475册，第311页。

岳飞、明于谦”①。嘉兴府有一座伍子胥祠和一座伍子胥庙，伍子胥祠，“在府城东南三十里的胥山上”②；尚胥庙，“在海盐县西北一十八里，祀伍子胥及其兄尚”③。另外，嘉兴府还有伍员墓，“在嘉兴县，《弘治嘉兴府志》在胥山上”④。严州府亦有伍子胥祠，“在府城东四十里胥村，子胥未遇时，尝至此地，后人因立祠祀之”⑤。另外，绍兴府上虞县也有伍子胥庙，在山川坛前。

明清时期，伍子胥祠庙的基本形态可从两方面来考察，一为名称，二为建制。伍子胥祠庙有各式各样的名称，有的以其名，直称伍子胥庙，这是最常见的称呼。有的以其字，称伍员庙。有的以生前封爵，称伍大夫庙、伍相庙，也有的叫子胥庙。还有的用后代的加谥为庙名，如英烈王庙、显圣庙、英卫公庙等。伍子胥庙的建制亦有多种，一般为单独建祠，有的是配祀，如配享于浙江海神庙。另外还有合祀，如南双庙：祀伍员、陈果仁；三忠祠：祀吴伍员、唐张巡、宋岳飞；忠节祠：祀吴伍员、唐褚遂良、宋岳飞、明于谦。与伍子胥合祀人的共同特点是忠君，张巡、岳飞、于谦都是精忠报国的化身。统治者正是看中这些人忠君的特质，树立忠的典型，为教化民众服务。

除祠庙外，浙江也有与伍子胥有关的遗迹，如山川、故宅。嘉兴府有胥山和伍子塘，胥山在“府城东南三十里，本名张山，昔伍子胥伐越，经营于此，后人因改今名，并立祠”⑥；伍子塘在“嘉善县治西南，接胥山，为伍子胥经营伐越之地”⑦。湖州府长兴县有环沉溪和胥塘，“环沉溪在县东北二十五里，相传伍子胥堕环于此。胥塘在县南四十

① 《大清一统志》，《景印文渊阁四库全书》第479册，第34页。
② 《明一统志》，《景印文渊阁四库全书》第472册，第972页。
③ 《明一统志》，《景印文渊阁四库全书》第472册，第978页。
④ (雍正)《浙江通志》，《景印文渊阁四库全书》第525册，第378页。
⑤ 《明一统志》，《景印文渊阁四库全书》第472册，第1012页。
⑥ 《明一统志》，《景印文渊阁四库全书》第472册，第972页。
⑦ 《明一统志》，《景印文渊阁四库全书》第472册，第975页。

里，伍子胥筑”①。湖州府亦有伍子胥宅：“在府城西伍林村，昔子胥避难筑室于此。”②湖州府乌程县亦有伍子胥宅：“在县东六十里伍林村，昔子胥逃难筑室于此。”③另外，长兴县还有无胥淹，“在县嘉会乡无胥村东。相传伍子胥奔吴，追者在后，遇一妇浣纱，问曰：见子胥乎？妇曰：无。胥以此得名”④。严州府有胥口江，“在建德县东二十五里，以伍子胥经此，因名”⑤。严州府有以伍子胥命名的村庄：胥村，“在府城东四十里，旧传伍子胥游难抵此，因名。又有胥水、胥岭”⑥。另外，海盐县开济乡有尚胥桥。此外，人们还举行弄潮的活动来纪念伍子胥。弄潮之戏源于伍子胥，每年中秋既望，潮怒甚，杭人执旗泅水上，以迓子胥。人们以弄潮这一娱乐方式纪念伍子胥。

江浙一带，是吴越之地，是伍子胥生前立功之地，所以出现如此众多与伍子胥有关的祠庙遗迹。每处遗迹都流传伍子胥的传说。与历史事实比较，可能伍子胥并未到过这些地方，也没有发生过民间传说中的故事。其背后的原因当是民众以自己的方式表达对历史人物伍子胥的缅怀。平民大众大多不能吟诗作赋，也不大可能创作出戏曲小说，但山川河流、城池村庄是他们所熟悉的，祠庙也是他们常去祈福消灾的地方。因此，才会出现如此多的伍子胥祠庙遗迹。

## 二、两湖遗迹

两湖作为伍子胥入吴前生活的地区，有不少与其相关的历史遗迹。湖北当阳有磨城和子胥港，磨城在当阳县东四十里。麦城东有驴城，沮水西有磨城，伍子胥造此二城，以攻麦城，谚云：东驴西磨麦自破。荆

① （万历）《湖州府志》，《四库全书存目丛书》第191册，第50页。
② 《明一统志》，《景印文渊阁四库全书》第472册，第996页。
③ （万历）《湖州府志》，《四库全书存目丛书》第191册，第76页。
④ （雍正）《浙江通志》，《景印文渊阁四库全书》第519册，第390页。
⑤ （雍正）《浙江通志》，《景印文渊阁四库全书》第519册，第541页。
⑥ 《明一统志》，《景印文渊阁四库全书》第472册，第1013页。

州府有伍员宅，在“监利县西北，相传宅中有倒插槐，员奔吴时所植”①。武昌府武昌县有两处遗迹：解剑亭和节度石，“节度石，在武昌县大江中，或云旧名接渡。伍员去楚入吴，渔父接渡于此，故名”②。“解剑亭，在武昌县东北，通淮门外江次”③。湖北承天府还有鞭尸滩，“在汉江滨，伍员鞭楚平王尸处”④。

另外，两湖地区也有伍子胥庙，如湖北德安府有伍员庙，“在云梦县东一十五里，相传员尝驻马于此，故有庙”⑤。黄州府蕲水县有“五子胥庙”，庙址在“五洲”⑥。郧阳府有伍相国庙，“在归州东十五里，祀伍员。《荆州记》秭归县有伍胥庙。陆游《入蜀记》楚故城西有一小山，蜿蜒回抱，山上有伍子胥庙”⑦。湖南衡州府耒阳县有伍子胥庙，“在五相桥侧，五员尝事楚，卜居于此，故有庙”⑧。

与江浙相比，两湖的伍庙和与伍子胥相关的遗迹大大减少，究其原因，很可能是楚国是伍子胥的宗国，而他为报父兄之仇曾向楚王复仇。在封建社会，仇君毕竟名不正言不顺，历史虽然演进到明清时期，人们仍然无法忘记这段历史，如汉江滨鞭尸滩的命名。

## 三、豫赣皖遗迹

河南有伍子胥祠庙和有关的遗迹，如南阳府有伍子胥庙，“在府城南古淯城上”⑨。开封府鄢陵县有伍子胥庙，明曹金撰(万历)《开封府志》载：“在县西营北保。”汝宁府新蔡县亦有伍庙。归德府有武津关，

① 《大清一统志》，《景印文渊阁四库全书》第480册，第230页。
② 《明一统志》，《景印文渊阁四库全书》第473册，第202页。
③ 《明一统志》，《景印文渊阁四库全书》第473册，第205页。
④ 《明一统志》，《景印文渊阁四库全书》第473册，第229页。
⑤ 《明一统志》，《景印文渊阁四库全书》第473册，第265页。
⑥ (弘治)《黄州府志》，上海古籍出版社1965年版，第13册，卷4《祠庙》。
⑦ 《大清一统志》，《景印文渊阁四库全书》第480册，第39页。
⑧ 《明一统志》，《景印文渊阁四库全书》第473册，第356页。
⑨ 《明一统志》，《景印文渊阁四库全书》第472册，第762页。

在府城东南三十五里，世传伍子胥过昭关，即此。

江西也有伍子胥的祠庙和遗迹，建昌府有伍子胥祠，“在南丰县南白社镇，唐开元中里人甘仲振建。县西有忠靖英烈庙，亦祀子胥”①。可见，仅南丰县就有两座伍子胥祠庙。另外，南丰县还有相公潭，在县南六十里，上有伍子胥祠(即白社镇伍子胥祠)。瑞州府有相王庙：“在高安蒋家湖下，祀伍子胥。”②南昌府进贤县北有忠壮庙，“相传伍员奔吴过此，因祀，又名忠武庙”③。武昌府有普应庙：“在江夏县东五里，祀周伍子胥、范蠡、汉马援。《明统志》旧云三公庙，自唐有之，宋始赐今额”④。此庙建于唐代，伍子胥与范蠡、马援三人合祀一庙。安陆府内与伍子胥有关的古迹是子胥台，“在府东门外，《名胜志》春秋时伍员入楚，屯兵于此”⑤。庐陵亦有子胥庙，“解缙《欧阳家谱序》云庐陵自春秋战国以来，为吴楚文物之地，伍子胥、孙叔敖之徒多有遗迹，若新淦子胥庙在羊山庐陵敖城”⑥。

安徽作为古代楚国之地，就自然地与伍子胥结缘。明清时期，安徽有不少伍子胥祠庙和遗迹，如广德州建平县就有伍牙山、子胥祠、马履涧、暗桥、寨墩等多处遗迹，每个遗迹都有相应的民间传说。“伍牙山又名护牙山，世传伍员伐楚经此山，有老妪异其牙，员欲折之，崖石山灵若护之者，故名”⑦。伍牙山“在建平县东北四十里，相传伍子胥伐楚还吴，经此建牙，因名。上有子胥祠，祠侧有潭，遇旱祷雨多应”⑧。马履涧“在建平县东北三十五里，俗传伍员伐楚经此，马履而水涌，因

① (康熙)《江西通志》，《景印文渊阁四库全书》第516册，第593页。
② (康熙)《江西通志》，《景印文渊阁四库全书》第516册，第571页。
③ (康熙)《江西通志》，《景印文渊阁四库全书》第516册，第566页。
④ 《大清一统志》，《景印文渊阁四库全书》第480册，第45页。
⑤ 《大清一统志》，《景印文渊阁四库全书》第480册，第164页。
⑥ (康熙)《江西通志》，《景印文渊阁四库全书》第518册，第821页。
⑦ 《安徽金石略》，《续修四库全书》第912册，第308页。
⑧ 《明一统志》，《景印文渊阁四库全书》第472册，第386页。

名”①。据《重修安徽通志》②卷 52 载：暗桥在建平县东北六十里，护形山之麓，“旧传伍员奔吴避于山中，追者至此，云气护之，员及桥而天暗，遂名”。寨墩在建平县北十里，滁州有谎粮墩，“在全椒县西南五十里，旧传伍员伐楚粮匮，以米覆土为墩，若山积然”。马跑泉，在含山县十五里，即昭关泉。俗传伍员过此，有马跑泉遗迹。《重修安徽通志》卷 42 载：和州有昭关，在含山县北三十里；和州有渔邱渡，“在州治，《吴越春秋》云伍员过昭关，至江，渔父乘舟渡之”。潜山县北有伍员祠。《重修安徽通志》卷 30《凤阳府》载：“庙山，府南十五里，上有伍子胥庙。”庐州府有古迹子胥台，“在庐江县梓潼观西，亦称伍相公台”。“临淮县伍子胥庙，在曲阳门外；凤阳县伍子胥庙，在县西北庙山。”③天长县也有子胥庙，“在县东北十五里……后人以员孝义立庙”④。《重修安徽通志》卷 56 载，天长县了口镇亦有伍子胥庙。更有甚者，还有敷衍伍子胥是颍州人之说：“周伍员字子胥，颍之干溪人。”⑤

## 四、陕鲁桂遗迹

陕西省有伍子胥的多座庙宇，其中城固县有伍子胥庙：“在县北百丈堰，元至正元年建，明洪武十四年重修，天顺间复修。”⑥延长县有显圣庙：“在县东三十五里多杏村，祀伍子胥。天旱祷雨辄应，金大德三年，加吴大夫伍员曰：忠孝威惠显圣王。本朝雍正三年，改封伍员应卫公，以从浙江抚臣法海之请也。”⑦延长县的伍庙已深入到农村。另外，

---

① 《大清一统志》，《景印文渊阁四库全书》第 475 册，第 819 页。

② 何绍基撰：(光绪)《重修安徽通志》，清光绪四年刻本。

③ (成化)《中都志》，《四库全书存目丛书》第 176 册，第 201 页。

④ 王心撰：(嘉靖)《天长县志》，上海古籍出版社影印天一阁 1962 年版，卷 1。

⑤ 何绍基撰：(光绪)《重修安徽通志》，清光绪四年刻本。

⑥ (雍正)《陕西通志》，《景印文渊阁四库全书》第 552 册，第 521 页。

⑦ (雍正)《陕西通志》，《景印文渊阁四库全书》第 552 册，第 499 页。

三水县亦有显圣庙："在县南山麓，祀吴大夫伍子胥。康熙壬戌年重修。"①此外，西安府三原县亦有显圣庙，在县治内。"按碑记，显圣，春秋伍员也。唐乾符三年诏司农姬晋卿赍锦伞赛湫重修，昭宗追封普济王。宋封灵济昭佑显圣王。明万历年，封为灵湫大帝，重修"②。伍子胥备受崇封，最高封爵已荣升为灵湫大帝，其神昭彰如此。

山东有一座子胥祠，在莱芜县北二十五里，此处还有一段与伍子胥有关的传说："昔伍子胥统兵过此，掘地获泉，味如江水，即乌江泉。"③广西也有伍子胥祠庙，据《广西名胜志》记载全州有伍子胥祠，"在江头村，其民伍姓者合祀之"。清金鉷修(雍正)《广西通志》卷42载：义宁县有伍子胥祠，在城东升乡江头村，宋绍兴间建。

山东、广西伍子胥庙的建立颇有些费尽心机，建庙缘由或统兵过此或其民伍姓者合祀之。陕西省的伍庙大多叫做显圣庙，盖因伍子胥庙在此地异常灵验，"天旱祷雨辄应"。三原县的显圣庙屡受加封，即是证明。中国人的宗教崇拜有很大的功利性，求子的拜观音，求财的拜财神。其祭祀伍子胥应该也是有所求的，笔者认为主要是祈福祛灾。建祠立庙多是为了祈福消灾，表彰死去的先人是为了现实中的人们。

后世为伍子胥立庙祭祀，名号众多，如伍员庙、伍相祠、胥王庙、伍子胥庙、忠孝王祠等。胥王、忠孝王都应该是后人为伍子胥所立尊号，但伍相之名值得商榷，史籍中伍子胥入吴后受阖闾所封职位是"行人"，并非相国。另外，伍子胥崇拜在民间流传过程中出现以讹传讹的现象，老百姓甚至不太了解祭祀对象伍子胥的情况，如从"伍子胥"名字的读音讹传为"五髭须"。《唐语林》云："一乡一里，必有祠庙……又号为伍员庙者，必五分其髯，谓五髭须。"④甚至还闹出为伍子胥娶妻的

① (雍正)《陕西通志》,《景印文渊阁四库全书》第552册，第581页。

② (雍正)《陕西通志》,《景印文渊阁四库全书》第552册，第477页。

③ 陈甘雨撰：(嘉靖)《莱芜县志》第43册，上海古籍出版社1963年版，卷2《地理志》。

④ 王谠撰：《唐语林校证》卷八，中华书局1987年版。

笑话，明代陶宗仪《说郛》有这样的记载：温州有土地杜十姨，无夫；五髭须相公，无妇。州人迎杜十姨以配五髭须，合为一庙。杜十姨为谁，杜拾遗也；五髭须为谁，伍子胥也。若少陵有灵，岂不对子胥笑曰："尔尚有相公之称，我乃为十姨，何雌我邪？"①

在封建帝王神道设教的促进下，在文人纯粹唯美的颂扬中，在百姓祈愿平安幸福的祭拜中，伍子胥逐渐被提升到潮神、雨神的神位。这样，伍子胥不仅成为这些文化精神的代表性人物，而且被赋予超自然的神性特征，并通过这种神灵的形象在信徒心中产生神圣感、畏惧感等情感体验，从而对人们进行道德约束。

① 陶宗仪：《说郛》卷四一，中国书店1986年版。

# 余　论

伍子胥为报父兄之仇，亡楚奔吴，借吴复楚，报仇后，竭忠尽智以事其吴君，却因直谏被赐死，是忠臣孝子的典范。他作为一个具有丰富内涵的悲剧英雄典型，以其不朽的历史价值和发人深省的人生悲剧，一直被后代人们所怀念和品评。对于他的孝，历代人们几乎是异口同声地赞颂，而他忠贞与否的问题则引起很大的争议。产生这一争议和分歧的主要原因有二：其一，伍子胥这一人物的复杂性，他曾是楚臣，确实使楚国覆亡，也确实为吴王尽忠而死，这是引起争议的客观原因；其二，不同时代的忠孝观念有所差异，加之不同阶级或阶层的人观点和立场不同，即接受主体理解与阐释的多元性，这是引起争议的主观原因。

我们要历史地看问题，在春秋战国时期，儒家思想还没成为当时的正统观念，绝对服从的忠君观念不像后世那样顽固，"国"是以封建贵族为核心的邦国，臣子们各为其主，伍子胥可谓是尽忠了。在春秋战国时期，思想活跃，百家争鸣，人们没有过重的思想包袱，臣子们往往"择木而栖"，君主们也基本上唯才是举，故出现"楚才晋用""士无定所"的现象。如伍子胥、伯嚭、范蠡，同是楚人，伍子胥、伯嚭用于吴国，范蠡用于越国。

孝是伍子胥千百年来备受赞扬的主要原因，孝是伍子胥文化的核心与精髓。在春秋战国时期，社会是建立在血亲关系基础上的，所说的"国家"，是出于同一血缘的宗法社会。因此，事亲之"孝"，就自然成为"百行之宗，五教之要"，排在一切伦理道德的首位。《孟子·尽心下》载："吾今而后知杀人亲之重也，杀人之父，人亦杀其父；杀人之兄，人亦杀其兄。然则非自杀之也，一间耳。”《礼记·曲礼上》说：“父之仇，弗与共戴天；兄弟之仇，不反兵。”据《礼记·檀弓上》载，“子夏问于孔子曰：居父母之仇，如之何？夫子曰：寝苫枕干，不仕，弗与共天下也。遇诸市朝，不反兵而斗。”这就是说，如果有杀父之仇，就必须保持居丧的礼节，不能做官，不与其共天下，而且应随身携带兵器，一旦遇到仇人，便能直接报仇，免得再回去取兵器。可见，在春秋战国，杀父之仇，被视为不共戴天，报仇就成了孝子贤孙必须尽的义务。这就为伍子胥矢志为父兄复仇，甚至覆楚鞭尸的过激行为找到了注脚。

在封建社会，忠孝是儒家伦理的一体两翼，人们不仅受“孝”的约束，而且受“忠”的约束。忠孝二者相互依存、对立统一，孝是忠的基础，忠是孝的延伸；事亲要尽孝，事君则要尽忠。当伍子胥作为人臣和为人子的关系发生冲突时，就到了他必须面临选择的时候。不过，在古代，忠孝有时是难以两全的，如果恰巧遇上仇家是自己国君的情况，那么孝子该怎么办？是否依然去复仇？这恐怕是让孝子贤孙感到非常为难的问题，也是两千多年来人们对伍子胥的复仇争论不休的原因所在。但是，在春秋战国时期，忠与孝两者的地位是不等同的，《六德篇》曰：“为父绝君，不为君绝父。”在忠与孝之间必须作出选择时，孝几乎是所有人的首选。子对父孝是绝对的、无条件的；而臣对君忠则是相对的、有条件的，即“君义臣忠”。孟子《离娄下》说：“君之视臣如手足，则臣视君如腹心；君之视臣如犬马，则臣视君如国人；君之视臣如土芥，则臣视君如寇仇。”①这是相对平等的君臣的观念。

《公羊传》曰：“事君犹事父也，此其为可以复仇奈何？曰：父不受诛，子复仇可也。”何休注：“不受诛，罪不当诛也。”伍子胥的情况是，父兄无罪受诛，在当时社会，他完全可以向楚平王复仇，他的做法也被时人认可。但是，随着时代的变迁，人们的忠孝观念发生了变化，秦汉大一统后，中央集权的君主专制处于统治地位，孝与忠的地位也发生改

① 朱熹注：《孟子集注》，上海古籍出版社1987年版，第73页。

变，忠的地位高于孝，人们的价值评判的标准也因之改变。故伍子胥复仇才遭人非议。

到了宋代，民族矛盾突出，中央集权亟须巩固，君权需要加强，统治者更加强调绝对的忠君观念，要求臣对君无条件尽忠，君臣之义加强。宋代，程朱理学已逐渐上升为正统思想，这对社会各阶层的人有着重要影响，这是伍子胥“忠”与“不忠”产生分歧的社会历史原因。元承宋制，明清亦然，元明清时期，对伍子胥忠贞与否的争论一直存在。然而，让人深思的是，宋代却是伍子胥官方祀典地位确立的时期。宋代朝廷对伍子胥大力加封，封号越来越长，而且其父母、兄长、妻子都受到加封。宋代朝廷往往通过赐额或赐号的方式，把某些比较盛行的民间信仰纳入国家正祀系统，表彰死去的先贤，其实是为世人确立人生楷模，为维护自身统治的需要。明清时期，官方对伍子胥也大力加封和表彰。统治者为了巩固统治地位，往往利用历史人物作为典范，树立一种价值观念，让人们去遵循。

中国历代的人们，不同社会阶级、阶层的人是按自己的标准去评价伍子胥的，并采用不同的文体去塑造伍子胥，伍子胥的形象也因此呈现不同的色彩。历史学家、士大夫与平民大众按照各自的意愿塑造伍子胥形象。三者相比，历史学家视野中的伍子胥和历史人物最接近，文人心目中的伍子胥形象与历史人物也比较相近，但是，这些浸透着儒家人文理想的底蕴，体现士大夫阶层的审美理想，而且在不同时代也添加一些不同的道德色彩。而平民大众根据自己的想象去塑造伍子胥，他们在推崇伍子胥忠孝的同时，更倾向于敷衍伍子胥的传奇故事，将英雄神化。民间传说是伍子胥艺术形象的塑造源泉，文学作品中的伍子胥形象是史实和传说的交叉融合。

伍子胥故事的多维文化阐释，结合时代、文化及文体差异，对伍子胥故事进行多元视角分析，试图尽力客观真实地呈现该故事演变的历程。不管是历史家讲述的故事，还是文学家创作的故事，故事均是一种文化载体，它是一种历史记忆，能够起到传承民族精神和启迪民族智慧的作用。因为任何一种文化都需要传承的方式和载体，如哲学体系、诗歌意境、故事情节、文化习俗等，而故事是一种重要的文化传承方式，这当是几千年来人们一直津津乐道讲故事的原因。伍子胥故事的本质是传统文化的忠和孝，“忠孝”两字是儒家文化的核心和精髓，本书选题就是历史人物研究课题中的一个典型个案。

伍子胥故事在历史文化中有一个纵向演变的过程，伍子胥死后，春秋末期该故事就拉开了序幕，汉魏至隋唐时期，该故事进一步流传发展，到宋元明清时期，逐步发展至高潮。清代之后，伍子胥逐渐被遗忘并退出历史舞台。从伍子胥故事历史嬗变过程，可看出我们民族对伍子胥的选择、强调及遗忘淡化历程。伍子胥从最初的复仇公子到治国能臣到忠臣孝子和不忠不孝的二元矛盾对立，这是不同塑造者选择强调所致，从中我们可看出这个历史人物不同侧面的形象及其背后人们的文化心态。这是从历史层面纵的角度分析故事演变的轨迹曲线。伍子胥形象的历代累积过程，从春秋史书中的复仇公子，到汉代史籍中的忠臣孝子，他的主导性格是忠孝，忠孝是伍子胥的核心与精髓。不过，历代人们一直对伍子胥是否忠孝争论不休，究其原因，大致有二：一是伍子胥这个历史人物人生经历很复杂，为父兄复仇，借吴覆楚，甚而鞭君报复，同时又忠心事吴，以死谏而终。二是后人评论的多样性和矛盾性。

另外，在横向层面，不同的文本、不同的文化阶层的阐释理解又不尽相同，史家重视事件本身和正统伦理道德，诗人侧重自家情绪的渗入，感叹咏怀，散文家重在说理，小说戏曲家旨在创作敷衍，民间文化意在祭祀、神化。不同的文体在一定程度上又代表着不同的文化阶层的价值观念，史家文人基本上代表正统的思想文化精神，小说戏曲家基本上代表民间的价值观念。伍子胥故事的基本母题主要是：逃亡、覆楚、报吴，历代人们对母题不同层面的阐释，使得伍子胥故事表现出千姿百态的状貌，我们可从此状貌管窥到故事背后作者的文化心态。历史学家强调事件本身，诗人重在抒发情感，散文家重在论述道理，小说戏曲家旨在追求传奇性，民间文化意在神化，有一定迷信色彩。

伍子胥曾经是和比干、屈原齐名的忠臣典范。但是，在今天，比干、屈原仍然是妇孺皆知的忠臣，却较少有人知道伍子胥了，这是为什么呢？与伍子胥相似的历史人物还有关羽和岳飞，而关羽之灵昭彰无比，被誉为关圣，和孔圣并立，以至现在还有相当数量的人祭拜关帝。岳飞也是家喻户晓的精忠报国的模范。然而，曾经香火旺盛的伍子胥庙却几乎化为乌有，这其中的原因当与伍子胥这个历史人物人生经历的复杂性以及历代人们价值观念的差异性有关，尤其是忠孝观念的变化。伍子胥之所以不同于屈原、比干、岳飞等忠臣的形象主要还是因为他前半生故事，即他借吴覆楚向楚昭王“复仇”的人生经历。同时，历史由春秋战国以降，人们忠孝观发生变化。伍子胥的复仇举动虽然被宋代以后人们看来似乎过火，但在先秦来说却是一种合情且合法的举动。① 孟子的话可以代表战国当时的一种思想：“君之视臣如手足，则臣视君如腹心；君之视臣如犬马，则臣视君如国人；君之视臣如土芥，则臣视君如寇仇。”楚平王既然视伍奢父子如土芥一样屈杀，则伍子胥当然也可以视君如寇仇。更重要的是，对于先秦时期的人来说，血亲之仇“不共戴天”。吴荣曾在《试论先秦刑罚规范中所保留的氏族制残余》中指出：“春秋末或战国初，复仇仍是国法所许可的一种行为。”《周礼·秋官·朝士》说：“凡报仇雠者，书于士，杀之无罪。”《地官·调人》中明文确定有关复仇的法律性规定：调人，掌司万民之难而谐和之，凡过而杀伤人者，以民成之，鸟兽亦如之。凡和难，父之仇，辟诸海外，兄弟之仇，辟诸千里之外，从父兄弟之仇，不同国，君之仇视父，师长之仇视兄弟，主友之仇视从父兄弟，弗辟则与之瑞节而以执之。伍子胥复仇也可从同时期历史人物的做法中找到作证。《左传·定公四年》记载，吴国攻下楚郢，昭王奔郧。郧公辛之弟怀也想要杀死昭王，他认为：“平王杀吾父，我杀其子，不亦可乎？”正是这种所谓“父仇不共戴天”，成为伍子胥复仇事件发生的历史背景。

① 孙莹莹：《从历史到传说》，北京大学硕士学位论文，2008 年。

《礼记·曲礼上》也说："父之仇，弗与共戴天；兄弟之仇，不反兵，交游之仇，不同国。"宋元明清时期，人们激烈地争辩伍子胥是忠贞孝义还是不忠不孝，仁者见仁，智者见智，争论的结果是历史遗弃了伍子胥。清代之后，伍子胥就被逐渐遗忘，几乎退出历史舞台。而比干、屈原、关羽、诸葛亮和岳飞等人都有占主导地位的性格，没有矛盾对立的经历和性格，经过文人的加工塑造，就成为忠、义、智的典型。当然，关羽、诸葛亮和岳飞的流芳百世还有通俗小说推波助澜的促进作用，明清时期，《三国演义》和岳飞系列小说的产生和传播有助于关羽、诸葛亮和岳飞进入更多人的视野，特别是没有机会和能力看到史书的平民大众的视野。大多数人所知晓的关羽、诸葛亮、岳飞基本上都是通俗小说中的形象。然而伍子胥故事为什么没有在明清时期形成一部长篇通俗小说呢？仅有的"东周列国"几部小说，因过于拘泥于史实而缺少文采，受众不广。这当然是有其深层的历史文化原因的，难道是当时的人不经意地遗忘和淡化伍子胥吗？

# 参 考 文 献

## 一、典籍类

杨伯峻编著:《春秋左传注》,中华书局 1981 年版。

上海师范大学古籍整理组校点:《国语》,上海古籍出版社 1978 年版。

北京大学《荀子》注释组:《荀子新注》,中华书局 1979 年版。

陈鼓应注译:《庄子今译今注》,中华书局 1983 年版。

陈奇猷校注:《韩非子集释》,上海人民出版社 1974 年版。

刘向:《战国策》,上海古籍出版社 1998 年版。

陈奇猷校释:《吕氏春秋校释》,学林出版社 1984 年版。

周生春撰:《吴越春秋辑校汇考》,上海古籍出版社 1997 年版。

《越绝书》,《景印文渊阁四库全书》,商务印书馆 1983 年版。

桓宽撰,张之象注:《盐铁论》,上海古籍出版社 1990 年版。

王充著,黄晖校:《论衡校释义》,中华书局 1990 年版。

范晔撰,唐李贤等注:《后汉书》,中华书局 1965 年版。

魏收撰:《魏书》,中华书局 1974 年版。

房玄龄等撰:《晋书》,中华书局 1974 年版。

陈寿撰,裴松之注:《三国志》,中华书局 1959 年版。

司马光:《资治通鉴》,中华书局 1956 年版。

沈约撰:《宋书》,中华书局 1956 年版。

欧阳修、宋祁撰:《新唐书》,中华书局 1975 年版。

贾谊撰：《新书》，《景印文渊阁四库全书》，商务印书馆 1983 年版。

董仲舒撰：《春秋繁露》，《景印文渊阁四库全书》，商务印书馆 1983 年版。

韩婴撰，许维遹校释：《韩诗外传集释》，中华书局 1980 年版。

桓宽撰，王利器校注：《盐铁论校注》，天津古籍出版社 1983 年版。

刘向撰，向宗鲁校证：《说苑校证》，中华书局 1987 年版。

祝穆撰：《事文类聚》，《景印文渊阁四库全书》，商务印书馆 1983 年版。

苏轼撰：《东坡全集》，《景印文渊阁四库全书》，商务印书馆 1983 年版。

王逸撰：《楚辞章句》，《景印文渊阁四库全书》，商务印书馆 1983 年版。

朱东润编：《中国历代文学作品选》，上海古籍出版社 1979 年版。

曹寅、彭定求等编：《全唐诗》，中华书局 1960 年版。

文天祥撰：《文山集》，《景印文渊阁四库全书》，商务印书馆 1983 年版。

王安石撰：《临川集》，《景印文渊阁四库全书》，商务印书馆 1983 年版。

真德秀撰：《大学衍义》，《景印文渊阁四库全书》，商务印书馆 1983 年版。

刘敞撰：《公是集》，《景印文渊阁四库全书》，商务印书馆 1983 年版。

程敏政撰：《篁墩文集》，《景印文渊阁四库全书》，商务印书馆 1983 年版。

孟浩然著，徐鹏校注：《孟浩然集注》，人民文学出版社 1989 年版。

李白著，王琦注：《李太白全集》，中华书局2011年版。

韩愈著，钱仲联集释：《韩昌黎诗繫年集释》，上海古籍出版社1994年版。

白居易著，顾学颉校：《白居易集》，中华书局1979年版。

李绅著，卢燕平校注：《李绅集校注》，中华书局2009年版。

元稹著，冀勤校：《元稹集》，中华书局2010年版。

刘长卿著，杨世明校注：《刘长卿集编年笺注》，人民文学出版社1999年版。

李调元编，何光清点校：《全五代诗》，巴蜀书社1991年版。

梅尧臣撰：《宛陵集》，《景印文渊阁四库全书》，商务印书馆1983年版。

金涓撰：《青村遗稿》，《景印文渊阁四库全书》，商务印书馆1983年版。

王沂撰：《伊滨集》，《景印文渊阁四库全书》，商务印书馆1983年版。

范仲淹著，李勇先和王荣贵校：《范仲淹全集》，四川大学出版社2002年版。

王谠著，崔文印，谢方评注：《唐语林》，中华书局2007年版。

苏轼著：《苏东坡全集》，燕山出版社2009年版。

范成大撰，陆振岳点校：《吴郡志》，江苏古籍出版社1999年版。

吴之振等编：《宋诗钞》，中华书局1986年版。

傅璇琮等编：《全宋诗》，北京大学出版社1991年版。

厉鹗辑：《宋诗纪事》，上海古籍出版社1983年版。

陆心源编撰，徐旭、李建国点校：《宋诗纪事补遗》，山西古籍出版社1987年版。

唐圭章编：《全宋词》，中华书局1965年版。

田锡撰：《咸平集》，《景印文渊阁四库全书》，商务印书馆1983年版。

释文珦撰：《潜山集》，《景印文渊阁四库全书》，商务印书馆 1983 年版。

高启撰：《大全集》，《景印文渊阁四库全书》，商务印书馆 1983 年版。

吕本中撰：《东莱诗集》，《景印文渊阁四库全书》，商务印书馆 1983 年版。

王寂撰：《拙轩集》，《景印文渊阁四库全书》，商务印书馆 1983 年版。

强至撰：《祠部集》，《景印文渊阁四库全书》，商务印书馆 1983 年版。

李廌撰：《济南集》，《景印文渊阁四库全书》，商务印书馆 1983 年版。

傅习编：《元风雅》，《景印文渊阁四库全书》，商务印书馆 1983 年版。

叶颙撰：《樵云独唱》，《景印文渊阁四库全书》，商务印书馆 1983 年版。

汪克宽撰：《环谷集》，《景印文渊阁四库全书》，商务印书馆 1983 年版。

万国钦撰：《万二愚先生遗集》，《四库禁毁书丛刊》，北京出版社 1997 年版。

李贽撰：《李温陵集》，《四库全书存目丛书》，齐鲁书社 1997 年版。

王鏊撰：《震泽集》，《景印文渊阁四库全书》，商务印书馆 1983 年版。

张凤翼撰：《处实堂集》，《四库全书存目丛书》，齐鲁书社 1997 年版。

焦竑撰：《焦氏澹园续集》，《四库禁毁书丛刊》，北京出版社 1997 年版。

叶向高撰：《苍霞草》，《四库禁毁书丛刊》，北京出版社 1997 年版。

黄省曾撰：《五岳山人集》，《四库全书存目丛书》，齐鲁书社 1997 年版。

杨循吉撰：《灯窗末艺》，《四库全书存目丛书》，齐鲁书社 1997 年版。

姚鼐撰：《惜抱轩诗文集》，《续修四库全书》，上海古籍出版社 2003 年版。

陈瑚撰：《确庵文稿》，《四库禁毁书丛刊》，北京出版社 1997 年版。

张澍撰：《养素堂文集》，《续修四库全书》，上海古籍出版社 2003 年版。

张栻撰：《南轩集》，《景印文渊阁四库全书》，商务印书馆 1983 年版。

黄庶撰：《伐檀集》，《景印文渊阁四库全书》，商务印书馆 1983 年版。

晁补之撰：《鸡肋集》，《景印文渊阁四库全书》，商务印书馆 1983 年版。

司马光编著：《法言集注》，《景印文渊阁四库全书》，商务印书馆 1983 年版。

陈淳撰：《北溪字义》，《景印文渊阁四库全书》，商务印书馆 1983 年版。

孙光宪撰：《北梦琐言》，上海古籍出版社 1981 年版。

朱熹注：《四书集注》，岳麓书社 2004 年版。

朱熹注：《孟子集注》，上海古籍出版社 1987 年版。

朱熹撰，朱杰人、严佐之、刘永翔等编：《朱子全书》，上海古籍出版社 2002 年版。

刘克庄撰：《后村诗话后集》，中华书局 1983 年版。

程敏政辑，何庆善，于石点校：《新安文献志》，黄山书社 2004 年版。

周密辑，查为仁、历鄂笺：《绝妙好词笺》，上海古籍出版社 1984 年版。

顾嗣立编：《元诗选》，中华书局 1987 年版。

刘基著，林家骊点校：《刘伯温集》，浙江古籍出版社 2011 年版。

高启著，金檀辑注：《高青丘集》，上海古籍出版社 1985 年版。

梁辰鱼著，吴书荫编校：《梁辰鱼集》，上海古籍出版社 2010 年版。

《东周列国志》，浙江古籍出版社 2010 年版。

《冯梦龙全集》，江苏古籍出版社 1993 年版。

钱谦益著，许逸民、林淑敏点校：《列朝诗集》，中华书局 2007 年版。

王士禛著：《王士禛全集》，齐鲁书社 2007 年版。

朱熹编：《二程全书》，《景印文渊阁四库全书》，商务印书馆 1983 年版。

黄震撰：《黄氏日钞》，《景印文渊阁四库全书》，商务印书馆 1983 年版。

王若虚撰，胡传志、李定乾校：《滹南遗老集》，辽海出版社 2006 年版。

戴表元撰：《剡源文集》，《景印文渊阁四库全书》，商务印书馆 1983 年版。

张时彻撰：《芝园集》，《四库全书存目丛书》，齐鲁书社 1997 年版。

孙绪撰：《沙溪集》，《景印文渊阁四库全书》，商务印书馆 1983 年版。

沈长卿撰：《沈氏弋说》，《四库禁毁书丛刊》，北京出版社 1997 年版。

陆粲撰：《陆子余集》，《景印文渊阁四库全书》，商务印书馆 1983 年版。

苏辙撰：《古史》，《景印文渊阁四库全书》，商务印书馆 1983 年版。

屈大均撰：《屈翁山诗集》，《四库禁毁书丛刊》，北京出版社 1997 年版。

屈大均撰：《翁山诗外》，《四库禁毁书丛刊》，北京出版社 1997 年版。

顾景星撰：《白茅堂集》，《四库全书存目丛书》，齐鲁书社 1997 年版。

王令撰：《广陵集》，《景印文渊阁四库全书》，商务印书馆 1983 年版。

李调元撰：《童山集》，《续修四库全书》，上海古籍出版社 2003 年版。

李俊民撰：《庄靖集》，《景印文渊阁四库全书》，商务印书馆 1983 年版。

陆游撰：《入蜀记》，中国文联出版社 2004 年版。

洪楩：《清平山堂话本》，上海古籍出版社 1987 年版。

程敏政撰：《新安文献志》，《景印文渊阁四库全书》，商务印书馆 1983 年版。

全祖望辑：《续耆旧》，《景印文渊阁四库全书》，商务印书馆 1983 年版。

魏学洢撰：《茅檐集》，《景印文渊阁四库全书》，商务印书馆 1983 年版。

王越撰：《黎阳王太傅诗文集》，《景印文渊阁四库全书》，商务印书馆 1983 年版。

鲁之裕撰：《式馨堂诗文集》，《四库全书禁毁书丛刊》，北京出版社 1997 年版。

邓显鹤撰:《沅湘耆旧集》,《续修四库全书》,上海古籍出版社2003年版。

雷士俊撰:《艾陵诗文钞》,《四库全书禁毁书丛刊》,北京出版社1997年版。

梁章钜撰:《退庵诗存》,《续修四库全书》,上海古籍出版社2003年版。

沈德潜撰:《归愚诗钞余集》,《续修四库全书》,上海古籍出版社2003年版。

王士禛撰:《带经堂集》,《景印文渊阁四库全书》,商务印书馆1983年版。

严可均撰:《铁桥漫稿》,《续修四库全书》,上海古籍出版社2003年版。

沈善宝撰:《名媛诗话》,《续修四库全书》,上海古籍出版社2003年版。

史达祖撰,毛晋编:《梅溪词》,《宋六十名家词》,钱塘汪氏校刊本。

毛滂撰,毛晋编:《东堂词》,《宋六十名家词》,钱塘汪氏校刊本。

曾慥编,毛晋编:《乐府雅词》,《宋六十名家词》,钱塘汪氏校刊本。

辛弃疾撰,毛晋编:《稼轩词》,《宋六十名家词》,钱塘汪氏校刊本。

袁枚:《随园诗话》,凤凰出版社2009年版。

(光绪)《重修安徽通志》,《景印文渊阁四库全书》,商务印书馆1983年版。

《大清一统志》,《景印文渊阁四库全书》,商务印书馆1983年版。

(雍正)《广西通志》,《景印文渊阁四库全书》,商务印书馆1983年版。

(光绪)《湖南通志》,《景印文渊阁四库全书》,商务印书馆1983

年版。

班固：《汉书》，人民出版社 1987 年版。

翟均廉：《海塘录》，《景印文渊阁四库全书》，商务印书馆 1983 年版。

（雍正）《河南通志》，《景印文渊阁四库全书》，商务印书馆 1983 年版。

陈甘雨撰：（嘉靖）《莱芜县志》，上海古籍出版社 1963 年版。

王季思编：《金元戏曲》，人民文学出版社 1990 年版。

（乾隆）《江南通志》，《景印文渊阁四库全书》，商务印书馆 1983 年版。

（康熙）《江西通志》，《景印文渊阁四库全书》，商务印书馆 1983 年版。

（万历）《开封府志》，《景印文渊阁四库全书》，商务印书馆 1983 年版。

陈奇猷校：《吕氏春秋校释》，学林出版社 1984 年版。

毛晋编：《六十种曲》，中华书局 1958 年版。

申时行编著：《明会典》，中华书局 1989 年版。

李贤：《明一统志》，《景印文渊阁四库全书》，商务印书馆 1983 年版。

刘一清：《钱塘遗事》，上海古籍出版社 1985 年版。

李时人编：《全唐五代小说》，陕西人民出版社 1998 年版。

司马迁：《史记》，中华书局 1982 年版。

四库禁毁书丛刊编纂委员会编：《四库禁毁书丛刊》，北京出版社 1997 年版。

四库全书存目丛书编纂委员会编：《四库全书存目丛书》，齐鲁书社 1997 年版。

（万历）《绍兴府志》，《景印文渊阁四库全书》，商务印书馆 1983 年版。

(同治)《苏州府志》，《景印文渊阁四库全书》，商务印书馆 1983 年版。

(正德)《松江府志》，《景印文渊阁四库全书》，商务印书馆 1983 年版。

(雍正)《陕西通志》，《景印文渊阁四库全书》，商务印书馆 1983 年版。

陈元靓编：《岁时广记》，商务印书馆 1940 年版。

王谠：《唐语林》，上海古籍出版社 1978 年版。

李昉等编著：《太平御览》，中华书局 1960 年版。

乐史：《太平寰宇记》，商务印书馆 1936 年版。

李昉编著：《太平广记》，中华书局 1995 年版。

郑樵：《通志》，中华书局 1987 年版。

郑虎臣编：《吴都文萃》，《景印文渊阁四库全书》，商务印书馆 1983 年版。

王心撰：(嘉靖)《天长县志》，上海古籍出版社 1962 年版。

钱谷：《吴都文粹续集》，《景印文渊阁四库全书》，商务印书馆 1983 年版。

李昉辑：《文苑英华》，《景印文渊阁四库全书》，商务印书馆 1983 年版。

(洪武)《无锡县志》，《景印文渊阁四库全书》，商务印书馆 1983 年版。

(同治)《徐州府志》，《景印文渊阁四库全书》，商务印书馆 1983 年版。

冯梦龙：《新列国志》，上海古籍出版社 1993 年版。

续修四库编纂委员会：《续修四库全书》，上海古籍出版社 2003 年版。

欧阳询著，汪绍楹校：《艺文类聚》，上海古籍出版社 1982 年版。

臧晋叔编：《元曲选》，中华书局 1958 年版。

隋树森编：《元曲选外编》，中华书局 1959 年版。

苏天爵：《元文类》，商务印书馆 1936 年版。

黄丕烈：《舆地广记》，台湾文海出版社 1982 年版。

王存：《元丰九域志》，中华书局 1984 年版。

《朱子语类》，中华书局 1986 年版。

王圻：《续文献通考》，商务印书馆 1935 年版。

（雍正）《浙江通志》，《景印文渊阁四库全书》，商务印书馆 1983 年版。

杨树达：《春秋大义述》，上海古籍出版社 2007 年版。

周天游撰：《古代复仇面面观》，陕西人民教育出版社 1992 年版。

郑振铎：《郑振铎全集》，花山文艺出版社 1998 年版。

王重民编：《敦煌变文集》，人民文学出版社 1957 年版。

洪淑苓撰：《关公民间造型之研究——以关公传说为重心的考察》，"国立"台湾大学出版委员会 1995 年版。

萧兵撰：《中国文化的精英——太阳英雄神话比较研究》，上海文艺出版社 1989 年版。

钟敬文：《钟敬文民间传说论集》，上海文艺出版社 1985 年版。

张紫晨：《中国古代传说》，文史出版社 1986 年版。

程蔷：《中国民间传说》，浙江人民出版社 1986 年版。

吴恩培编著：《伍子胥史料新编》，广陵书社 2007 年版。

许兴宝：《人物意象研究：唐宋词的另一种关注》，中国社会科学出版社 2007 年版。

周肇莹编著：《伍子胥传说》，作家出版社 2009 年版。

白庚胜编：《中国民间故事全书 · 湖北 · 当阳卷》，知识产权出版社 2007 年版。

白庚胜编：《中国民间故事全书 · 湖北 · 伍家岗卷》，知识产权出版社 2007 年版。

任骋搜集整理：《七十二行祖师爷的传说》，海燕出版社 1986

年版。

乡土编辑部编:《江苏山水传说集》,江苏人民出版社1983年版。

熊侣琴、肖士太编:《庐山的传说》,上海文艺出版社1983年版。

钟敬文主编:《中国民间故事集成》,各省县卷本。

胡晓明:《变脸的神女:文选神女赋之后世转义》,《华学》第九、十合期,上海古籍出版社2008年版。

韩森:《变迁之神:南宋时期的民间信仰》,浙江人民出版社1999年版。

吕宗力、栾宝群:《中国民间诸神》,河北教育出版社2000年版。

刘兴均:《〈周礼〉名物词研究》,巴蜀书社2001年版。

陈宇:《伍子胥兵法破解》,军事科学出版社2003年版。

余欣:《神道人心——唐宋之际敦煌民生宗教社会史研究》,中华书局2006年版。

朱海滨:《祭祀政策与民间信仰变迁——近世浙江民间信仰》,复旦大学出版社2008年版。

马新、贾艳红、李浩:《中国古代民间信仰——远古到隋唐五代》,上海人民出版社2010年版。

李光荣:《万里寻访伍子胥》,湖北人民出版社2012年版。

阮元瑜:《为曹公作书与孙权》,《景印文渊阁四库全书》,商务印书馆1983年版。

扬雄撰:《扬子法言》,《景印文渊阁四库全书》,商务印书馆1983年版。

王世贞:《读书后》,《景印文渊阁四库全书》,商务印书馆1983年版。

戴钧衡撰:《味经山馆文钞》,《续修四库全书》,上海古籍出版社2003年版。

汪绂撰:《双池文集》,《续修四库全书》,上海古籍出版社2003年版。

计大受撰：《史林测义》，《续修四库全书》，上海古籍出版社 2003 年版。

彭绍升撰：《二林居集》，《续修四库全书》，上海古籍出版社 2003 年版。

李元度撰：《天岳山馆文钞》，《续修四库全书》，上海古籍出版社 2003 年版。

方苞撰，刘季高校点：《方苞集》，上海古籍出版社 1983 年版。

顾炎武撰：《亭林文集》，《续修四库全书》，上海古籍出版社 2003 年版。

吴伟业撰：《梅村家藏稿》，《续修四库全书》，上海古籍出版社 2003 年版。

《孤本元明杂剧》，中国戏剧出版社 1958 年版。

王季思编：《全元戏曲》，人民文学出版社 1990 年版。

瞿佑撰，周楞伽校注：《剪灯新话》，上海古籍出版社 1981 年版。

陈汝衡修订：《说唐》，上海古籍出版社 1978 年版。

吴璿撰，孟庆锡校点：《飞龙全传》，人民文学出版社 1981 年版。

西周生辑：《醒世姻缘传》，齐鲁书社 1980 年版。

周楫撰，陈美林校点：《西湖二集》，江苏古籍出版社 1994 年版。

袁枚编，申孟、甘林点校：《子不语》，上海古籍出版社 1986 年版。

艾衲居士编著，张敏校点：《豆棚闲话》，人民文学出版社 1984 年版。

赵绍祖撰：《安徽金石略》，《续修四库全书》。

刘盼遂撰：《论衡集解》，古籍出版社 1957 年版。

虞世南撰：《北堂书钞》，《景印文渊阁四库全书》，商务印书馆 1983 年版。

赵翼撰，栾保群校：《陔馀丛考》，河北人民出版社 1990 年版。

郦道元撰：《水经注》，《景印文渊阁四库全书》，商务印书馆 1983

年版。

《隋书》，中华书局 1973 年版。

章樵注：《古文苑》，《景印文渊阁四库全书》，商务印书馆 1983 年版。

邵宝撰：《容春堂集》，《景印文渊阁四库全书》，商务印书馆 1983 年版。

陈文述撰：《颐道堂诗选》，《续修四库全书》，上海古籍出版社 2003 年版。

潜说友撰：《咸淳临安志》，《景印文渊阁四库全书》，商务印书馆 1983 年版。

祝穆撰：《方舆胜览》，《景印文渊阁四库全书》，商务印书馆 1983 年版。

周应合撰：（景定）《建康志》，《景印文渊阁四库全书》，商务印书馆 1983 年版。

张淏撰：（宝庆）《会稽续志》，《景印文渊阁四库全书》，商务印书馆 1983 年版。

朱长文撰：《吴郡图经续记》，《景印文渊阁四库全书》，商务印书馆 1983 年版。

## 二、论文类

王立：《从忠奸斗争与复仇意识看屈原对伍子胥的理解认同》，《广西社会科学》1994 年第 5 期。

陈筱芳：《〈伍子胥变文〉的历史真实性及价值取向》，《西南民族学院学报》2002 年第 12 期。

李明：《〈伍子胥变文〉的文化内涵》，《湛江师范学院学报》2005 年第 2 期。

叶文宪：《伍子胥散论》，《苏州科技学院学报》2005 年第 1 期。

张则桐：《元杂剧〈伍员吹箫〉论析》，《徐州教育学院学报》1999 年第2期。

刘树胜：《正史·传说·讲唱文学——由〈伍子胥变文〉看伍子胥故事的嬗变》，《沧州师范专科学校学报》1999年第4期。

李金操、王元林：《由恶变善：潮神伍子胥信仰变迁新探》，《安徽史学》2017年第1期。

洁芒：《从〈伍子胥列传〉看〈史记〉再创作的特点——司马迁再创作例说之一》，《内蒙古师大学报》1987年第2期。

王洪强、王玉德：《伍子胥与屈原比较二题》，《求索》2012年第1期。

肖楠：《〈伍子胥列传〉伍子胥形象之司马迁自我精神的体现》，《乐山师范学院学报》2007年第4期。

刘魁立：《民间叙事的生命树——浙江当代"狗耕田"故事情节类型的形态结构分析》，《民族艺术》2001年第1期。

施爱东：《民间文学的形态研究与共时研究——以刘魁立民间叙事的生命树为例》，《民族文学研究》2006年第1期。

施爱东：《故事的无序生长及其最优策略——以梁祝故事结尾的生长方式为例》，《民俗研究》2005年第3期。

施爱东：《孟姜女故事的稳定性与自由度》，《民俗研究》2009年第4期。

胡晓明：《"江南"再发现——略论中国历史与文学中的"江南认同"》，《华东师范大学学报》(哲学社会科学版)2011年第2期。

金棹：《伏羲女娲神话的文化意象》，《中国社会科学院研究生院学报》1990年第6期。

金宁芬：《我国古典戏曲中西施形象演变初探》，《文学遗产》2001年第6期。

刘传武：《试论伍子胥变文的思想内涵》，《盐城师专学报》(人文社会科学版)1997年第1期。

吕文丽：《元明戏曲舞台上的伍子胥形象及其审美特征》，《苏州铁道师范学院学报》(社会科学版)2001 年第 1 期。

张立新:《逃离与眷顾——伍子胥悲剧命运的文化阐释》,《云南民族大学学报》(哲学社会科学版)2010 年第 5 期。

蒋康:《试论伍子胥的祟祀习俗》,《苏州大学学报》(哲学社会科学版)1995 年第 4 期。

尤岩:《伍子胥与吴地端午风物习俗》,《江苏地方志》2006 年第 3 期。

戈春源:《从屈原与伍子胥的关系看端午节的起源》,《苏州科技学院学报》(社会科学版)2004 年第 4 期。

陈明:《比干——千古直谏第一人》,《安阳广播电视报·殷墟申报世界文化遗产名录特刊》,2010 年。

岳淑珍:《〈伍子胥列传〉的复仇意识及其内涵》,《河南大学学报》(社科版)2002 年第 6 期。

舒大清:《伍子胥和楚国的复仇模式》,《中国文化研究》2004 年第 2 期。

姜文娟:《全忠全孝——通过二胥记看孟称舜的济世思想和创作思想》,《吉林省教育学院学报》2010 年第 8 期。

张君:《伍子胥何曾掘墓鞭尸》,《武汉大学学报》(社会科学版)1985 年第 2 期。

陈祚龙:《关于敦煌古抄伍子胥变文中的药名诗》,《敦煌学》1986 年第 11 辑。

王卫平:《试论伍子胥与吴国的强盛》,《扬州师院学报》(社会科学版)1986 年第 4 期。

魏高山:《伍子胥所筑阖闾城究竟在哪里》,《苏州大学学报》(哲学社会科学版)1992 年第 2 期。

刘传武、何剑叶:《潮神考论》,《东南文化》1996 年第 4 期。

牙彩练:《〈左传〉和〈史记〉中吴王夫差形象的比较》,《渭南师范学院学报》2018 年第 7 期。

程仁君：《〈左传〉中伍子胥的形象——儒家核心思想的诠释》，《现代语文》(学术综合版)2017 年第 4 期。

王庚：《楚地“伍子胥庙”与吴地“申包胥庙”考辨》，《三门峡职业技术学院学报》2015 年第 4 期。

杨亚平：《从当阳关公传说看民间文化精神》，《学术园地》2011 年第 9 期。

赵辉：《从汉代“传书“看正史向历史演义的衍化》，《文学遗产》2016 年第 5 期。

陈婵：《错位与重构——二十世纪四十年代〈伍子胥〉的接受与阐释》，《中国文学研究》2016 年第 1 期。

甘满堂：《当代鄂东富池甘宁信仰文化传承探讨》，《黄冈师范学院学报》2018 年第 4 期。

王祖龙：《仿象与象征：唐崖土司城遗迹的文化解读》，《三峡论坛》2014 年第 4 期。

李洪蕾：《复仇—尽忠—伍子胥在〈浣纱记〉中》，《浙江艺术职业学院学报》2007 年第 3 期。

万水君：《复仇母题与中国传统文化》，《桂林航天工业高等专科学校学报》2006 年第 1 期。

袁筱芬：《复仇母题在中国现代小说中的“对话”与嬗变——解读〈铸剑〉、〈伍子胥〉、〈复仇〉》，《海南师范学院学报》(社会科学版)2003 年第 1 期。

刘萱：《复社贰臣的身份认同——以咏史怀古作品为中心》，《清华大学学报》(哲学社会科学版)2014 年第 4 期。

付朝、刘庆俊：《改革开放以来伍子胥研究述评》，《孙子研究》2016 年第 3 期。

陈璇：《古典诗词中的苏州城池影像》，《文艺争鸣》2013 年第 7 期。

仓林忠：《关于伍子胥“掘墓鞭尸”若干问题的辨析》，《长江师范学院学报》2013 年第 12 期。

仓林忠：《关于伍子胥有否对楚平王掘墓鞭尸的辨析》，《绵阳师范学院学报》2013 年第 10 期。

王世仁：《国都文化史迹述略——北京的“金名片”(上)》，《北京规划建设》2016 年第 2 期。

张凯凌、李伟强：《论〈史记〉〈国语〉伍子胥之死叙史别异》，《宁波工程学院学报》2017 年第 12 期。

朱倩：《论〈伍子胥变文〉的叙事艺术》，《湖北函授大学学报》2016 年第 4 期。

任刚：《司马迁笔下的伍子胥》，《光明日报》2016 年 12 月 31 日。

杜贵晨：《泰山周边孙悟空崇祀遗迹述论——〈西游记〉对泰山文化的影响一例》，《山东师范大学学报》(人文社会科学版)2014 年第 4 期。

龚敏：《唐诗中的伍子胥信仰与传说》，《广西民族大学学报》(哲学社会科学版)2007 年第 1 期。

朱湘蓉：《文学史中伍子胥复仇故事情节的形成——以湖北云梦睡虎地：77 号汉墓伍子胥故事简为依据》，《中原文化研究》2015 年第 2 期。

吴恩培：《伍子胥“掘墓鞭尸”及其证伪》，《苏州教育学院学报》2017 年第 6 期。

富世平：《伍子胥、屈原在先秦两汉文献中的不同书写及其对端午习俗的影响》，《中国俗文化研究》2013 年第 8 期。

徐海：《伍子胥白马素车形象考》，《天水师范学院学报》2013 年第 1 期。

杨华、冯闻文：《伍子胥故事的文本流变和中国古代的价值观》，《长江学术》2013 年第 3 期。

黄亚平：《伍子胥故事的演变——史传系统与敦煌变文为代表的民间系统的对比》，《敦煌研究》2003 年第 2 期。

山珊：《伍子胥故事演变新论——兼及对顾颉刚民间故事研究范式

的再思考》,《理论学刊》2016 年第 5 期。

苗江磊:《伍子胥评说的历史审视》,《广东开放大学学报》2017 年第 4 期。

徐海:《伍子胥信仰中的灵验故事探析》,《苏州科技学院学报》(社会科学版)2016 年第 1 期。

熊贤品:《先秦两汉文献中伍子胥故事及其形象流变》,《苏州教育学院学报》2013 年第 2 期。

丁浩:《寻访古三国》,《成都大学学报》2006 年第 6 期。

邵鸿:《张家山汉墓古竹书〈盖庐〉与〈伍子胥兵法〉》,《南昌大学学报》(人社版)2002 年第 4 期。

赵媛、麻勤、郝丽莎:《中国现存牌坊文化遗迹的地域分异及成因》,《地理研究》2016 年第 10 期。

胡薇:《重塑伍子胥形象——观"青春版"〈鼎盛春秋〉》,《中国文化报》2012 年第 1 期。

陈芳:《诸葛亮南征遗存现状考察及相关讨论》,《中国文化遗产》2016 年第 6 期。

赵雅丽:《"累积型"和"闪现型"共绘的人物画卷——〈越绝书〉人物形象塑造探索》,《广西师范学院学报》(哲学社会科学版)2014 年第 1 期。

李晓一:《〈史记·伍子胥列传〉复仇观的价值特点》,《渤海大学学报》2009 年第 1 期。

潘德宝:《"吴越争霸"故事研究述评》,《浙江师范大学学报》(社会科学版)2012 年第 5 期。

尹富:《〈伍子胥变文〉与唐代的血亲复仇》,《西南师范大学学报》(人文社会科学版)2003 年第 9 期。

吴九龙:《伍子胥兵法破解序》,《军事历史研究》2003 年第 4 期。

陈其泰:《成功刻画特定历史环境的人物形象——〈史记〉列传历史编纂成就析论》,《史学史研究》2015 年第 2 期。

曹大中：《从伍子胥事件看屈原爱国观念的有无》，《社会科学战线·文艺学》1985年第4期。

枣北子：《杜拾遗嫁伍子胥及其他》，《理论月刊》1992年第11期。

李丽婷：《对元明版杂剧〈楚昭王疏者下船〉的比较》，《潍坊学院学报》2014年第6期。

李炳海：《恩怨往来　情理相缠——汉代文学施报题材漫议》，《东方丛刊》2000年第1期。

周熙春：《关于伍子胥评价问题的商榷》，《聊城师范学院学报》(哲学社会科学版)1988年第2期。

曹林娣：《论〈吴越春秋〉中伍子胥形象塑造》，《中国文学研究》2003年第3期。

俞樟华：《论〈伍子胥列传〉与〈伍员吹箫〉对伍子胥故事的不同演绎》，《渭南师范学院学报》2011年第7期。

刘国民：《论司马迁价值评价的片面性》，《中国青年政治学院学报》2005年第2期。

杜太廷：《论伍子胥复仇的正义性，博奇·博记》，《文学选刊》2010年第12期。

洪名勇、洪霓：《论习近平的精准扶贫思想》，《河北经贸大学学报》2016年第11期。

龚维英：《屈原会称颂并自拟于伍子胥吗？——答刘青松同志》，《学术论坛》1983年第4期。

欧健：《十八大以来习近平的扶贫思想研究》，《社会主义研究》2017年第6期。

熊召政：《苏东坡的历史观》，《美文月刊》2017年1月。

马祖铭：《苏州古城是人类智慧的光芒——苏州古代的防洪设施》，《中国居民学术会议暨无锡传统建筑发展国际学术研讨会》，2004年。

张帆：《伍子胥"叛国"却多以正面形象传世之原因浅析》，《乐山师范学院学报》2012年第2期。

吴恩培：《伍子胥筑阖闾城之相关问题研究》，《苏州教育学院学报》2007年第6期。

胡飞雪：《由伍子胥之“冤”说到波浪理论》，《上海证券报》2015年8月29日。

王立：《原始心态与先秦复仇文学》，《求索》1992年第2期。

## 三、学位论文

刘海燕：《关羽形象与关羽崇拜的演变史论》，福建师范大学博士学位论文，2002年。

高云萍：《伍子胥故事研究》，山东师范大学硕士学位论文，2004年。

虞海娜：《试论伍子胥文化意象》，华东师范大学硕士学位论文，2012年。

徐卫和：《岳飞文学形象的多种形态及其文化内涵探析》，江西师范大学硕士学位论文，2004年。

王洪强：《伍子胥思想研究》，华中师范大学硕士学位论文，2009年。

徐海：《伍子胥信仰研究》，兰州大学硕士学位论文，2013年。

赵淑英：《元杂剧中复仇形象的悲剧精神研究》，贵州大学硕士学位论文，2017年。

李亚玲：《越王勾践形象的嬗变研究》，广西民族大学硕士学位论文，2017年。

孙莹莹：《从历史到传说——先秦两汉伍子胥故事的流变》，北京大学硕士学位论文，2008年。

张志娟：《伍子胥传说研究》，北京大学硕士学位论文，2011年。

冀星绿：《车王府曲本鼓词伍子胥故事流变研究》，山西大学硕士学位论文，2009年。

韩婷婷：《论传统道德伦理影响下的伍子胥故事》，首都师范大学硕士学位论文，2007 年。

付玉贞：《〈吴越春秋〉试论》，四川大学硕士学位论文，2007 年。

王海燕：《元明伍子胥戏研究》，北京师范大学博士学位论文，2006 年。

陈盈盈：《元明戏曲中的伍子胥》，北京大学硕士学位论文，2007 年。

吕华亮：《〈吴越春秋〉研究》，安徽师范大学硕士学位论文，2005 年。

李颖：《端午节文化精神研究》，上海师范大学硕士学位论文，2011 年。

王海霞：《敦煌变文与元杂剧同题材作品研究》，湖北师范大学硕士学位论文，2016 年。

赵新新：《吴王夫差的历史解读与〈史记〉夫差研究》，广西民族大学硕士学位论文，2016 年。

张志娟：《伍子胥传说研究》，北京大学硕士学位论文，2011 年。

苗江磊：《伍子胥复仇形象研究》，山东大学硕士学位论文，2016 年。

魏瑞苗：《伍子胥戏研究》，西北师范大学硕士学位论文，2015 年。

刘青：《先秦两汉史籍中伍子胥复仇故事研究》，吉林大学硕士学位论文，2018 年。

刘宇灿：《中古时期文本中的水神意象变迁——以〈文选〉为中心》，华侨大学硕士学位论文，2016 年。

黄智咏：《伍子胥故事在朝鲜半岛的传播与接受》，北京大学硕士学位论文，2014 年。

岳玫：《〈史记〉列传人物的悲剧解析——以伯夷、聂政、伍子胥故事为例》，陕西师范大学硕士学位论文，2018 年。

文田：《〈史记〉“士不遇”形象研究》，长春理工大学硕士学位论文，2016 年。

龙敏思：《伍子胥变文》词汇研究，四川师范大学硕士学位论文，2014年。

王舒欣：《〈新列国志〉故事渊源及流变》，陕西理工学院硕士学位论文，2016年。

马尚学：《〈左传〉、〈吕氏春秋〉叙事的比较》，西北师范大学硕士学位论文，2014年。

王继荣：《敦煌变文与日本古代相关讲史类题材文学作品比较研究》，兰州大学硕士学位论文，2014年。

孟亭竹：《二十世纪〈东周列国志〉传播研究》，山东大学硕士学位论文，2006年。

朱芝芬：《范蠡西施故事流变与文化意蕴考论》，陕西理工学院硕士学位论文，2010年。

赵耀：《梁辰鱼著〈浣纱记〉的文化精神阐释》，北京语言大学硕士学位论文，2007年。

贯井正：《〈三国志演义〉诸葛亮形象生成史》，中国社会科学院博士学位论文，2002年。

代树芳：《元杂剧"三重化"叙事研究》，福建师范大学硕士学位论文，2016年。

# 附录一　伍子胥大事记年表

公元前522年(鲁昭公二十年)

费无忌进谗，伍奢、伍尚被杀。伍子胥带楚太子建之子辗转入吴，言伐楚之利于吴。

王僚，遇公子光，收专诸。

公元前515年(鲁昭公二十七年)

公子光趁二公子出征在外，用专诸刺王僚。

公元前512年(鲁昭公三十年)

吴王阖闾伐徐，问伐楚之计于伍子胥，伍子胥献扰楚疲楚之策。伍子胥举荐孙武。

公元前511年(鲁昭公三十一年)

吴师始用子胥之策，侵楚、伐夷、侵潜、围弦等，多方侵扰楚军。

公元前508年(鲁定公二年)

吴、楚豫章之战，伍子胥诈败楚军，克巢，俘楚公子繁。

公元前507年(鲁定公三年)

楚与唐、蔡交恶。

公元前506年(鲁定公四年)

伍子胥为吴行人以谋楚。伯嚭入吴。吴楚柏举之战，吴师入郢。伍子胥处宫辱墓。

公元前505年(鲁定公五年)

越国趁机入吴，夫概王自立，秦楚联军败吴，吴师还。

公元前496年(鲁定公十四年)

吴、越携李之战，阖闾受伤而死。

公元前494年(鲁哀公元年)

楚伐蔡。吴、越夫椒之战，战后伍子胥力劝灭越，夫差不听。吴入陈。

公元前484年(鲁哀公十一年)

夫差将伐齐，伍子胥极力主张释齐灭越，被夫差赐死。

# 附录二　伍子胥像、伍子胥画像镜等

图一　伍子胥像(苏州胥门)

伍子胥立像。位于苏州胥门外伍子胥纪念园内。图出于吴恩培《伍子胥史料新编》一书。

图二　苏州盘门伍相祠

图三　越文化博物馆藏伍子胥画像镜

图四　私人藏伍子胥画像镜

图三、图四皆来自"盛世收藏"网站"铜镜专区"。

图五　神人瑞兽伍子胥画像镜

现藏上海博物馆。图出于陈佩芬编《上海博物馆藏青铜镜》一书。

图六　辟邪天禽伍子胥画像镜

现藏上海博物馆。图出于陈佩芬编《上海博物馆藏青铜镜》一书。

# 附录三　忠孝二元立体造型：小说戏曲视角下伍子胥形象流变

伍子胥为春秋楚国人，为报父兄之仇，亡楚奔吴，借吴覆楚，竭忠尽智以事其吴王，却因直谏而死，是忠臣孝子的典范。他作为一个具有丰富内涵的悲剧英雄典型，以其不朽的历史价值和发人深省的人生悲剧，一直被后代人们所怀念和品评。伍死后，春秋末期该故事就拉开了序幕，汉魏至隋唐时期，该故事进一步流传发展，到宋元明清时期，逐步发展至高潮。清代之后，伍子胥逐渐被遗忘并退出历史舞台。伍子胥故事在发展演变过程中，不同的社会阶级、阶层采用不同的文体对其进行加工创作，历史学家侧重记载真实事件，而小说戏曲家是讲故事的高手，他们想象力丰富、构思奇特，擅长通过生动的故事情节刻画栩栩如生的人物形象。因此，小说戏曲舞台上的伍子胥形象被传奇化和英雄化了。

## 一、忠贞孝义：先秦两汉史家观照

有关伍子胥的记载，最早见于《左传》《国语》。《左传》中伍子胥的事迹分散在六处：昭公二十年、三十年、三十一年、定公四年、哀公元年和哀公十一年，只是史实的片段记载。《国语》主要是记言，伍子胥的语言主要分布在卷十九《吴语》和卷二十《越语上》两处。其中，《国语·越语上》记载伍子胥从地理角度进谏夫差，反对与越讲和之事。《吴语》中提及伍子胥两次进谏：一是因夫差与越盟而进谏，申胥曰：

“夫越非实忠心好吴也，又非慑畏吾兵甲之强也”①；二是因夫差伐齐而进谏：“越之在吴，犹人之有腹心之疾也……今王非越是图，而一齐、鲁为忧。”②吴王伐齐成功后“讯申胥’，胥“释剑而对曰：‘员不忍称疾辟易，以见王之亲为越之擒也。员请先死。’遂自杀。将死，曰：‘以悬吾目于东门，以见越之入，吴国之亡也。’王愠……使取申胥之尸，盛以鸱夷，而投之于江。”③

综观二书的记载，伍子胥“本事”最初有以下几个基本母题。起因：父兄蒙难，亡楚逃命。待机复仇：初次向吴王僚提议伐楚，不被采纳，洞悉公子光有篡位意图，即向其荐专诸，以待时机。复仇：指挥吴军一举破楚，入郢班宫。助吴破越：力谏夫差杀勾践、灭越国，勿伐齐国。赐死：《左传》记载的伍之死因是托子于齐，而《国语》则是不忍见吴国灭亡而主动请死，且增加了悬目东门、鸱夷投江的情节。

《左传》和《国语》基本上记载了伍子胥这个历史人物事迹的始末。鉴于史家坚持秉笔直书的原则，记事记言比较客观。二书基本上奠定了伍子胥忠贞、孝义、智慧的历史形象。

《史记》基本奠定了伍子胥故事的母题。司马迁为伍子胥专列一传，对伍之事迹首次做了完整的记述。该书中伍子胥故事在情节上的变化主要体现在逃亡、复仇环节上，逃亡中除了渔父帮助其渡江外，还有浣纱女沉江、吹箫乞食之事：“伍子胥橐载而出昭关，夜行而昼伏，至于蓤水，无以饵其口，膝行蒲伏，乞食于吴市。”④“过昭关”“吹箫乞食”成为后世小说家、戏曲家敷衍创作的来源。复仇情节在《史记》也有发展：“伍子胥求昭王。既不得，乃掘平王墓，出其尸，鞭之三百，然后已。”⑤“掘墓鞭尸”情节，《左传》没有记载，到《史记》才出现了“鞭尸三

① 《国语》，上海古籍出版社 1978 年版，第 595 页。
② 《国语》，上海古籍出版社 1978 年版，第 597 页。
③ 《国语》，上海古籍出版社 1978 年版，第 602 页。
④ 司马迁撰：《史记》，中华书局 1959 年版，第 2407 页。
⑤ 司马迁撰：《史记》，中华书局 1959 年版，第 2176 页。

百”的说法。“鞭尸”之事当出自《吕氏春秋》所载子胥“亲射王宫，鞭平王之坟三百”①，但把“鞭坟”改为“出其尸，鞭之三百”，强化了伍子胥的复仇精神。

司马迁虽然秉持史学家的严谨精神，但也借鉴了《吕氏春秋》对伍子胥事迹的加工改造。与先秦文献中侧重对伍子胥忠贞的赞颂不同，《史记》更侧重对其孝义的肯定，对其“隐忍成功”的“烈丈夫”品格的欣赏。太史公《伍子胥列传》末尾曰：“向令伍子胥与奢俱死，何异蝼蚁。弃小义，雪大耻，名垂于后世，悲夫！……故隐忍就功名，非烈丈夫孰能致此哉？”②

## 二、至真至孝：唐代变文之增事绘饰

在唐代以前，各种有关记载的总体倾向是比较重视史实。唐五代《伍子胥变文》大胆虚构情节，改变了传统的重史实的模式。同唐前各史籍记载相比，《伍子胥变文》缺少子胥过昭关、退耕及荐专诸之事，删去了一些有关忠君的内容。增加的情节有：子胥与姊相会、两外甥贪图楚王赏赐而追捕舅舅、子胥遇妻。唐前史籍中根本没有“子胥姊”、“两甥”和“子胥妻”这些人物的影子，更无《伍子胥变文》中的“子胥遇妻、以药名诗作答而不相认”情节。与唐前文献相比，《伍子胥变文》中的渔父形象更为丰满，他不但渡子胥过江、赠饭，且很有智慧。《伍子胥变文》中的浣纱女更加热情，三次请子胥进餐，唱词中还有其容貌的描述：“二八容光如皎练”等。

与前后时代相比，值得我们注意的是，《伍子胥变文》大大敷衍虚构了伍子胥复仇的情节，其报仇的具体行为已大大改变了史实。

首先，在《伍子胥变文》之前的史籍中，为伍氏报仇是鲁定公四年吴楚交战的一个目的，但不是唯一目的，《伍子胥变文》则说为伍复仇

① 陈奇猷校释：《吕氏春秋》，学林出版社1984年版，第767页。

② 司马迁撰：《史记》，中华书局1959年版，第2183页。

是战争的唯一目的："百姓皆诣子胥之门：'愿与伍相为兵伐楚'……争前应募。"①为了替伍子胥报仇，吴王和百姓都同仇敌忾。

其次，《伍子胥变文》中报复楚平王的具体方式与此前史籍记载不同。伍子胥率兵入郢时，楚平王已死去，《左传》《公羊传》均无伍向楚平王本人复仇的记载。《吕氏春秋》是较早记载伍报复方式的："亲射王宫，鞭荆平之坟三百。"《史记》载："乃掘平王墓，出其尸，鞭之三百。"但《变文》比以上说法都有所升级："子胥祭了，口自把剑。结恨之深，重斩平王白骨。其骨随剑血流，状似屠羊。取火烧之，当风扬作微尘。"②把鞭换成了剑，"重斩平王白骨"。

再次，《伍子胥变文》中报复楚昭王、魏陵的方式与此前史载不同。在唐前史籍中，绝无楚昭王被抓获并处死的记录，而《伍子胥变文》中，伍子胥不仅生擒楚昭王，还剜取其心肝，以祭父兄，祭了扔到江中喂鱼鳖。《左传》等记载费无极在吴军入郢前已被楚令尹子常诛杀，但《伍子胥变文》却让子胥亲手向魏陵（即费无极）复仇，"子胥捉得魏陵，脔割并剜取心肝，万斩一身，并诛九族……取得平王骸骨，并魏陵、昭帝，悉总取心肝，行至江边，以祭父兄灵"③。

这类改动是文学家的虚构创造，是通俗文学常用的创作手段，在艺术上把伍子胥复仇行为渲染得淋漓尽致，追求手刃仇人的快意；追求彻底的复仇，大大扩展了复仇的范围；恩怨分明，对复仇有恩的人一一报答。变文明显地凸显了复仇的主题。

民间艺人在加工伍子胥故事的过程中，侧重点已经转移到逃亡和复仇上，在逃亡途中，讲唱者主要表现了老百姓（如渔父、浣纱女）对伍

① 李时人编校，何满子审定：《全唐五代小说》，陕西人民出版社1998年版，第2457页。

② 李时人编校，何满子审定：《全唐五代小说》，陕西人民出版社1998年版，第2475页。

③ 李时人编校，何满子审定：《全唐五代小说》，陕西人民出版社1998年版，第2474页。

子胥的态度，他们同情伍子胥的遭遇，不贪图楚平王重赏，仗义相助。这表现了平民百姓有仇必报的民间价值观念。剑斩白骨、剜心取肝这种残忍的报复行为，根本不可能出自僧徒之口，也不可能是封建正统文人所提倡的，复仇后的接二连三的报恩举止，正是“有恩不报，岂成人也？有恩若报，风流儒雅”①的民间心理的体现。因此，《伍子胥变文》是民间价值观照下的伍子胥故事。

## 三、忠孝智勇：元明戏曲之撮要敷衍

宋元时期，市井流传有“说话”。宋代时讲史科目多为《五代史》《三国志》《列国志》等，《列国志》中有伍子胥故事。元代“讲史”更发达，据《永乐大典目录》载当时的讲史话本有26种，可惜多数没有流传下来。

元代最有代表性的文体是戏曲，元曲及杂剧出现了一个伍子胥题材的史剧系列，把他一生中每个阶段的经历都搬上了戏剧舞台，分别敷衍了伍子胥一生中不同阶段的故事，歌颂了他的忠、孝、智、勇。按内容分为三个系列：临潼斗宝系列、楚亡吴系列、鞭尸复仇系列。

### 1.“临潼斗宝”：少年英雄伍盟府

元代，伍子胥故事情节与前代相比，增加了伍少年时的英雄壮举，即临潼斗宝，比较典型的作品是《十八国临潼斗宝》，剧中伍子胥智勇双全：“过百里奚，武胜秦姬辇，拳打蒯聩，脚踢卞庄，剑吓无祥，保天下十七国诸侯，无事还国。”②杂剧一再突出伍子胥文武兼济的才能：擒来皮豹、鞭伏柳盗跖、临潼会上伍子胥戏举千斤顶。此时的伍员极为风光，他和神射甘蝇比试舞剑时打败了对方。在秦穆公准备下令让埋伏的将士生擒十七国诸侯时，伍员一手执剑，一手揪住穆公，威慑了全副

① 李时人编校，何满子审定：《全唐五代小说》，陕西人民出版社1998年版，第2476页。

② 《孤本元明杂剧》第2册，中国戏剧出版社1958年版，第17页。

武装的秦国士兵，并把穆公作为人质，保十七国诸侯出关。因伍员临潼会的功勋，伍氏一家俱受到楚王的封赏。

“临潼斗宝”的情节不见于正史记载，从客观历史看，当时的秦国国力根本不能主盟，是不可能有临潼斗宝之事的。然而“临潼斗宝”故事在元明戏曲、小说中流传广泛，这一故事应该是在民间传说的基础上，由文人虚构创作出来的。“临潼斗宝”在戏曲舞台上塑造了神勇无比智慧超群的少年豪侠伍子胥形象。

### 2.“伍员吹箫”：英雄落魄悲何极

“伍员吹箫”是落魄英雄的形象。《说专诸伍员吹箫》剧情大意如下：费无忌派儿子费得雄诈传楚平王令以赚伍员入朝企图杀害他，不料公子芈胜提前告知伍员，子胥痛打费得雄。费无忌派养由基将军追赶伍员，养将军咬破箭头，用无箭头之箭射杀伍员，故意放走了他。伍员先投奔郑国，不料郑子产想杀害他，他于是一把火烧了驿亭，想到吴公子姬光曾受他活命之恩，必然借兵给他，于是就奔吴国，奔吴途中，有濑水女子赠饭，渔父渡江。伍员在丹阳吹箫乞食十八载，终于借得吴国精兵十万，攻打楚国，楚昭王派费无忌和伍员交锋。结果伍生擒费无忌，杀入郢都，掘平王墓，鞭尸三百，以报父兄之仇。

在《说专诸伍员吹箫》里，人物、情节发生如下变化：剧中增加了人物，即费无忌之子费得雄，有违历史事实。浣纱女的年龄由30岁变为13岁，此时渔父身份明确，是楚国大夫闾丘亮，因年老体弱隐居在此。渔父之子有明确的姓名：村厮儿，比此前作品更加具体。为了增加报仇的快意性，虚构出“生擒费无忌”的情节，史书记载费无忌在伍员入楚时已死去。报恩与报仇是一个问题的两个方面，《说专诸伍员吹箫》还虚构了报恩情节。伍子胥报仇后，“每思报效”，差人寻找恩人家属报恩，对浣婆婆：“只你那下半世衣饭，都是我养赡着，你再也不必忧虑。”①

① 臧晋叔编：《元曲选》，中华书局1958年版，第666页。

杂剧作者着力渲染伍子胥极为落魄的境遇，逃亡途中忍饥挨饿，到吴国后流落乡间，丹阳吹箫乞食十八载，连乡村无赖都欺负他。剧中伍子胥形象比较深刻地烙上了元代汉族文人的印痕，折射了剧作家的人生感慨。

### 3.《楚昭公疏者下船》：怀冤雪恨歌异情

作为伍子胥伐楚复仇的受害者，楚昭公是如何评价子胥的呢？《楚昭公疏者下船》从另一视角呈现了伍子胥的复仇。此剧第一折交待了吴国伐楚的主要目的是索取飞入楚国的湛卢宝剑和斩杀奸臣费无忌。

剧中的楚昭公不仅对伍子胥毫无怨言，反而对伍子胥称颂不已。正末(楚昭公)唱道："伍盟府天下罕"，"他正是良才奇宝在人间"。①

[哪吒令]、[鹊踏枝]两支曲子中的楚昭公唱词肯定了伍子胥临潼斗宝时的英勇无畏和巨大功绩。正末唱："那里取这般忠义人、英雄汉，他举鼎时多敢有神力相关。""他唬的那秦姬辇怎敢遮拦；百里奚只瞪眼偷看……他直着秦公子曲躬躬亲送出潼关。"②从昭公的唱词中可看出他对伍子胥才智的赞赏之情。同时，楚昭公还埋怨平王："闲时故把忠臣慢，差时不听忠臣谏，危时却要忠臣干。"③致使"贤人投敌国"，"猛将过韶关"。④ 斥责费无忌："你每做的来不周，结下了父兄仇，抵多少不是冤家不聚头……他只待摘了你心肝标了你首，可兀的便肯干休！"

伍子胥覆楚，申包胥复楚，楚昭王对此是如何看待的呢？在杂剧第四折，正末唱道："那借兵的如从天上下，那收兵的那里也凯歌回。这两个谁是谁非，真乃是忠孝各完备。"⑤申包胥是至忠的代表，伍子胥是

① 王季思编：《全元戏曲》第4卷，人民文学出版社1990年版，第92页。
② 王季思编：《全元戏曲》第4卷，人民文学出版社1990年版，第93页。
③ 王季思编：《全元戏曲》第4卷，人民文学出版社1990年版，第94页。
④ 王季思编：《全元戏曲》第4卷，人民文学出版社1990年版，第95页。
⑤ 王季思编：《全元戏曲》第4卷，人民文学出版社1990年版，第111页。

至孝的典型。《楚昭公疏者下船》以包胥口中道出了子胥的义气："谁想子胥不忘旧交，将城池地面还复与楚，即日班师"。

#### 4.《浣纱记》：孤忠老臣颂精诚

明清时期，有关伍子胥的戏曲不多，只有《浣纱记》中有比较完整的伍子胥形象。剧本的主旨是叙述勾践灭吴这段历史，伍子胥的出场主要集中在《伐越》《通嚭》《允降》《谈义》《寄子》《死忠》等出。第四出《伐越》中他第一次出场，他自报家门唱道："父怨方酬魂未返，君恩欲报心犹赤……皇天后土，鉴生平忠孝之心；名山大川，谅宿昔英豪之气。"①

这一段念白重点强调伍恩怨分明的价值观："一饭之德必酬，纤芥之仇必报。父兄深怨，鞭及墓下之人。"剧中有关伍子胥的情节基本上继承历史传统，伍的主导性格仍然是忠孝两全，剧中的伍子胥对吴王忠心耿耿，在是否伐越上，伍极力主张伐越。在越国请和问题上，伍力谏夫差不要允降："勾践强暴，屡肆侵凌。今力屈计穷，命在顷刻，是天以越赐吴，此机不可失也。"②对于夫差降赦勾践，他坚决反对，但是夫差一意孤行，不听子胥忠言。作者在着力把伍子胥刻画成忠臣的过程中，并没有忽略伍心中的矛盾和疑虑。如第十二出《谈义》：在忠言不被采纳，报国无望时，伍也想归隐山林。但又担心辜负先王，犹豫不决的他向隐士公孙圣求助。

（末）当初既仗吴之先王，得尽孝道，今日即弃吴之后主，不竭忠诚，则是贪生怕死，背义忘恩，乃小丈夫之所为，窃为吾弟不取也。

（外）杀身殉国，此亦何难。但恐吾死，吴国又亡，既无益于

① 梁辰鱼撰：《梁辰鱼集》，上海古籍出版社1998年版，第455页。
② 梁辰鱼撰：《梁辰鱼集》，上海古籍出版社1998年版，第465页。

邦家，又灭绝乎宗祀，却不两下耽误了。

(末)岂不闻死生有命，祸福在天。烈士殉名，壮夫重气？存为楚国之杰，殁作吴地之英。①

显然，公孙圣认为“为子死孝，为臣死忠”，不可“但计嗣君之小过，遂忘前王之大恩”。对于忠君死节儿子无法安置的难题，公孙圣提议寄子他邦，既尽父子之情，又全君臣之义。笔者认为，公孙圣的设置，体现了社会舆论对伍子胥所面临问题的态度，反映了明代人的君臣观念和忠孝的地位差异，忠高于孝。公孙圣与伍子胥的对话，可能是剧作家的创作手法，以便更好地描写伍子胥忠君与死节的矛盾心理。《浣纱记》中刻画了伍子胥忠贞死节的骨鲠老臣形象。

## 四、忠孝的异化：明清小说之遵史传奇

### 1.《东周列国志》：据实构虚

明清时期，有关伍子胥的文学作品主要是《东周列国志》。明中叶，福建的书坊主余邵鱼编刻了《列国志传》。冯梦龙改编《列国志传》，删掉武王伐纣至西周灭亡的内容，集中记述了东周列国历史。冯氏主要依据《左传》《史记》等史传材料，更注重遵循史实，同时也保留了一些民间故事，对语言进行了润色加工，在一定程度上增强了作品的艺术性。

《东周列国志》中伍子胥故事主要集中在第 71 回至第 82 回。伍子胥故事中的起因、逃亡环节集中在第 72 回：《棠公尚捐躯奔父难，伍子胥微服过昭关》，主要依据《左传·昭公十年》和《吴越春秋·王僚使公子光传》的内容，又加入一些人物和情节，使逃亡故事更加丰满。楚王使鄢将师持伍奢亲笔信召伍尚、伍员，伍尚归楚。平王便派遣武城黑追捕伍员。伍员射杀御者，武城黑逃遁。伍员至宋，同太子建奔郑，建

① 梁辰鱼撰：《梁辰鱼集》，上海古籍出版社 1998 年版，第 479~481 页。

因与晋谋郑，被杀，员与建之子胜逃奔吴国。伍子胥“过昭关”故事在此被敷衍得极为生动有趣，由《史记》中十几字扩展到两千多字，不仅吸收了元代过昭关一夜白了头的故事，且增加了富有戏剧性的内容：伍子胥逃到历阳山，被神医东皋公（扁鹊之弟）认出，东皋公热情相助，伍在他家一连隐藏七天，因无计出关而心急如焚致使鬓发一夜之间全白。东皋公还请出好友皇甫讷相助伍出关，因皇与伍的长相有些相似，东皋公就建议他与伍互换衣服，以假乱真，过关时，“假伍子胥”被当场擒拿，真伍子胥却趁机混出关门。后来东皋公救出皇甫讷。

渔丈人之事主要集中在第72回，渔父唱歌、中途回家取饭、芦中躲藏、解剑答谢、覆船自沉等情节与《吴越春秋》基本相同。专诸、浣纱女事主要集中在第73回，并敷衍了专诸母亲的情节：专诸方与人斗，其母一唤即归；专诸母子受公子光物质恩惠，光欲用专诸刺杀王僚，因母亲尚在，专诸犹豫不决，为了成全其事，专母自缢。伍子胥遇浣纱女事，浣纱女最后“抱一大石，自投濑水而死”。与此前不同的是，《东周列国志》增加了伍子胥“血书题石”的情节，“尔流纱，我行乞；我腹饱，尔身溺。十年之后，千金报德！”

第76回《伍子胥掘墓鞭尸》在借鉴历史记载的基础上，小说家亦有发挥之处：伍员四处寻访平王墓而不得，忽有老叟（修墓的石匠）指点墓址所在，疑棺下面才是真棺，原来平王之尸用水银殓过，肤肉不变，子胥“手持九节铜鞭，鞭之三百，肉烂骨折。于是左足践其腹，右手抉其目，数之曰：‘汝生时枉有目珠，不辨忠佞，听信谗言，杀吾父兄，岂不冤哉！’遂断平王之头，毁其衣衾棺木，同骸骨弃于原野”①。老叟的出现说明平王残暴，将砌造疑冢的五十多名石匠尽杀冢内，所以不得民心。

### 2. 其他小说：描神写异

其他小说中也有描写伍子胥故事的，但多数是敷衍伍子胥成为神灵

① 冯梦龙编：《东周列国志》，人民文学出版社1955年版，第711~712页。

护佑百姓的故事。明传奇小说《剪灯新话》卷4《龙堂灵会录》，叙述元统年间“子述”（人名）的一次奇特经历。龙王邀请子述做客，席间，他看见了范相国（范蠡）、晋张使君（张翰）、唐陆处士（陆龟蒙）。一会，伍子胥到来，范相国犹据首席，“伍君勃然变色而谓王曰：‘此地乃吴国之境，王乃吴地之神，吾乃吴国之忠臣，彼乃吴国之仇人也’”①。伍子胥指责范蠡三大罪，并说明自己高过范蠡的地方：“复父兄之仇，又能为夫差复父之仇，则孝为有余矣。事吴至死不去，以毕志于其君，忠为有余矣。”②这个故事敷衍的是阴间伍子胥居功自傲的故事。

《说岳全传》第69回《打擂台二祭岳王坟，愤怨情哭诉潮神庙》敷衍了伍子胥替岳飞报仇的故事，塑造了阴间伍子胥正义之神的形象。伍子胥作为潮神，在人间有神庙供奉，王能、李直因替岳王报仇求神不应，逢庙便打，遇神便骂，于是就把伍子胥神像打得粉碎。伍知道真相后，上诉玉帝，惩恶扬善，奸臣秦桧遭到报应，岳飞父子获得褒奖。王能、李直二人为伍子胥修整庙宇，重塑神像。《西湖二集·吴山顶上神仙》叙述了这样一个故事：“冷启敬见海中一船将覆，冷遂飞一道符，差伍子胥往救，船得不覆。”故事中遣伍子胥救船，当由伍死后化成为涛神联想而来。

《老冯唐直谏汉文帝》记述，宋真宗驾幸武庙，“尚书张询奏：‘伍子胥曾鞭主尸，赵云曾斥主母，此二人不堪入庙。’真宗曰：‘此二人亦英杰也，可于门首享祭。至今于武庙为把门将”③。可见，封建帝王以忠顺为衡量臣子好坏的标准，统治者封神的目的是为了更好地维护统治地位。

---

① 瞿佑撰，周楞伽校注：《剪灯新话》，上海古籍出版社1981年版，第84页。

② 瞿佑撰，周楞伽校注：《剪灯新话》，上海古籍出版社1981年版，第85页。

③ 洪楩编辑，石昌渝校点：《清平山堂话本》，江苏古籍出版社1990年版，第329页。

袁枚《子不语》卷十《鞭尸》记述了一个神异故事：桐城张、徐二友，到江西做生意，路上徐卒于店楼。张入市花两千文买棺为葬，但一刁蛮老人阻拦，另勒索四千，张拒绝。当天夜里，张上楼时，尸起相扑。次日再去买棺，作梗老人骂曰："我虽不是主人，然此地我号'坐山虎'，非送我二千钱，棺不可得。"①是夜，一个白须翁授予张一支神鞭曰："此伍子胥鞭楚平王尸也。今晚尸起欲扑，汝持此鞭之，则棺得而大难解。"当晚尸又跃起，张按照白须翁所教方法，尸体便"应鞭而倒"。坐山虎死了。张和棺店主人去现场看时，老人尸体上果然有此鞭痕迹。原来坐山虎有妖法，能使死尸扑人，为当地一害。故事虚构了伍子胥神鞭打死坐山虎，为民除害情节，小说作者赋予伍子胥之鞭以正义的意义，具有驱除妖魔的功能。

## 结　语

自先秦至明清时期，从伍子胥故事的发展变化和伍子胥形象的嬗变，可以看到小说与戏曲文体更注重情节的传奇性与故事性。小说戏曲家擅长通过生动曲折的故事情节刻画人物形象，其主要旨趣在于虚构创造，追求情节的生动、人物形象的栩栩如生，意在吸引受众的眼球和好奇心，是民间价值观照下的伍子胥故事，更多地体现了通俗文学家的审美文化心理和平民百姓的接受心理。因此，小说戏曲舞台上的伍子胥形象被传奇化和英雄化了，他更多常人的特征和心理。总之，中国历代不同社会阶级、阶层的人分别按自己的价值标准去塑造伍子胥形象，与之相应，伍子胥故事表现出千姿百态的状貌，伍子胥形象也呈现出不同的特质。通过历代人们对伍子胥故事主题不同层面和维度的阐释，我们可以管窥到故事背后作者的文化心态。历史学家强调事件本身，历史学家

① 袁枚编著，申孟、甘林点校：《子不语》，上海古籍出版社 1986 年版，第 265 页。

视野中的伍子胥和历史人物最接近，文人心目中的伍子胥形象浸透着儒家人文理想的底蕴，体现着士大夫的审美特征，而小说戏曲家旨在追求传奇性，他们在推崇伍子胥忠孝的同时，更倾向于敷衍伍的传奇故事，将英雄神化。伍子胥曾经是和比干、屈原齐名的忠臣典范，但是在今天比干、屈原仍然是妇孺皆知的忠臣，却较少有人知道伍子胥了。笔者认为原因当为伍子胥这个历史人物的复杂性以及历代人们价值观念的差异，尤其是忠孝观念的变化。宋元明清时期，人们激烈地争辩伍子胥是忠贞孝义还是不忠不孝，仁者见仁，智者见智，争论的结果是历史遗弃了伍子胥。清代之后，伍子胥就被逐渐遗忘，几乎退出历史舞台。而比干、屈原、关羽、诸葛亮和岳飞等人都有主体性格，没有矛盾对立的经历和性格。他们经过文人的加工塑造，就成为忠、义、智的典型。当然，关羽、诸葛亮和岳飞的流芳百世还有通俗小说推波助澜的促进作用。明清时期，《三国演义》和岳飞系列小说的产生和传播，有助于关羽、诸葛亮和岳飞进入更多人的视野，特别是没有机会和能力看到史书的平民大众的视野。伍子胥故事没有在明清时期形成一部长篇通俗小说，仅有的“东周列国”几部小说，因过于拘泥于史实而缺少文采，受众不广。这当然有深层的历史文化原因。

# 附录四　神灵的纪念

## ——民俗方志中伍子胥祠庙遗迹探寻

伍子胥，名员，春秋后期楚国人，其父兄被楚平王无辜杀害。他为报父兄之仇，亡楚奔吴，借吴覆楚，尽忠吴王并因直谏而死。作为一个具有丰富内涵、悲剧英雄的典型——伍子胥，被后人怀念和祭祀。自他去世后，民间就附会各种传说，官方为统治需要也不断地“造神化民”，最终将伍子胥抬上了神的宝座。在伍子胥由人到神的历史演变过程中，先秦至隋唐是发轫与滥觞期，宋元是发展与开拓期，明清是兴盛与集成期。笔者以时代先后为序，尝试探寻自先秦以降民俗方志中伍子胥祠庙遗迹的分布状态。

### 一、先秦至隋唐：发轫与滥觞

春秋至唐代是伍子胥神化的发轫与滥觞期，吴越地区民众的信奉及崇拜对伍子胥神化起到了推波助澜的作用，钱塘江是伍子胥由人到神的起点。

#### 1. 伍庙的局部创建与封谥开端

自春秋末期，伍子胥去世开始，在吴国民间就有他的事迹流传，同时民间祭祀也拉开序幕。《史记》载：“伍子胥死后，吴人怜之，为立祠于江上，因命曰胥山。”①

---

① 司马迁：《史记》，中华书局1982年版，第2180页。

与前代比，汉魏六朝时期，伍子胥祠庙在地域上有所扩大。《安徽金石略》载："汉高帝九年，封员忠靖君，祠于山巅。后汉又封威武将军。"①可见，西汉时广德州已有伍子胥庙，这是现存文献中较早对伍子胥的加封。随着官方的加封，民间对其忠贞孝义的赞赏，更多地方为其立庙祭祀。东汉时，其在会稽、丹徒大江、钱塘、浙江均有伍庙，《书虚篇》载："今时会稽、丹徒大江；钱唐、浙江，皆立子胥之庙。"②东汉民间传说对伍子胥进一步神化。《吴越春秋》记载伍子胥显灵："头巨若车轮，目若耀电，须发四张，射于十里。"③《越绝书》："王使人捐于大江口。勇士执之，乃有遗响，发愤驰腾……归神大海。"④伍子胥死后一度被传为厉鬼的形象。《后汉书》记载吴郡王闳渡钱塘江，船欲覆，"闳拔剑斫水骂伍子胥"。《汉书》载张禹被任命为扬州刺史，过江时，当地人皆以江有伍子胥神，难于济涉。禹厉声言："子胥如其有灵，知其志在理察枉讼，岂危我哉，遂鼓楫而过。"⑤可见，钱塘、扬州一带，民众把伍子胥想象为主持江涛的潮神，不过伍子胥此时却是"猛涛"的形象。

魏晋六朝时，伍庙分布的区域由吴越之地逐步扩大到山东、河南、湖南、安徽等地，祭祀规模也比前代有所扩大。据梁代慧皎《高僧传》记载湘州界铜溪有伍子胥庙，庙里铜器多，祭祀显赫，伍庙灵验，有专人把守，"犯者必毙"。另，据史料记载河南、山东也有伍庙。《魏书》记载："东燕有尧祠、伍子胥祠。"⑥"泰山郡有伍子胥庙。"⑦《水经注·

① 赵绍祖：《安徽金石略》，《续修四库全书》第 912 册，上海古籍出版社 2003 年版，第 308 页。

② 刘盼遂：《论衡集解》，古籍出版社 1957 年版，第 83 页。

③ 周生春：《吴越春秋辑校汇考》，上海古籍出版社 1997 年版，第 169 页。

④ 袁康、吴平：《 越绝书》，上海古籍出版社 1985 年版，第 102 页。

⑤ 虞世南：《北堂书钞》，《景印文渊阁四库全书》第 889 册，台湾"商务印书馆"1983 年版，第 831 页。

⑥ 魏收：《魏书》，中华书局 1974 年版，第 2458 页。

⑦ 魏收：《魏书》，中华书局 1974 年版，第 2519 页。

河水》载："河水北径伍子胥庙南，祠在北岸，顿丘郡界，庙前有碑，魏青龙三年立。"①《睢水、瓠子河、汶水》载："尧陵北、仲山甫墓南，二冢间有伍员祠，晋大安中立一碑。"②"江都县有江水祠，俗谓之伍相庙也。子胥但配食，岁三祭，与五岳同。"③顿丘郡、东燕在河南省，泰山郡、成阳县在山东省，江都县的伍庙中伍子胥仅是配祀。

春秋至汉魏六朝，伍子胥成为江南民众祭祀的神祇，并有渐渐扩充到其他地区的趋势。在当时时代氛围影响下，民众会参与祭祀活动。

隋唐时，伍子胥由"猛涛"形象变成人间的"涛神"。隋朝时，伍子胥在楚州民众心中地位较高。据《隋书》载："城北有伍子胥庙，其俗敬鬼，祈祷者必以牛酒，至破产业。劢叹曰：'子胥贤者，岂宜损百姓乎？'"④唐代中期官方整顿淫祠，狄仁杰摧毁祠庙1700余座，伍庙却与夏禹、吴太伯、季札等帝王圣贤庙一起存留，显示伍庙的尊崇地位。《新唐书》："毁千七百房，止留夏禹、吴太伯、季札、伍员四祠。"⑤唐昭宗景福二年(893)封广惠侯。⑥ 卢元辅《胥山祠铭并序》记述了唐代伍庙香火旺盛的状况："金狄在户，雷鼓在堂，魏樽汉豆，六代笙簧，可谓奉天爵之馨香，获神人之盛礼。"⑦长庆二年，白居易任杭州刺史，为抗击旱灾向伍子胥神祈雨。"一昨祷伍相神，祈城隍祠，灵虽有应，雨

① 郦道元：《水经注》，《景印文渊阁四库全书》第573册，台湾"商务印书馆"1983年版，第86页。

② 郦道元：《水经注》，《景印文渊阁四库全书》第573册，台湾"商务印书馆"1983年版，第375页。

③ 郦道元：《水经注》，《景印文渊阁四库全书》第573册，台湾"商务印书馆"1983年版，第466页。

④ 魏徵：《令狐德棻·隋书》，中华书局1973年版，第1373页。

⑤ 欧阳修、宋祁：《新唐书》，中华书局1975年版，第4208页。

⑥ 田汝成：《西湖游览志》，《景印文渊阁四库全书》第585册，台湾"商务印书馆"1983年版，第181页。

⑦ 祝穆：《事文类聚》，《景印文渊阁四库全书》第925册，台湾"商务印书馆"1983年版，第248页。

未沾足，是用择日祇事，改请于神。”①伍子胥俨然成为司雨的神祇。不过，据唐李善夷《重修伍员庙议》记载，澧江就是否为伍子胥建庙，出现正反两种观点。澧江是古代楚地，在当地人眼里，伍子胥虽尽孝道但却不忠于楚君。这说明唐代伍庙在楚地曾遭到抵制。

## 2. 民俗祭祀活动的兴起

汉魏六朝时期，人们不仅兴建庙宇祭祀伍子胥，还通过娱乐性民俗活动纪念他。人们甚至把祭神之日定在农历五月初五，这是端午节的起源。陈元靓《岁时广记》：“东汉《烈女传》：孝女曹娥者，会稽上虞人。父盱，能弦歌为巫竞，汉安二年，五月五日于县江泝涛婆娑迎神，溺死。”度尚《曹娥碑》：“盱能抚节按歌婆娑乐神，以汉安二年五月时，迎伍君，逆涛而上，为水所淹，不得其尸。”②借此，我们可管窥东汉时会稽地区民间在农历五月五日这一天祭祀伍子胥的情况：巫师弦歌、“泝涛婆娑迎神”；孝女曹娥父亲就死于逆涛迎伍君。据六朝梁代宗懔《荆楚岁时记》：“五月五日，斯又东吴之俗，事在子胥，不关屈平也。”可见，在南朝有关端午节起源，是由伍子胥而起，后来则转为纪念屈原。

民众祭祀伍子胥神，不仅有寓祀于乐的群众性、娱乐性祭祀活动，还有专为伍子胥创作的“小海唱”之歌。《晋书》记录了小海唱创作缘由：“伍子胥谏吴王，言不纳用，见戮投海，国人痛其忠烈，为作小海唱。”“夏统于是以足叩船，引声喉啭……诸人顾相谓曰：聆小海之唱，谓子胥、屈平立吾左右。”③小海唱在会稽地区广为流传，成为民众的“流行歌曲”。可惜，小海唱歌词《晋书》未载，但可推断小海唱是一首以歌颂忠臣“死谏”为主题的歌曲，蕴含了吴越人们对伍子胥的怀念，歌时竟

① 白居易：《祝皋亭神文》，董诰：《全唐文》第7册，中华书局1983年版，第6956页。

② 章樵：《古文苑》，《景印文渊阁四库全书》第1332册，台湾“商务印书馆”1983年版，第722页。

③ 房玄龄：《晋书》，中华书局1974年版，第230~248页。

有“大风应至、云雨响集、雷电画冥”①的反响。民间祭祀伍子胥，还有融体育性娱乐活动为一体的“弄潮”活动，卢元辅《胥山祠铭并序》描述了唐代杭州弄潮的壮观场面：“仲秋阙望，杭人以旗鼓迓之，笳箫和之，百城聚观，大耀威灵……迎潮氏格之，如吕梁丈人，为灵戈威矛，潋浪百重。”②从该序可获悉，唐代元和年间民俗活动弄潮的时间、地点、场面、规模等情况：仲秋阙望，杭州人弄潮活动规模巨大，场面壮观，民众参与广泛，迎潮氏身姿矫健、技巧娴熟。

## 二、宋元：发展与开拓

### 1. 伍庙的推广和祭祀制度确立

宋元时期，伍子胥祠庙及有关遗迹，主要分布在江苏、浙江一带，安徽也有少量遗迹。江苏钱塘县南六里有吴山，上有伍子胥庙。③ 太湖口上有胥山，上有伍子胥庙。④ 江阴县有伍员祠：“在县东南七十五里员湖西岸，昔伍相因行过此，后人悲忆之，因名员湖，并为立庙。”⑤平江府有伍子胥墓，在南城。⑥ 杭州吴山有子胥祠，浙江严州有两座伍庙，“英烈王庙，在胥岭，盖伍子胥别庙”。另，距城四十里有胥村，据宋陈公亮撰(淳熙)《严州图经》载：“相传伍子胥尝逃难抵此，后以名

① 房玄龄：《晋书》，中华书局1974年版，第248页。

② 祝穆：《事文类聚》，《景印文渊阁四库全书》第925册，台湾“商务印书馆”1983年版，第249页。

③ 祝穆：《方舆胜览》，《景印文渊阁四库全书》第471册，台湾“商务印书馆”1983年版，第576页。

④ 范成大：《(绍定)吴郡志》，《景印文渊阁四库全书》第485册，台湾“商务印书馆”1983年版，第317页。

⑤ 乐史：《太平寰宇记》，《景印文渊阁四库全书》第490册，台湾“商务印书馆”1983年版，第251页。

⑥ 王存：《元丰九域志》，《景印文渊阁四库全书》第471册，台湾“商务印书馆”1983年版，第122页。

村，有庙。”溧阳县有子胥庙，在“县西南六十里伍牙山下”①。浙江昌化县亦有伍子胥庙，“在县南二十五里览川”②。据《会稽续志》载，会稽也有伍子胥庙，“见庭下榴花甚开，妍甚可爱。询祝史，云此伍子胥庙”③。

安徽、四川也有伍庙。怀宁县有伍员祠：“在县北二里。按《史记》云：伍员，楚人也，为父复仇，将兵伐楚，人思志烈，遂为立祠。”④四川昌州有伍子胥庙，据说“葛仙山葛洪于此山得仙”⑤。陆游《入蜀记》：“大底自荆以西，子胥庙至多。”⑥

宋代朝廷通过赐额、赐号，把某些流行的民间信仰纳入国家信仰系统，为当时人们确立楷模。宋代是伍子胥官方祀典地位确立的时期。《咸淳临安志》载：“国朝载在祀典”，“春秋醮祭”，标志着伍子胥信仰取得官方认可。宋代对伍子胥多次加封晋爵。《咸淳临安志》记载：“大中祥符五年……赐忠清庙额，封英烈王……政和六年，加封威显……(绍兴)三十年，加封忠壮……庆元五年至嘉定十七年，累封为忠武英烈威德显圣王……嘉熙三年，赵安抚与欢又易而新之，庙前旧有星宿阁，摭英卫二字以名。理宗皇帝亲洒宸翰赐焉……自嘉熙至今，累改为忠武英烈显圣安福王。”⑦宋真宗《吴山庙》记录了官府对吴山伍子胥庙

---

① 周应合：《(景定)建康志》，《景印文渊阁四库全书》第489册，台湾“商务印书馆”1983年版，第65页。

② 潜说友：《(咸淳)临安志》，《景印文渊阁四库全书》第490册，台湾“商务印书馆”1983年版，第760页。

③ 张淏：《(宝庆)会稽续志》，《景印文渊阁四库全书》第486册，台湾“商务印书馆”1983年版，第545页。

④ 乐史：《太平寰宇记》，《景印文渊阁四库全书》第490册，台湾“商务印书馆”1983年版，第251页。

⑤ 王存：《元丰九域志》，《景印文渊阁四库全书》第471册，台湾“商务印书馆”1983年版，第172页。

⑥ 陆游：《入蜀记》，《景印文渊阁四库全书》第460册，台湾“商务印书馆”1983年版，第917页。

⑦ 潜说友：《(咸淳)临安志》，《景印文渊阁四库全书》第490册，台湾“商务印书馆”1983年版，第726页。

祭祀典章："宜令本州，每岁春秋建道场三昼夜，罢日设醮，其青词学士院前一月降付。"①赵与欢《英卫阁记》记录吴地伍庙祭典："着为令每岁春，由翰林院撰词，命羽流祈福，率即殿蒇醮事，殊不称典。"②且伍子胥的家人均得到加封："封追爵父奢烈侯，以母嘉应夫人，配兄尚昭顺侯，以嫂淑惠夫人，配悉像于庙之东房，总曰王府之殿。妃曰协清夫人。"③伍氏一家备受崇封，尊贵可想而知。吴地的伍庙，已形成宫殿式的规模。

王安石以独到的眼光分析了伍子胥庙食千载的原因："维忠肆怀，维孝肆孚。""独子胥之祠，不徙不绝，岂独神之事？盖亦子胥之节，有以动后世，而爱尤在于吴。"④王安国《忠清庙记》剖析了建立伍庙的原因："既而雨旸，或愆躬祷于庙，岁仍大熟。于是邦人以为神之赐也。"⑤可见，祭祀伍庙始于恶劣天气，祭祀初衷是祈求风调雨顺。苏轼出任杭州刺史期间，多次祈雨祈晴于伍子胥神，如《祈雨吴山》《祈雨祝文》《祈晴吴山庙》等。其《祭英烈王文》："庚子之涛，海若伏降。完我岸闸，千夫奏功。"⑥这显然是东坡祭神的庙祝，伍子胥神又成为司雨司晴的龙王神了。

元代统治者也看重伍子胥的教化功能，据《元史新编》载元成宗大德三年封伍子胥为"顺佑忠孝威惠显圣王"。郑元佑撰《忠孝威惠显圣王

① 翟均廉：《海塘录》，《景印文渊阁四库全书》第583册，台湾"商务印书馆"1983年版，第537页。

② 翟均廉：《海塘录》，《景印文渊阁四库全书》第583册，台湾"商务印书馆"1983年版，第542页。

③ 翟均廉：《海塘录》，《景印文渊阁四库全书》第583册，台湾"商务印书馆"1983年版，第542页。

④ 王安石：《临川集》，《景印文渊阁四库全书》第1105册，台湾"商务印书馆"1983年版，第280页。

⑤ 翟均廉：《海塘录》，《景印文渊阁四库全书》第583册，台湾"商务印书馆"1983年版，第539页。

⑥ 翟均廉：《海塘录》，《景印文渊阁四库全书》第583册，台湾"商务印书馆"1983年版，第542页。

庙碑》："殽醑胣美神其顾，歆醉饱以喜，民安盗弭降福祉兮，神之归兮籥层云，山矗矗兮水沄沄，金支孔盖光缤纷，素车白马还天阍。"①这显然是迎享送神的祠铭，修葺一新的伍庙，人们准备丰盛的佳肴宴飨伍神，诗人想象伍子胥神灵从天而降，光彩荣耀。蔡京《南双庙记》记载了民众争先恐后为伍子胥修庙："邦人独以子胥之故，愿众私出力……惟恐其后。"②

## 2. 伍子胥历史遗迹增多

宋元时期，伍子胥遗迹主要分布在江浙、安徽等地，其主要有祠庙墓寝，有山水，如胥山、溧水等；有村庄住宅，如胥村、伍子胥宅；有城池，如吴城、阖闾城。遗迹的命名显示了风物古迹的由来。

江苏钱塘县有吴山，在县南六里，命曰胥山。嘉兴县有胥山："在县东三十里，旧经伍子胥经营于此。"③无锡有归山和胥山，"归山在县西北间江，《风土记》云夫差杀伍子胥，裹以鸱革浮江，国人登此，望其归"。宋史能之《重修毗陵志》载："胥山在县西北间江侧，子胥被杀，吴人哀之，为立祠。"此外，太湖亦有胥山："在太湖口上，有伍子胥庙。"④杭州亦有胥山："杭之吴山为子胥祠，或亦曰胥山。"⑤

自从伍子胥逃亡途中经过溧阳，他就与此地结缘。溧阳县有伍牙山，"一名护牙山，在溧阳县西南六十里……俗传伍子胥美齿牙，避楚

① 钱谷：《吴都文粹续集》，《景印文渊阁四库全书》第1385册，台湾"商务印书馆"1983年版，第314页。

② 郑虎臣：《吴都文粹》，《景印文渊阁四库全书》第1385册，台湾"商务印书馆"1983年版，第664页。

③ 祝穆：《方舆胜览》，《景印文渊阁四库全书》第471册，台湾"商务印书馆"1983年版，第576页。

④ 《(绍定)吴郡志》，《景印文渊阁四库全书》第485册，台湾"商务印书馆"1983年版，第317页。

⑤ 《(绍定)吴郡志》，《景印文渊阁四库全书》第485册，台湾"商务印书馆"1983年版，第318页。

至此，恐为人所识，以石击毁其牙，山神为震，护之不毁”①。溧水在“溧阳西北四十里……伍子胥乞食投金处”②。值得注意的是，有人认为溧阳的风俗受到伍子胥影响：“县宗丞王端朝曰：是邑有伍子胥之故迹，故其俗多义而勇。”③浙江乌程县有伍子胥宅：“在县东南六十里伍林村，昔子胥逃难筑室于此。”吴郡有伍子胥宅，“故传在胥门旁”④。

## 三、明清：兴盛与集成

明清时期，官府依然加封伍子胥，据官修《清通志》卷37载，雍正二年加封“江海大神”，建海神庙于海宁县，加封为“宁民显佑浙海之神”。清雍正三年，“以神为浙省保障之神，勒封英卫公，每岁春秋二祭”。乾隆十六年，御题匾额云“灵依素练”⑤。明清时伍子胥庙宇遗迹分布更广，由江浙扩大到湖南、湖北、河南、山西、陕西等地。伍子胥祠庙遗迹的增多表明伍子胥信仰的传播扩大。

### 1. 江浙：立功之地

江苏地区伍子胥祠庙遗迹相对较多。苏州府有多座伍子胥祠庙，如吴相伍大夫庙，其庙址大概有三处，一是在吴县盘门内；二是在县西南四十里胥山上，即子胥死处；其三是在洞庭东山杨湾。上元县有两座伍庙：“上元县长宁乡吴伍相庙。子胥解剑渡处曰胥浦，西有伍相林竹篠

---

① 周应合：《(景定)建康志》，《景印文渊阁四库全书》第489册，台湾“商务印书馆”1983年版，第65页。

② 周应合：《(景定)建康志》，《景印文渊阁四库全书》第489册，台湾“商务印书馆”1983年版，第100页。

③ 周应合：《(景定)建康志》，《景印文渊阁四库全书》第489册，台湾“商务印书馆”1983年版，第519页。

④ 朱长文：《吴郡图经续记》，《景印文渊阁四库全书》第484册，台湾“商务印书馆”1983年版，第36页。

⑤ 翟均廉：《海塘录》，《景印文渊阁四库全书》第83册，台湾“台北商务印书馆”1963年版，第537页。

沟，有伍相白马庙。”①句容县有伍相庙，在“县西南六十里护牙山下”②。江阴县有子胥庙，在伍相庙桥旁。苏州府伍庙的祭祀状态，除了单祀一庙外，还有与他人共祀一庙。如“南双庙”和“三忠祠”，南双庙在盘门内，左英烈王伍子胥，右福顺王陈果仁。三忠祠在吴江县长桥，祀吴伍员、唐张巡、宋岳飞。③ 淮安府有英烈王庙，“在府城朝宗门外，祀伍子胥”④。扬州府有伍子胥庙，“在仪真县西胥浦，伍子胥尝解剑渡江于此，后人因为立庙”⑤。

常州府有归山和胥山：“归山在无锡县西北四十五里。”“胥山，在无锡县西南五十里。”⑥扬州府有鸡留山：“在仪征县西三十五里。《旧志》云伍子胥欲报浣纱女，而不知其家，乃留鸡于此山祀之。”⑦投金濑，在应天府西北四十里。另外，江阴县有胥湖、胥溪：“胥湖，宋志云在县东，旧经云伍子胥亡入吴，至此击剑而歌，湖在胥歌村因名。”“胥溪，由塌水港东，达于经河，相传伍子胥舍此。”江宁府有胥河，在高淳县东南四十里，“县志云伍员伐楚凿河，由邓埠抵广通镇”⑧。仪征县

---

① 程嗣功：《(万历)应天府志》，《四库全书存目丛书》第203册，齐鲁书社1997年版，第539页。

② 程嗣功：《(万历)应天府志》，《四库全书存目丛书》第203册，齐鲁书社1997年版，第542页。

③ 《大清一统志》，《景印文渊阁四库全书》第475册，台湾“商务印书馆”1983年版，第112页。

④ 《明一统志》，《景印文渊阁四库全书》第472册，台湾“商务印书馆”1983年版，第305页。

⑤ 《明一统志》，《景印文渊阁四库全书》第472册，台湾“商务印书馆”1983年版，第286页。

⑥ 《明一统志》，《景印文渊阁四库全书》第507册，台湾“商务印书馆”1983年版，第247页。

⑦ 《江南通志》，《景印文渊阁四库全书》第507册，台湾“商务印书馆”1983年版，第465页。

⑧ 《江南通志》，《景印文渊阁四库全书》第507册，台湾“商务印书馆”1983年版，第401页。

有胥浦："在县西十里，旧有伍子胥庙，浦因名。"①松江府有胥浦塘，相传为伍子胥所凿。落马岭在应天府南六十里，"伍子胥于此下马试剑"②。淮安府有伍家营，"在桃源县西四十里，相传伍员故里"③。

浙江地区伍子胥祠庙遗迹和江苏不分上下。杭州府有三座伍庙：伍子胥庙在杭州府治南吴山；英卫公庙和忠节祠，前者在"府城内吴山，古名胥山庙，祀吴伍员"。后者在"府城内宝月山下，祀吴伍员、唐褚遂良、宋岳飞、明于谦"④。嘉兴府有一座伍祠和一座伍庙，伍子胥祠"在府城东南三十里的胥山上"；尚胥庙"在海盐县西北一十八里，祀伍子胥及其兄尚"⑤。嘉兴府还有伍员墓，"在嘉兴县，《弘治嘉兴府志》曰在胥山上"⑥。严州府有伍子胥祠，"在府城东四十里胥村"⑦。绍兴府上虞县有伍子胥庙，在山川坛前。

浙江伍子胥遗迹有嘉兴府的胥山和伍子塘，胥山在"府城东南三十里，本名张山，昔伍子胥伐越，经营于此，后人因改今名，并立祠"；伍子塘在"嘉善县治西南，接胥山"⑧。湖州府长兴县有环沉溪和胥塘，"环沉溪在县东北二十五里，相传伍子胥堕环于此。胥塘在县南四十

---

① 《江南通志》,《景印文渊阁四库全书》第507册，台湾"商务印书馆"1983年版，第111页。

② 《(万历)应天府志》,《四库全书存目丛书》第203册，齐鲁书社1997年版，第542页。

③ 《大清一统志》,《景印文渊阁四库全书》第475册，台湾"商务印书馆"1983年版，第311页。

④ 《大清一统志》,《景印文渊阁四库全书》第479册，台湾"商务印书馆"1983年版，第34页。

⑤ 《明一统志》,《景印文渊阁四库全书》第472册，台湾"商务印书馆"1983年版，第972页。

⑥ 《(雍正)〈浙江通志〉》,《景印文渊阁四库全书》第525册，台湾"商务印书馆"1983年版，第378页。

⑦ 《明一统志》,《景印文渊阁四库全书》第525册，台湾"商务印书馆"1983年版，第1013页。

⑧ 《明一统志》,《景印文渊阁四库全书》第472册，台湾"商务印书馆"1983年版，第975页。

里，伍子胥筑”[①]。湖州府有伍子胥宅：“在府城西伍林村，昔子胥避难筑室于此。”[②]湖州府乌程县亦有伍子胥宅：“在县东六十里伍林村。”[③]另外，长兴县有无胥淹，“在县嘉会乡无胥村东，相传伍子胥奔吴，追者在后，遇一妇浣纱，问曰：见子胥乎？妇曰：无。胥以此得名”[④]。严州府有胥口江，“在建德县东二十五里”[⑤]。严州府还有胥村，“在府城东四十里，旧传伍子胥游难抵此。又有胥水、胥岭”[⑥]。

### 2. 两湖：出生之地

两湖作为伍子胥入吴前生活的地区，也有一定数量的伍子胥遗迹。湖北德安府有伍员庙，“在云梦县东一十五里，相传员尝驻马于此”[⑦]。黄州府蕲水县有“五子胥庙”，庙址在“五洲”。郧阳府有伍相国庙，“在归州东十五里，祀伍员”。“《荆州记》秭归县有伍胥庙。《入蜀记》楚故城西有一小山……山上有伍子胥庙”[⑧]。湖南衡州府耒阳县有伍子胥庙，“在五相桥侧，五员尝事楚，卜居于此”[⑨]。湖北当阳有磨城和子胥港。

---

① 《(万历)湖州府志》，《四库全书存目丛书》第191册，齐鲁书社1997年版，第50页。

② 《明一统志》，《景印文渊阁四库全书》第472册，台湾“商务印书馆”1983年版，第996页。

③ 《(万历)湖州府志》，《四库全书存目丛书》第191册，齐鲁书社1997年版，第76页。

④ 《(雍正)浙江通志》，《景印文渊阁四库全书》第519册，台湾“商务印书馆”1983年版，第390页。

⑤ 《(雍正)浙江通志》，《景印文渊阁四库全书》第519册，台湾“商务印书馆”1983年版，第541页。

⑥ 《明一统志》，《景印文渊阁四库全书》第472册，台湾“商务印书馆”1983年版，第1013页。

⑦ 《明一统志》，《景印文渊阁四库全书》第473册，台湾“商务印书馆”1983年版，第265页。

⑧ 《大清一统志》，《景印文渊阁四库全书》第480册，台湾“商务印书馆”1983年版，第317页。

⑨ 《明一统志》，《景印文渊阁四库全书》第473册，台湾“商务印书馆”1983年版，第356页。

磨城，在当阳县东四十里。麦城东有驴城，沮水西有磨城，伍子胥造此二城，以攻麦城。荆州府有伍员宅，在“监利县西北，相传宅中有倒插槐，员奔吴时所植”①。武昌府武昌县有解剑亭和节度石，“节度石，在武昌县大江中，旧名接渡，伍员去楚入吴，渔父接渡于此……解剑亭，在武昌县东北，通淮门外江次”②。湖北承天府有鞭尸滩，“在汉江滨，伍员鞭楚平王尸处”③。

与江浙相比，两湖伍庙遗迹大大减少。原因可能是楚国是伍子胥宗国，他为报父兄之仇曾向楚王复仇，当地人认为其不忠于楚君。

### 3. 豫赣皖：逃亡征战之地

河南、江西、安徽作为伍子胥逃亡征战之地，也有伍子胥祠庙遗迹。河南南阳府有伍子胥庙，“在府城南古淯城上”④。开封府鄢陵县有伍子胥庙，明曹金撰(万历)《开封府志》载“在县西营北保”。归德府有武津关，在府城东南三十五里，世传伍子胥过昭关，即此。江西建昌府有伍子胥祠，南丰县有两座伍子胥祠庙，“伍子胥祠在南丰县南六十里白社镇，唐开元中里人甘仲振建。县西有忠靖英烈庙，祀子胥”⑤。瑞州府有相王庙：“在高安蒋家湖下，祀伍子胥。”⑥南昌府进贤县北有忠

---

① 《大清一统志》，《景印文渊阁四库全书》第480册，台湾“商务印书馆”1983年版，第230页。

② 《明一统志》，《景印文渊阁四库全书》第473册，台湾“商务印书馆”1983年版，第205页。

③ 《明一统志》，《景印文渊阁四库全书》第473册，台湾“商务印书馆”1983年版，第229页。

④ 《明一统志》，《景印文渊阁四库全书》第472册，台湾“商务印书馆”1983年版，第762页。

⑤ 谢旻：《(康熙)江西通志》，《景印文渊阁四库全书》第513册，台湾“商务印书馆”1983年版，第356页。

⑥ 谢旻：《(康熙)江西通志》，《景印文渊阁四库全书》第516册，台湾“商务印书馆”1983年版，第571页。

壮庙，“伍员奔吴过此，因祀”①。武昌府有普应庙：“在江夏县东五里，祀周伍员、范蠡、汉马援。”②安陆府内有子胥台，“在府东门外，《名胜志》春秋时伍员入楚，屯兵于此”③。庐陵亦有子胥庙，“解缙《欧阳家谱序》云子胥庙在羊山”④。

安徽有伍牙山、子胥祠、马履涧、暗桥、寨墩等遗迹。“伍牙山又名护牙山，世传伍员伐楚经此山，有老妪异其牙，员欲折之，崖石山灵若护之”⑤。伍牙山“在建平县东北四十里，相传伍子胥伐楚还吴，经此建牙，因名。上有子胥祠”⑥。马履涧“在建平县东北三十五里，俗传伍员伐楚经此，马履而水涌”⑦。据《重修安徽通志》载：暗桥在建平县东北六十里，护形山之麓，旧传伍员奔吴避于山中，追者至此，云气护之，员及桥而天暗。滁州有谎粮墩，在全椒县西南五十里，旧传伍员伐楚粮匮，以米覆土为墩，若山积然。马跑泉，在含山县十五里，即昭关泉。俗传伍员过此，有马跑泉遗迹。和州有昭关，在含山县北三十里；和州有渔邱渡，在州治。《吴越春秋》云伍员过昭关，至江，渔父乘舟渡之。《中都志》载：“临淮县伍子胥庙，在曲阳门外；凤阳县伍子胥

① 谢旻：《(康熙)江西通志》，《景印文渊阁四库全书》第516册，台湾“商务印书馆”1983年版，第566页。

② 《大清一统志》，《景印文渊阁四库全书》第480册，台湾“商务印书馆”1983年版，第45页。

③ 《大清一统志》，《景印文渊阁四库全书》第480册，台湾“商务印书馆”1983年版，第165页。

④ 谢旻：《(康熙)江西通志》，《景印文渊阁四库全书》第518册，台湾“商务印书馆”1983年版，第821页。

⑤ 赵绍祖：《安徽金石略》，《续修四库全书》第912册，上海古籍出版社2003年版，第208页。

⑥ 《明一统志》，《景印文渊阁四库全书》第472册，台湾“商务印书馆”1983年版，第386页。

⑦ 《大清一统志》，《景印文渊阁四库全书》第475册，台湾“商务印书馆”1983年版，第819页。

庙，在县西北庙山。”①天长县也有子胥庙，“在县东北十五里……后人以员孝义立庙”。据《颍州府》记载，伍子胥是颍州人，“周伍员字子胥，颍之干溪人”。

### 4. 陕鲁桂：显圣之地

陕西有伍子胥多座庙宇，城固县有伍子胥庙：“在县北百丈堰，元至正元年建，明洪武十四年重修，天顺间复修。”②延长县有显圣庙：“在县东三十五里多杏村，祀伍子胥。天旱祷雨辄应。”③延长县的伍庙已深入农村。三水县亦有显圣庙：“在县南山麓，祀吴大夫伍子胥。康熙壬戌年重修。”④西安府三原县亦有显圣庙，在县治内。“按碑记，显圣，春秋伍员也。唐乾符三年诏司农姬晋卿赍锦伞赛湫重修，昭宗追封普济王。宋封灵济昭佑显圣王。明万历年，封为灵湫大帝。”⑤

山东有一座子胥祠，在莱芜县北二十五里。当地传说：“昔伍子胥统兵过此，掘地获泉，味如江水，即乌江泉。”广西也有伍子胥庙，据《广西名胜志》记载全州有伍子胥祠，“在江头村，其民伍姓者合祀之”。清金鉷修(雍正)《广西通志》卷42载：义宁县有伍子胥祠，在城东升乡江头村，宋绍兴间建。

山东、广西的伍庙建立颇有些煞费苦心，建庙缘由或统兵过此或与其民伍姓者合祀之。陕西省的伍庙大多叫做显圣庙，盖当伍子胥庙在此

---

① 柳瑛：《(成化)中都志》，《四库全书存目丛书》第176册，齐鲁书社1997年版，第201页。

② 沈青崖：《(雍正)陕西通志》，《景印文渊阁四库全书》第552册，台湾“商务印书馆”1983年版，第521页。

③ 沈青崖：《(雍正)陕西通志》，《景印文渊阁四库全书》第552册，台湾“商务印书馆”1983年版，第499页。

④ 沈青崖：《(雍正)陕西通志》，《景印文渊阁四库全书》第552册，台湾“商务印书馆”1983年版，第581页。

⑤ 沈青崖：《(雍正)陕西通志》，《景印文渊阁四库全书》第552册，台湾“商务印书馆”1983年版，第477页。

地很灵验。三原县的显圣庙屡受加封，即是证明。

## 四、结语

伍子胥作为一个具有丰富内涵的历史人物，一直被后人怀念。祠庙、遗迹是民众祭祀伍子胥的物化形态。在与伍子胥有关的一山一水中，凝聚着他的人格精神要素。

伍子胥的神化始于吴越之地，江浙成为伍子胥信仰的发源地，在伍子胥信仰传播中起着不可替代的作用。江浙是伍子胥立功之地，钱塘江又是他尸体埋葬之处，故而这一地区流传着他的各种传说。伍子胥死后复生为潮神的民间信仰率先在这一地区形成。笔者认为，伍子胥崇祀是民众对江南水患的恐惧和伍子胥忠勇人格等综合因素使然。江南水患严重是伍子胥水神信仰的根源，钱塘潮是伍子胥神化的自然地理环境。钱江大潮给民众带来灾难，古代先民无法科学认识江潮这种自然现象，为此，人们在强烈的主体现实需求下，产生对江神的崇拜。

在立庙树碑等宗教性祭祀活动的推动下，官方理性地渗透了“造神化民”的政治性引导行为。自宋代开始，朝廷对伍子胥大力加封，伍子胥神被纳入国家祀典，多次受到朝廷册封，封号越来越长，其父母、兄、妻也受到加封，在神龛中供奉。官方通过祭礼来加强对民众的道德教化，借助神灵的威力使民众接受伦理观念。同时，从伍子胥祠庙遗迹而流传的民间故事中，人们不难体会到，古代群众崇尚英雄、敬仰忠孝等传统文化精神的光芒。正如研究者所说：“对伍子胥的信仰和民俗文化的形成，承载了强烈的民族精神。”①

① 付朝、刘庆俊：《改革开放以来伍子胥研究述评》，《孙子研究》2016 年第 3 期，第 91~97 页。

# 后　记

桃花谢了春红，倏忽间硕士毕业已十年有余。今书稿完成及致谢顿感不易。首先要感谢的是硕导俞晓红教授。俞老师学识渊博，治学严谨，以言传而育人，以身教而默化。谆谆为学业而导，循循解困惑而明。无奈吾愚钝，有负恩师的厚望和爱护。

另有黄继刚教授，博闻强识，著述颇丰，与吾亦师亦友，吾常为书稿之事向其请教，黄教授随问即答，承蒙指导，吾心甚感激。房正宏教授为人也善，为学至严，余有困惑之时，常得其传道授业，其公务虽多却不拒，虽感谢不及其恩。

余家世历耕，父勤母劳，岁时无歇。每念及此，未尝不痛心也。深感寸草难报春晖，谨以努力奋进，以期不负父母厚望。

感谢所有帮助过我的人！

姚树颍

谨识于萃贤苑寓所

2020 年 7 月 8 日